乡村振兴背景下体育旅游发展研究

刘凯进 著

吉林科学技术出版社

图书在版编目（CIP）数据

乡村振兴背景下体育旅游发展研究 / 刘凯进著. -- 长春：吉林科学技术出版社，2023.6
ISBN 978-7-5578-0428-1

Ⅰ. ①乡… Ⅱ. ①刘… Ⅲ. ①乡村旅游－体育旅游业发展-研究-中国 Ⅳ. ①F592.3

中国版本图书馆CIP数据核字(2023)第102262号

乡村振兴背景下体育旅游发展研究

著	刘凯进
出 版 人	宛 霞
责任编辑	杨雪梅
封面设计	长春美印图文设计有限公司
制 版	长春美印图文设计有限公司
幅面尺寸	185mm×260mm
开 本	16
字 数	200 千字
印 张	12.625
印 数	1-1500 册
版 次	2023年6月第1版
印 次	2024年1月第1次印刷

出 版	吉林科学技术出版社
发 行	吉林科学技术出版社
地 址	长春市福祉大路5788号
邮 编	130118

发行部电话/传真　0431-81629529 81629530 81629531
　　　　　　　　　81629532 81629533 81629534
储运部电话　0431-86059116
编辑部电话　0431-81629518
印　　刷　廊坊市印艺阁数字科技有限公司

书 号	ISBN 978-7-5744-0428-1
定 价	72.00元

版权所有　翻印必究　举报电话：0431-81629508

前 言

自改革开放以来,我国社会经济发展取得了显著成效,人民的社会文化生活呈现出和谐稳定的状态,人民生活水平日益提高,物质文化需要的满足已经达到了相当高的水平。人们对未来的美好生活有了更高的追求。"乡村振兴战略"为今后乡村发展、农村改造指引了方向,指明了中国农村未来之路,是从根本上促进农业发展、农民增收、城乡融合的必然之路,是农村在结合自身特色的情况下向城市过渡的重大创新。"乡村振兴"是新时代实现中华民族伟大复兴的重要举措。

随着社会经济水平的提高,人们有了可自由支配的收入和闲暇的时间,原有的旅游模式已无法满足人们的需求,体育旅游作为一种新生事物应运而生。而且,在信息社会、经济全球化背景下,体育旅游已经成为旅游发展到一定阶段的专项旅游,其在注重健康与娱乐、休闲与放松双重价值取向的同时,对身体与精神的双重享受也越来越重视。体育旅游以其独具的魅力受到广大群众的青睐,成为新时代中国体育的新时尚。

乡村体育旅游是在乡村进行的旅游并伴随着多种多样的体育活动,发展乡村体育旅游是落地乡村振兴战略的途径之一。发展乡村体育旅游具有助力产业转型、促进美丽乡村建设、提升乡村文明程度、促进农村经济发展等重要意义,促进新时代乡村体育旅游发展的策略,即从国家政策层面进行宏观调控;科学统筹规划,完善配套设施;开发乡村体育旅游综合体,为消费者持续提供新体验;加快培育和引进乡村体育旅游相关人才等。本书从乡村振兴战略的实施背景出发,对体育旅游的发展与特点进行详细的阐述与分析,并对其科学参与理论指导以及体育旅游资源的挖掘与开发等相关内容进行分析与探究,又对其市场开发以及乡村振兴背景下体育旅游生态环境发展进行探究与总结,最后从安全与发展的角度对全书作出了总结与升华。

目 录

第一章 乡村振兴战略的实施背景 ········· 1
    第一节 乡村振兴战略提出的背景 ········· 1
    第二节 乡村振兴战略的内涵 ········· 5
    第三节 体育旅游助力乡村振兴战略的价值及实现路径 ········· 22

第二章 体育旅游的发展与特点 ········· 28
    第一节 体育旅游的概念 ········· 28
    第二节 体育旅游的特点与类型 ········· 48
    第三节 体育旅游与社会各要素相关关系 ········· 52

第三章 体育旅游的科学参与理论指导 ········· 59
    第一节 运动营养的消耗与补充 ········· 59
    第二节 运动疲劳的产生与消除 ········· 65
    第三节 休闲体育运动伤病处理 ········· 69
    第四节 休闲体育与体育旅游的融合发展 ········· 77

第四章 体育旅游资源的挖掘与开发 ········· 80
    第一节 体育旅游资源概述 ········· 80
    第二节 我国体育旅游资源分布情况分析 ········· 86
    第三节 体育旅游资源开发的内容及价值 ········· 91
    第四节 体育旅游资源开发的评价及原则 ········· 94
    第五节 我国体育旅游资源开发的模式研究 ········· 97

第五章 体育旅游资源的整合、管理与可持续发展 ········· 100
    第一节 体育旅游资源的开发与整合 ········· 100
    第二节 体育旅游资源管理与可持续发展 ········· 107

第六章 体育旅游市场开发的过程及其系统分析 ········· 122
    第一节 体育旅游市场细分 ········· 122

第二节　体育旅游目标市场的选择 …………………………………… 127
　　第三节　体育旅游市场的开发与规划 …………………………………… 130
　　第四节　体育旅游市场的营销 …………………………………… 134

第七章　乡村振兴背景下体育旅游生态环境发展 …………………………………… 137
　　第一节　体育旅游与生态环境 …………………………………… 137
　　第二节　体育旅游生态环境评价体系与预警管理 …………………………………… 144
　　第三节　乡村振兴背景下农村生态体育旅游环境融合发展 …………………………………… 147

第八章　乡村振兴背景下体育旅游安全及保障体系建设 …………………………………… 151
　　第一节　体育旅游安全制约因素分析 …………………………………… 151
　　第二节　体育旅游中常见伤害事故及处理 …………………………………… 154
　　第三节　体育旅游者的安全救援与保障体系建设 …………………………………… 158

第九章　乡村振兴背景下体育旅游发展策略 …………………………………… 165
　　第一节　乡村振兴战略下体育旅游产业发展创新驱动路径 …………………………………… 165
　　第二节　乡村振兴战略下体育特色小镇建设发展对策 …………………………………… 171
　　第三节　乡村振兴背景下我国体育旅游综合体发展的理论审视与实践探索 … 187

参考文献 …………………………………… 194

第一章 乡村振兴战略的实施背景

第一节 乡村振兴战略提出的背景

乡村振兴战略是我国推进农村税费改革、新农村建设、城乡一体化改革后的又一重大战略决策，具有重大的历史性、理论性和实践性意义。

一、乡村振兴战略的背景

（一）我国"三农"政策的变迁

进入新世纪之前，我国实施农业支持工业的战略，主要通过从农业中汲取资金支持工业。进入新世纪以后，我国逐步将原农业支持工业战略转变为工业反哺农业战略。2002年，党的十六大报告首次提出了"统筹城乡经济社会发展"。2003年，胡锦涛同志提出要把解决好"三农"问题作为全党工作的重中之重。2004年9月，胡锦涛同志在十六届四中全会上提出"两个趋向"的重要论断。第一个趋向，即在工业化初始阶段，农业支持工业、为工业提供积累是带有普遍性的趋向，绝大多数国家在工业化初期阶段发展工业的资金都来自农业。第二个趋向，即在工业化达到相当程度后，工业反哺农业、城市支持农村，实现工业与农业、城市与农村协调发展，也是带有普遍性的倾向，在理论界被称为工业化中期阶段。也就是说，在工业化中期阶段以后，一个国家或者地区的基本工业体系已经形成，工业体系相对完整，工业有了自我发展、自我积累的能力，不再需要从农业中汲取资金。相反，农业因为长期为工业提供资金，其发展相对滞后，客观上需要工业为其"输血"。在"两个趋向"的基础上，胡锦涛同志又提出"我国现在总体上已到了以工促农、以城带乡的发展阶段"的重要判断。

2005年3月，温家宝同志在十届全国人大三次会议上的政府工作报告中提出，为适应我国经济发展新阶段的要求，实行工业反哺农业、城市支持农村的方针，合理调整国民收入分配格局，更多地支持农业和农村发展。2005年10月，党的十六届五中全会提出"建设社会主义新农村是我国现代化进程中的重大历史任务"。2006年中央一号文件部署了推进社会主义新农村建设的任务，提出了"五句话、二十个字"，即"生产发展、生活宽裕、乡风文明、村容整洁、管理民主"。这一阶段，我国推行了农业税收减免政策。2004年，《中共中央国务院关于促进农民增加收入若干政策的意见》提出要"逐步降低农业税税率，2004年农业税税率总体上降低1个百分点，同时取消除烟叶外的农业特产税"。2005年中央一号文件提出，"减免农业税、取消除烟叶以外的农业特产税"，"进一步扩大农业税免征范围，加大农业税减征力度"。2005年12月29日，十届全国人大常委会第十九次会议通过了关于废止农业税条例的决定。

与此同时，从2004年开始，我国相继实行了"四大补贴"政策：一是良种补贴。该补贴从2002年开始试点，2004年在全国正式推开。现在，我国主要农产品品种，包括种植业、畜牧业、渔业都实施了良种补贴。二是种粮农民直接补贴。该补贴从2004年开始实施，按照农民承包土地亩数面积计算。三是农机购置补贴，即国家对农民购买农机具给予补贴，该补贴最初补贴1/3，后来转变为定额补贴。四是农资综合补贴。该补贴从2006年开始实施。随着经济的发展，我国劳动力成本各种原料及农业生产资料价格逐步上升，因此，国家实施了农业生产资料综合补贴。

从2004年开始，我国对主要农产品实施了最低收购价格政策。2004年、2005年主要针对稻谷实施最低保护价收购，2006年开始对小麦实施最低保护价收购。随后，我国对其他农产品也实行了相应的价格保护政策。由于2008年后政府最低收购价逐年提升，我国主要农产品价格也逐渐高于国际生产价格。2015年、2016年国内主要农产品价格已经大大高于国际同类农产品价格，每种产品价格在不同时期高出的幅度也不同。这种情况下就必须改革我国主要农产品的价格形成机制。2014年，我国对粮食价格形成机制进行改革，对大豆和棉花实行目标价格制度。2016年，财政部印发了《关于建立玉米生产者补贴制度的实施意见》，取消了玉米临时收储政策，实行生产者补贴政策。

在公共事业上，2006年，我国对西部地区农村义务教育阶段学生全部免除学杂费；2007年，对全国农村义务教育阶段学生全部免除学杂费。2007年7月，国务院下发了《关于在全国建立农村最低生活保障制度的通知》，开始在全国逐渐推开建立农村低保。从居民养老保险制度来看，2007年10月，党的十七大报告强调，"覆盖城乡居民的社会保障体系基本建立，人人享有基本生活保障"，并强调要"探索建立农村养老保险制度"。2009年，国务院发布了《关于开展新型农村社会养老保险试点的指导意见》，从2009年开始实施。新农保试点的基本原则是"保基本、广覆盖、有弹性、可持续"。"保基本"就是保障农村养老基本生活、基本需求。"广覆盖"就是逐渐提高覆盖面，最终让所有农村居民的养老问题都纳入制度里。2014年，国务院印发了《关于建立统一的城乡居民基本养老保险制度的意见》，提出，"十二五"末，在全国基本实现新农保与城市职工基本养老保险制度相衔接；2020年前，全面建成公平、统一、规范的城乡居民养老保险制度。从医疗保险领域来看，2012年，国家发展改革委、卫生部等六部门发布了《关于开展城乡居民大病保险工作的指导意见》。2015年，国务院办公厅发布了《关于全面实施城乡居民大病保险的意见》，开始在全国推行城乡居民大病保险。2016年，国务院印发了《关于整合城乡居民基本医疗保险制度的意见》，把城镇居民基本医疗保险和新型农村合作医疗整合在一起，形成城乡居民基本医疗保险（城乡居民医保）。城乡居民医保从2016年开始实施，其最终目标是让城镇居民和农村居民的基本医疗保险达到一致，让保险在区域上可以互相接续。这样既有利于人口的流动，又有利于农村居民整体医疗保险水平的提高。

党的十八大以来，我国农业农村政策的很多方面体现在中央一号文件上。2013年中央一号文件《中共中央国务院关于加快发展现代农业进一步增强农村发展活力的若干意见》，其中第六部分是"改进农村公共服务机制，积极推进城乡公共资源均衡配置"。2013年中央一号文件还强调要"努力建设美丽乡村"。2015年，国家质量监督检验检疫总局、国家标准化管理委员会发布《美丽乡村建设指南》国家标准，就是用于指导全国不同地区不同情况的美丽乡村建设。2014年中央一号文件提出"健全城乡发展一体化体制机制""开展村庄人居环境整治""推进城乡基本公共服务均等化"。2015年中央一号文件强调，"围绕城乡发展一体化，深入推进新农村建设"，指出"中国要美，农村必须美"。文件还强调，要在2015年解决无电人口用电问题，加快推进西部地区和集中连片特困地区农村公路建设。2016年中央一号文件强调，"加快建设社会主义新农村""社会主义新农村建设水平进一步提高"。2017年中央一号文件强调，要"壮大新产业新业态，拓展农业产业链价值链""大力发展乡村休闲旅游产业""培育宜居宜业特色村镇"，"支持有条件的乡村建设以农民合作社为主要载体、让农民充分参与和受益，集循环农业、创意农业、农事体验于一体的田园综合体"。2018年6月，党中央、国务院印发了《乡村振兴战略规划（2018-2022年）》，作为实施乡村振兴战略顶层设计的重要文件。2023年1月，国家乡村振兴局网站发布文章表示，乡村建设是实施乡村振兴战略的重要任务。2023年国家乡村振兴局将瞄准农村基本具备现代生活条件的目标，主要从三方面发力稳步推进乡村建设。①加快村庄规划编制工作；②加强农村公共基础设施建设；③抓好农村人居环境整治提升。

（二）"三农"工作面临的形势

"十三五"时期，我国农业农村发展的外部条件和内在动因正在发生深刻变化，既存在不少有利条件，也面临很多困难和挑战。

从有利条件看，一是中央高度重视"三农"工作，加快补齐农业农村短板已经成为全党全社会的共识，我国发展仍处于可以大有作为的重要战略机遇期，经济长期向好的基本面没有改变，强农惠农富农政策体系将更加完善。二是粮食等主要农产品供给充足，城乡居民消费结构加快升级，新一轮科技革命和产业变革正在孕育兴起，为农业转方式、调结构、拓展发展空间提供了强有力的支撑。三是农村改革和城乡一体化深入推进，将进一步激发农村发展活力，为促进农民增收和农村繁荣提供持续动力。四是全球经济一体化进程加快以及"一带一路"倡议等的实施，有利于更好地统筹利用两个市场两种资源，缓解国内资源环境压力，优化国内农业结构。

从困难挑战看，一是农业供给侧结构性改革任务艰巨，玉米等农产品库存积压和优质化、多样化、专用化农产品供给不足并存，农业生产成本持续上升，农业生产效益低而不稳，农业基础设施建设滞后，农产品质量安全风险增多，农业面临的国际竞争压力加大。二是农业资源环境问题日益突出，水土资源紧张，部分地区耕地基础地力下降明显，面源污染加重，拼资源、拼消耗的生产方式难以为继，农村劳动力老龄化加速，专业型、技术型、创新型人才和青壮年劳动力缺乏，谁来种地问题逐步显现，实现农业持续发展任重道远。三是我国经济发展进入新常态，经济增速放缓，持续大幅增加财政"三农"投入空间有限，促进农民工外出就业和工资增长难度加大。四是城乡二元结构问题突出，城乡资源要素平等交换和均衡配置仍存在体制性障碍，农村基础设施和公共服务依然薄弱，缩小城乡差距任务繁重。"十三五"时期，我国农业农村发展机遇与挑战并存，希望与困难同在，实现农业稳定发展、农民持续增收的任务非常艰巨。必须牢固树立强烈的短板意识，坚持问题导向，不断创新工作思路，凝聚各方力量，落实新发展理念，破解发展难题，合力开拓农业农村工作新局面。

二、实施乡村振兴战略的重要意义

党的十九大报告提出实施乡村振兴战略，具有重大的历史性、理论性和实践性意义。从历史角度看，它是在新的起点上总结过去，谋划未来，深入推进城乡发展一体化，提出了乡村发展的新要求新蓝图。从理论角度看，它是深化改革开放，实施市场经济体制，系统解决市场失灵问题的重要抓手。从实践角度看，它是呼应老百姓新期待，以人民为中心，把农业产业搞好，把农村保护建设好，把农民发展进步服务好，提高人的社会流动性，扎实解决农业现代化发展、社会主义新农村建设和农民发展进步遇到的现实问题的重要内容。

（一）实施乡村振兴战略是解决发展不平衡不充分矛盾的迫切要求

中国特色社会主义进入新时代，这是党的十九大报告作出的一个重大判断，它明确了我国发展新的历史方位。新时代，伴随社会主要矛盾的转化，对经济社会发展提出更高要求。新时代我国社会主要矛盾已经转化为人民日益增长的美好生活需要和不平衡不充分的发展之间的矛盾。改革开放以来，随着工业化的快速发展和城市化的深入推进，我国城乡出现分化，农村发展也出现分化，目前最大的不平衡是城乡之间发展的不平衡和农村内部发展的不平衡，最大的不充分是"三农"发展的不充分，包括农业现代化发展的不充分，社会主义新农村建设得不充分，农民群体提高教科文卫发展水平和共享现代社会发展成果的不充分等。从决胜全面建成小康社会，到基本实现社会主义现代化，再到建成社会主义现代化强国，解决这一新的社会主要矛盾需要实施乡村振兴战略。

（二）实施乡村振兴战略是解决市场经济体系运行矛盾的重要抓手

改革开放以来，我国始终坚持市场经济改革方向，市场在资源配置中发挥着越来越重要的作用，提高了社会稀缺配置效率，促进了生产力发展水平大幅提高，社会劳动分工越来越深、越来越细。随着市场经济深入发展，需要考虑市场体制运行所内含的生产过剩矛盾以及经济危机等问题，需要不断扩大稀缺资源配置的空间和范围。解决问题的途径是实行国际国内两手抓，除了把对外实行开放经济战略、推动形成对外开放新格局，包括以"一带一路"建设为重点加强创新能力开放合作，拓展对外贸易、培育贸易新业态新模式、推进贸易强国建设，实行高水平的贸易和投资自由化便利化政策，创新对外投资方式、促进国际产能合作，加快培育国际经济合作和竞争新优势等作为重要抓手外，也需要把对内实施乡村振兴战略作为重要抓手，形成各有侧重和相互补充的长期经济稳定发展战略格局。由于国际形势复杂多变，相比之下，实施乡村振兴战略更加安全可控、更有可能做好和更有福利效果。

（三）实施乡村振兴战略是解决农业现代化的重要内容

经过多年持续不断的努力，我国农业农村发展取得重大成就，现代农业建设取得重大进展，粮食和主要农产品供求关系发生重大变化，大规模的农业剩余劳动力转移进城，农民收入持续增长，脱贫攻坚取得决定性进展，农村改革实现重大突破，农村各项建设全面推进，为实施乡村振兴战略提供了有利条件。与此同时，在实践中，由于历史原因，目前农业现代化发展、社会主义新农村建设和农民的教育科技文化发展存在很多突出问题迫切需要解决。面向未来，随着我国经济不断发展，城乡居民收入不断增长，广大市民和农民都对新时期农村的建设发展存在很多期待。把乡村振兴作为党和国家战略，统一思想，提高认识，明确目标，完善体制，搞好建设，加强领导和服务，不仅呼应了新时期全国城乡居民发展新期待，而且也将引领农业现代化发展和社会主义新农村建设以及农民教育科技文化进步。

第二节　乡村振兴战略的内涵

一、乡村振兴战略的内容

（一）坚持城乡均等发展理念，促进融合发展

落实乡村振兴战略，稳步稳健地走城乡融合发展之路，必须将工业与农业、城市与乡村、城镇居民与农村居民作为一个整体纳入全面建成小康社会和现代化建设的全过程中。要明确乡村在全面建成小康社会和现代化建设中的突出地位，从根本上改变以工统农、以城统乡、以扩张城市减少农村、减少农民的发展路径，明确城乡融合发展是实施乡村振兴战略，推进农业、农村现代化的有效途径。进一步理顺工农城乡关系，按照产业兴旺、生态宜居、乡风文明、治理有效、生活富裕的总要求，建立健全城乡融合发展体制机制和政策体系，统筹推进农村产业发展、生态优化、文化传承、社会建设和组织建设。加快推进乡村治理体系和治理能力现代化，在干部配备上优先考虑、在要素配置上优先满足、在资金投入上优先保障、在公共服务上优先安排，以补齐农业农村发展的短板，缩小城乡差距，实现城乡平衡、充分发展。

（二）完善农村基本经营制度，促进农民增收

稳定农村土地承包关系是中共中央确立的农村承包土地"三权"分置改革的制度基础。把农户承包经营权落实到地块，使农户承包地权属更加明晰，农民流转承包地就能更踏实，利益预期就能更明确，农户才能放心流转、稳定流转。巩固和完善农村基本经营制度是构建现代农业产业体系的基石。巩固和完善农村基本经营制度就可以不断推进农业经营体制创新，不断壮大农村新型经营主体，加快农业经营方式实现"两个转变"，即家庭经营向采用先进科技和生产手段方向转变，增加技术、资本等生产要素投入，着力提高集约化水平；统一经营向发展农户联合与合作，形成多元化、多层次、多形式经营服务体系方向转变。当前，要壮大集体经济，增强集体组织服务功能，培育农民新型合作组织，发展各种农业社会化服务组织，鼓励龙头企业与农民建立紧密型利益联结机制。充分尊重农民的意愿，把小农户经营引入现代农业规模化、集约化的发展轨道上来。

（三）深化供给侧结构性改革，促进质量兴农

绿色兴农不仅是质量兴农的有机组成部分，而且关系到农村人居环境。农业投入和资源要素等是直接影响农产品质量的重要因素，走农业绿色发展道路，才能实现乡村产业兴旺，建设生态宜居乡村。走质量兴农之路，要加快推进农业由增产导向转向提质导向，实现农业、农村发展动能转换。要顺应消费者对更高质量、更加安全和绿色生态农产品食品的需求。必须加快构建优质优价机制，强化优质绿色农产品生产的激励机制。推进农产品质量分等分级，强化质量塑造品牌，克服农产品市场信息不对称的弊端，促进农业标准化生产。要加快现代农业产业体系建设，促进农牧业循环发展和农村新产业、新业态发展，推进农村第一、二、三产业融合发展，使优质绿色农产品价格在产业链和价值链中充分反映出来。要通过社会化服务和订单农业等途径促进小农户和现代农业发展的有机衔接，形成质量兴农经营体系。要深化粮食收储制度改革，在以保障国家粮食安全为底线的基础上，更加注重发挥优质优价机制，为绿色优质农产品的发展创造更大空间和有利条件。要加大科技创新，为优质绿色农产品生产流通提供科技支撑。只有强化制度性供给，探索健全质量兴农体制机制和政策体系，走质量兴农的道路才能迈开实质性步伐。

(四)坚持人与自然和谐共生,促进绿色发展

乡村的永续发展以自然资源的永续利用和良好的生态环境为基础。绿色发展能保护好、积蓄好、奠定好宜耕宜牧的土壤环境、宜饮宜灌的水体环境、宜呼宜吸的大气环境等,从而为农业永续发展提供不竭动力。实现乡村绿色发展,要着力构建绿色农业产业结构。根据市场需求推进农业结构调整,依靠科技引领推进农业转型升级,增加绿色优质农产品供给,逐步建立起增收效果好、环境效益高、可持续发展的产业结构体系。打造生态宜居乡村环境,加强农村突出环境问题综合整治,统筹山水林田湖草系统治理,以绿色发展引领生态振兴,重点解决土壤修复、污水治理、垃圾处理、旱厕改造等难题。充分发掘、创新性继承发展乡村传统绿色文化,建立绿色发展支持体系促进乡村绿色

发展的补贴政策体系及市场化多元化生态补偿机制。做好宣传工作,引导更多人树立绿色发展理念,促进其自觉参与绿色发展实践。完善执法队伍,确保执法到位,营造良好的法治保障。

(五)传承发展提升农耕文明,促进文化繁荣

乡村振兴离不开文化振兴,传承乡土文化就是留住华夏文明之魂。要深化对乡村文化价值的认识与理解,增强对传统乡土文化的认同感和信心,让有形文化留得住、活态文化传下去,焕发新的魅力。要高度重视古村落保护,挖掘和展示其独有的文化内涵,在确保当地百姓的生活更加便利的同时,科学、合理地编制古村落保护发展规划,既要让有形的乡村文化留得住,还要让活态的乡土文化传下去。对广袤农村孕育出的民间艺术、戏曲曲艺、手工技艺等非物质文化遗产,要将大力保护传承和开发利用有机结合,实现活态传承和经济发展双赢,让历史悠久的乡土文化在新时代焕发出新的魅力和风采。要科学引导乡村移风易俗,坚持用农民易于接受的形式进行宣传,让文明新风成为乡风主流。坚持把老百姓身边的好故事、好榜样讲出来、演出来、唱出来,让新风尚在广阔乡村生根发芽。

(六)健全创新乡村治理体系,促进乡村善治

乡村善治与否关系到乡村的和谐稳定和国家的长治久安。随着工业化、城镇化步伐加快以及农村社会流动性的不断加大,部分农村已经出现了空心化状态,给乡村治理带来了新的挑战。为了给乡村振兴营造一个和谐、安宁的社会环境,要努力做到以自治实现乡村治理共建格局、以法治实现乡村治理共治格局、以德治实现乡村治理共享格局的"三治融合"。要切实解决好农民权益保护、农村空心化、农村基础设施和公共事业发展滞后、村民自治实践不够完善、乡村治理主体的参与度不高、"返乡族"作用的充分发挥等问题,就必须充分调动农民的积极性、主动性与创造性,发挥乡贤领头羊、带头人、中介与桥梁的作用。加强基层自治组织体系的制度建设和乡村党组织建设,强化党在乡村社会中执政的组织基础,积极引导村民自治,组织和调动相关

道德权威人物的力量调解矛盾纠纷。创新村民自治的组织形式，鼓励乡村社会组织的发展，持续推进民主法治村、社的创建，通过发现典型、梳理经验，推动法治在基层落地生根、开花结果。创新村干部工作方式，不断增强其运用法治思维和法治方式开展工作的能力。积极发挥村规民约的区域性功能，引导村民在村规民约中体现法治的约束功能。加强村民个体的教育与培养，注重不良道德行为的惩戒，注重乡村道德人物的塑造与宣扬，发挥其道德标杆和道德引领的作用，并给予其必要、适当的物质奖励和精神鼓励。

二、乡村振兴战略的总体要求

（一）乡村振兴战略总体要求的内容阐释

乡村振兴战略的20字发展方针，是乡村振兴战略的精髓。

乡村振兴战略在党的十九大报告中提出之后，就成为我国现代经济体系建设中的重要内容之一。作为推动乡村发展的重要驱动力，产业发展是乡村振兴战略中最基础的任务，同时也是最关键的任务之一。当前阶段，我国农村产业发展滞后，这一状况既显示出农村中农业问题的短板，也显示出农业后期发展的巨大潜力。乡村振兴战略作为当下推进农业现代化进程的关键，需要借助农业供给侧结构性改革，优化农业结构，提高农产品质量，切实实现农业产业崛起。此外，将农村第一、二、三产业深度融合，不仅能够有效促进产业链的延伸，而且能够进一步促进经济的发展，是帮助农民促进就业、增加农民收入、维护农村稳定的有力措施。将产业发展作为乡村振兴战略的重点有其现实意义，乡村振兴战略的实施应以农业产业的发展为切入点，直趋深层。

第一，产业兴旺是乡村振兴战略的基础。提到产业兴旺，有乡村生活经验的人自然会联想到过春节时家家户户喜欢张贴的两个条幅："五谷丰登""六畜兴旺"，反映的正是乡村生产内容的丰富性和多样性。乡村的生产类型是丰富和多元的：有多样化的种植业、养殖业；有丰富多彩的乡村手工业；有大田的农业生产，还有房前屋后种瓜种豆的庭院经济；更有现代社会发展形成的乡村休闲度假等新型产业。乡村产业的经营主体也是多元的：有以农户为主体的产业类型，也有以合作社、农业企业、外来资本为主体的产业。从农民自身需求出发，促进多种生产经营活动一并推进，是农村产业繁荣的重要特征。

第二，生态宜居是乡村振兴战略的关键。推进生态宜居的乡村发展是一个长期且持续的过程，并不能一蹴而就。生态文明建设作为支持现代化建设的重要组成部分，对农业、农村经济发展有重要影响。乡村振兴战略中生态宜居的需求是在长期生态文明建设工作的基础上所提出的新标准，生态代表着自然环境和社会环境的发展。在农村，良好的生态环境才能为产业的发展提供建设的基础，才能为农民群体提供更加宜居的生存环境，也能为文化等产业的开展提供自然资源等发展基础。

第三，乡风文明是乡村振兴战略的保障。乡风代表乡村的特质，旨在推进乡村精神文明建设，同时，我国农村地区传统文化很大程度上是乡土文化，需要社会各界共同努力来唤醒文明乡风。具体做法可以采取相关措施保护优秀的村风，既包括所在村落的物质文明，也包括非物质文明，而优良的村风不仅表现了村民的精神状态，更代表了独特的乡村风貌。除此之外，还应当通过社会主义文化建设，弘扬现代主流思想和良好精神品质，积极投身乡村振兴战略建设工作。

第四，治理有效是乡村振兴战略的基础。首先，任何社会都需要法律法规和道德规范，城乡差距的具体表现之一体现在乡村地区的治理情况相对落后，要实现乡村全面振兴离不开治理水平的提升。其次，乡村治理还应当注重效果，要注重政策、方针的贯彻与落实。此外，农民是农村的主体，还应当注重乡村自治，而乡村自治的过程同样也是协商的过程，在协商过程中应当注重公平、公正原则。乡村治理的目标是将乡村法治、乡村德治、乡村自治统一结合，从而形成"村村有村规，人人讲规矩"的乡村善治体系。只有这样才能实现乡村生活富裕这一乡村振兴战略的根本目标。

综上所述，乡村振兴战略的五大要求涵盖了乡村政治建设、乡村经济建设、乡村文化建设、乡村生态社会建设的有机整体，贯穿了乡村振兴战略的始终，描绘出了乡村全面振兴之后的美丽图景，是整个乡村振兴战略的核心。

（二）乡村振兴战略五大要求间的相互关系

我国的农业问题、农村问题和农民问题三者之间并不是个体、孤立地存在，而是互相联系的整体。要解决这些问题，需坚定三者协调、相互发展、共同进步的立场。当前的乡村振兴战略发展目标，应立足于全面推进农村发展，其五大要求紧密相连，乡村振兴战略的任一要求都与其他要求相互关联、相互影响。

首先，产业兴旺是乡村振兴建设中最重要的目标之一，其成功实现与农业供给侧结构性改革息息相关。在乡村建设中，只有坚持绿色农业、生态农业，保证农业的可持续发展，才能合理配置土地资源，改善农村生态环境，从而实现农村产业的多元化发展，推动农村生态建设。在此基础之上，人民群众精神需求也会日益增加，进一步推进精神文明建设，构建文明乡风，从而实现农村物质文明建设和农村精神文明建设共同进步，为农村实现生活富裕奠定基础。

其次，生态宜居是乡村振兴建设20字方针中的重要内容，其成功实现离不开乡村居住环境的改善。农村环境保护和农村资源开发，两者均应当受到相关部门的高度关注，特别是在自然资源占主导地位的地区，更应当注重自然资源的合理开发，将农村良好的资源优势转化为农村建设的发展优势。良好的农村生态环境是发展生态农业的前提，同时也是发展乡村旅游资源的重要形式。

总之，乡村振兴五大要求涉及乡村政治、经济、文化、社会及生态环境的方方面面，对整体乡村的转型升级有重要影响，在实施乡村振兴战略过程中要正确处理好五大要求的相互关系，共同致力于乡村全面振兴。

(三) 乡村振兴战略总体要求与乡村旅游扶贫的关系

"实施乡村振兴战略"的新发展理念,不仅切中了农村发展的重点,而且指明了未来乡村发展的大方向。乡村振兴战略的提出和实施为乡村旅游的发展提供了新的机遇。"乡村旅游+乡村扶贫"是指在具有一定旅游资源、区位优势和市场基础的贫困地区,通过开发旅游来带动当地经济发展,为其提供可持续的经济动力。

旅游业是朝阳产业,是乡村扶贫的重要支柱,是建设美丽中国的坚强后盾。

旅游扶贫作为一种重点通过旅游项目的开发促进贫困地区生产、促进经济增长、帮助贫困居民快速致富的产业发展方式,可以借助当地资源有效配置市场资源,节约成本,对当地生态环境也不会造成损害。因此,乡村旅游扶贫能够大大提升当地经济发展水平,在最大限度上协调区域发展。

1.乡村旅游对产业、生态、乡风、治理和生活方面的贡献更大

"产业兴旺、生态宜居、乡风文明、治理有效、生活富裕"的五大要求部署,要求乡村旅游在产业、生态、乡风、治理以及生活方面有更大作为及更大贡献。产业兴旺是根本基础,发展当地农村休闲旅游产业、丰富乡村旅游产品、做大做强乡村观光旅游业及休闲业对当地经济发展及农村生活改善有重要影响,因而要大力发展乡村旅游经济,吸引更多的资本、技术及人才到农村中去。在此基础上,保护当地生态环境,注重开发及保护并举,重点保护当地农村自然资源及文化生态系统,发展经济的同时做好乡村治理及乡村生态保护等各项工作。

2.根据调查、分析和综合确定乡村旅游经济发展定位及发展目标

乡村想要借助旅游项目的开展实现乡村脱贫,就应当注重做好发展定位工作,包括功能定位、发展方向、市场定位、目标客源定位等。通过发展项目的定位来将农业旅游与乡村发展结合起来,通过对当地民风、民俗的调查及分析,进一步确定其旅游扶贫的重点,之后,在政策的引导下鼓励更多农民群体返乡创业,充分利用当地资源确定当地发展方向,提升乡村扶贫效果。

3.突出乡村旅游特色与主题策划

特色是旅游休闲农业产品的核心竞争力,主题是旅游休闲农业产品的核心吸引力。要认真依托当地自然资源的开发情况,进一步分析周边地区的观光农业项目特点,借助不同的农业生产及农村文化资源营造旅游特色;要充分利用乡村地区丰富的历史底蕴、悠久的文化传统,以及地域性、景观性、生态性、知识性、文化性和传统性等。此外,要根据项目特色,积极进行更具创新意义的主题策划。

在此基础上,根据乡村振兴战略的五大要求进一步完善乡村旅游扶贫策略,创作出富有创意、生动的乡村旅游项目,借助更有意义的主题策划宣传当地文化及做好传承工作。

按照产业兴旺、生态宜居、乡风文明、治理有效、生活富裕的总要求,建立健全城乡融合发展体制机制和政策体系,加快推进农业、农村现代化。这一全新的战略部

署对当今农村经济的发展,以及生态的保护等各项工作开展具有重要意义。具体到实施过程中,更应当基于战略性的顶层设计,开展系列实践,促进农村转型、农民致富。

新的历史背景下,如何借助乡村旅游扶贫推进乡村振兴,值得相关研究人员进一步思考。同时,也更应当发挥出旅游业对乡村的促进作用,发挥出乡村振兴战略的应有作用。

三、乡村振兴战略的科学内涵

(一)产业兴旺是乡村振兴的核心

新时代推动农业农村发展的核心是实现农村产业发展。农村产业发展是农村实现可持续发展的内在要求。从中国农村产业发展历程来看,过去一段时期内主要强调生产发展,而且主要是强调农业生产发展,其主要目标是解决农民的温饱问题,进而推动农民生活向小康迈进。从生产发展到产业兴旺,这一提法的转变,意味着新时代党的农业农村政策体系更加聚焦和务实,主要目标是实现农业农村现代化。产业兴旺要求从过去单纯追求产量向追求质量转变、从粗放型经营向精细型经营转变、从不可持续发展向可持续发展转变、从低端供给向高端供给转变。城乡融合发展的关键步骤是农村产业融合发展。产业兴旺不仅要实现农业发展,还要丰富农村发展业态,促进农村一、二、三产业融合发展,更加突出以推进供给侧结构性改革为主线,提升供给质量和效益,推动农业农村发展提质增效,更好地实现农业增产、农村增值、农民增收,打破农村与城市之间的壁垒。农民生活富裕的前提是产业兴旺,而农民富裕、产业兴旺又是乡风文明和有效治理的基础,只有产业兴旺、农民富裕、乡风文明、治理有效有机统一起来才能真正提高生态宜居水平。党的十九大将产业兴旺作为实施乡村振兴战略的第一要求,充分说明了农村产业发展的重要性。当前,我国农村产业发展还面临区域特色和整体优势不足、产业布局缺少整体规划、产业结构较为单一、产业市场竞争力不强、效益增长空间较为狭小与发展的稳定性较差等问题,实施乡村振兴战略必须要紧紧抓住产业兴旺这个核心,作为优先方向和实践突破点,真正打通农村产业发展的"最后一公里",为农业农村实现现代化奠定坚实的物质基础。

(二)生态宜居是乡村振兴的基础

要加快生态文明体制改革,建设美丽中国。美丽中国的起点和基础是美丽乡村。乡村振兴战略提出要建设生态宜居的美丽乡村,更加突出了新时代重视生态文明建设与人民日益增长的美好生活需要的内在联系。乡村生态宜居不再是简单强调单一化生产场域内的"村容整洁",而是对"生产、生活、生态"为一体的内生性低碳经济发展方式的乡村探索。生态宜居的内核是倡导绿色发展,是以低碳、可持续为核心,是对"生产场域、生活家园、生态环境"为一体的复合型"村镇化"道路的实践打造和路径示范。绿水青山就是金山银山。乡村产业兴旺本身就蕴含着生态底色,通过建设生态宜居家园实现物质财富创造与生态文明建设互融互通，走出一条中国特色的乡村绿色可持续发展道路，在此基础上真正实现更高品质的生活富裕。同时，生态文明也是乡风文明的重要组成部分，乡风文明内涵则是对生态文明建设的基本要求。此外，实现乡村生态的良好治理是实现乡村有效治理的重要内容，治理有效必然包含着有效的乡村生态治理体制机制。从这个意义而言，打造生态宜居的美丽乡村必须要把乡村生态文明建设作为基础性工程扎实推进，让美丽乡村看得见未来，留得住乡愁。

（三）乡风文明是乡村振兴的关键

文明中国根在文明乡风，文明中国要靠乡风文明。乡村振兴想要实现新发展，彰显新气象，传承和培育文明乡风是关键。乡土社会是中华民族优秀传统文化的主要阵地，传承和弘扬中华民族优秀传统文化必须要注重培育和传承文明乡风。乡风文明是乡村文化建设和乡村精神文明建设的基本目标，培育文明乡风是乡村文化建设和乡村精神文明建设的主要内容。乡风文明的基础是重视家庭建设、家庭教育和家风家训培育。家庭和睦则社会安定，家庭幸福则社会祥和，家庭文明则社会文明；良好的家庭教育能够授知识、育品德，提高精神境界、培育文明风尚；优良的家风家训能够弘扬真善美、抑制假恶丑，营造崇德向善、见贤思齐的社会氛围。积极倡导和践行文明乡风能够有效净化和涵养社会风气，培育乡村德治土壤，推动乡村有效治理；能够推动乡村生态文明建设，建设生态宜居家园；能够凝人心、聚人气，营造干事创业的社会氛围，助力乡村产业发展；能够丰富农民群众文化生活，汇聚精神财富，实现精神生活上的富裕。实现乡风文明要大力实施农村优秀传统文化保护工程，深入研究阐释农村优秀传统文化的历史渊源、发展脉络、基本走向；要健全和完善家教家风家训建设工作机制，挖掘民间蕴藏的丰富家风家训资源，让好家风好家训内化为农民群众的行动遵循；要建立传承弘扬优良家风家训的长效机制，积极推动家风家训进校园、进课堂活动，编写优良家风家训通识读本，积极创作反映优家家风家训的优秀文艺作品，真正把文明乡风建设落到实处，落到细处。

（四）治理有效是乡村振兴的保障

实现乡村有效治理是推动农村稳定发展的基本保障。乡村治理有效才能真正为产业兴旺、生态宜居、乡风文明和生活富裕提供秩序支持，乡村振兴才能有序推进。新时代乡村治理的明显特征是强调国家与社会之间的有效整合，盘活乡村治理的存量资源，用好乡村治理的增量资源，以有效性作为乡村治理的基本价值导向，平衡村民自治实施以来乡村社会面临的冲突和分化。也就是说，围绕实现有效治理这个最大目标，乡村治理的技术手段可以更加多元、开放和包容。只要有益于推动实现乡村有效治理的资源都可以充分地整合利用，而不再简单强调乡村治理的技术手段问题，从而忽视对治理绩效的追求和乡村社会的秩序均衡。要健全自治、法治、德治相结合的乡村治理体系。这不仅是实现乡村治理有效的内在要求，也是实施乡村振兴战略的重要组成部分。这充分体现了乡村治理过程中国家与社会之间的有效整合,既要盘活村民自治实施以来乡村积淀的现代治理资源,又要毫不动摇地坚持依法治村的底线思维,还要用好乡村社会历久不衰、传承至今的治理密钥,推动形成相辅相成、互为补充、多元并蓄的乡村治理格局。从民主管理到治理有效,这一定位的转变,既是国家治理体系和治理能力现代化的客观要求,也是实施乡村振兴战略,推动农业农村现代化进程的内在要求。而乡村治理有效的关键是健全和完善自治、法治、德治的耦合机制,让乡村自治、法治与德治深度融合、高效契合。例如,积极探索和创新乡村社会制度内嵌机制,将村民自治制度、国家法律法规嵌入村规民约、乡风民俗中,通过乡村自治、法治和德治的有效耦合,推动乡村社会实现有效治理。

(五) 生活富裕是乡村振兴的根本

生活富裕的本质要求是共同富裕。改革开放四十年多来,农村经济社会发生了历史性巨变,农民的温饱问题得到彻底解决,农村全面建成小康社会。但是,广大农村地区发展不平衡不充分的问题日益凸显,积极回应农民对美好生活的诉求必须要直面和解决这一问题。生活富裕不富裕,对于农民而言有着切身感受。也就是说,简单地靠存量增长已经不能有效提升农民的获得感和幸福感。生活富裕相较于生活宽裕而言,虽只有一字之差,但其内涵和要求却发生了非常大的变化。生活宽裕的目标指向主要是解决农民的温饱问题,进而使农民的生活水平基本达到小康,而实现农民生活宽裕主要依靠的是农村存量发展。如何实现农民生活富裕?显然,靠农村存量发展已不具有可能性。有效激活农村增量发展空间是解决农民生活富裕的关键,而乡村振兴战略提出的产业兴旺则为农村增量发展提供了方向。

四、推进乡村振兴的战略导向

(一) 坚持高质量发展

实施乡村振兴战略是建设现代化经济体系的主要任务之一,尽管实施乡村振兴战略涉及的范围实际上超出经济工作,但推动乡村振兴高质量发展应该是实施乡村振兴战略的基本要求和重大导向之一。在实施乡村振兴战略的过程中,坚持高质量发展的战略导向,需要弄清楚什么是乡村振兴的高质量发展,怎样实现乡村振兴的高质量发展。

1.突出抓重点、补短板、强弱项的要求

随着中国特色社会主义进入新时代,中国社会主要矛盾转化为人民日益增长的美好生活需要和不平衡不充分的发展之间的矛盾。实施乡村振兴战略的质量如何,首先要看其对解决社会主要矛盾有多大实质性的贡献,对于缓解工农城乡发展不平衡和"三农"发展不充分的问题有多大实际作用。比如,随着城乡居民收入和消费水平的提高,社会需求结构加快升级,呈现个性化、多样化、优质化、绿色化迅速推进的趋势。这要求农业和农村产业发展顺应需求结构升级的趋势,增强供给适应需求甚至创造需求、引导需求的能力。与此同时,对农村产业发展在继续重视"生产功能"的同时,要求更加重视其生活功能和生态功能,将重视产业发展的资源环境和社会影响,同激发其科教、文化、休闲娱乐、环境景观甚至体验功能结合起来。尤其是随着"90后""00后""10后"逐步成为社会的主流消费群体,产业发展的生活、生态功能更加需要引起重视。以农业为例,要求农业在"卖产品"的同时,更加重视"卖风景""卖温情""卖文化""卖体验",增加对人才、人口的吸引力。近年来,电子商务的发展日益引起重视,一个重要原因是其有很好的链接和匹配功能,能够改善居民的消费体验、增进消费的便捷性和供求之间的互联性,而体验、便利、互联正在成为实现社会消费需求结构升级和消费扩张的重要动力,尤其为边角化、长尾性、小众化市场增进供求衔接和实现规模经济提供了新的路径。

2.突出推进供给侧结构性改革

推进供给侧结构性改革的核心要义是按照创新、协调、绿色、开放、共享的新发展理念,提高供给体系的质量、效率和竞争力,即增加有效供给,减少无效供给,增强供给体系对需求体系和需求结构变化的动态适应和反应能力。当然,这里的有效供给包括公共产品和公共服务的有效供给。这里的提高供给体系质量、效率和竞争力,首先表现为提升农业和农村产业发展的质量、效率和竞争力;除此之外,还表现在政治建设、文化建设、社会建设和生态文明建设等方方面面,体现这些方面的协同性、关联性和整体性。解决好"三农"问题之所以始终被作为全党工作的"重中之重",归根到底是因为它是一个具有竞争弱势特征的复合概念,需要基于使市场在资源配置中起决定性作用,通过更好发挥政府作用矫正市场失灵问题。实施乡村振兴战略旨在解决好"三农"问题,重塑新型工农城乡关系。因此,要科学区分"三农"问题形成演变中的市场失灵和政府失灵,以推进供给侧结构性改革为主线,完善体制机制和政策环境。借此,将支持农民发挥主体作用、提升农村人力资本质量与调动一切积极因素并有效激发工商资本、科技人才、社会力量参与乡村振兴的积极性结合起来,通过完善农村发展要素结构、组织结构、布局结构的升级机制,更好地提升乡村振兴的质量、效率和竞争力。

3.协调处理实施乡村振兴战略与推进新型城镇化的关系

虽然推进新型城镇化也需要"紧紧围绕提高城镇化发展质量",也需要"因势利导、趋利避害",仍是解决"三农"问题的重要途径,但城镇化更是"我国发展必然要遇到的经济社会发展过程",是"现代化的必由之路",必须"使城镇化成为一个顺势而为、水到渠成的发展过程"。而实施七大战略则与此有明显不同,更需要摆在经济社会发展的突出甚至优先位置,更需要大力支持。否则,容易出现比较大的问题,甚至走向其反面。二是实施乡村振兴战略是贯穿21世纪中叶全面建设社会主义现代化国家过程中的重大历史任务。届时,城镇化的战略和政策将会面临重大阶段性转型,甚至逆城镇化趋势也将会明显增强。至于怎样科学处理实施乡村振兴战略与推进新型城镇化的关系，关键是建立健全城乡融合发展的体制机制和政策体系。

4.科学处理实施乡村振兴战略与推进农业农村政策转型的关系

乡村振兴的高质量发展，最终体现为统筹推进增进广大农民的获得感、幸福感、安全感和增强农民参与乡村振兴的能力。如果做到这一点，不断提升农民的获得感、幸福感、安全感就有了坚实的基础。党的十九大报告突出强调"坚持以人民为中心"，高度重视"让改革发展成果更多更公平惠及全体人民"。在推进工业化、信息化、城镇化和农业现代化的过程中，农民利益最容易受到侵犯，最容易成为增进获得感、幸福感、安全感的薄弱环节。注意增进广大农民的获得感、幸福感、安全感，正是实施乡村振兴战略的重要价值所在。当然也要看到，在实施乡村振兴战略的过程中，农民发挥主体作用往往面临观念、能力和社会资本等的局限。因此，调动一切积极因素，鼓励社会力量和工商资本带动农民在参与乡村振兴的过程中增强参与乡村振兴的能力，对于提升乡村振兴质量至关重要。

增强农民参与乡村振兴的能力，有许多国际经验可供借鉴。如在美国、欧盟和日本、韩国等国家和地区的发展过程中，就有很多措施支持农民培训、优化农业农村经营环境，并有利于增加农村就业创业机会。

（二）坚持农业农村优先发展

要坚持农业农村优先发展，这从根本上是因为工农城乡发展不平衡和"三农"发展不充分，是当前中国发展不平衡不充分最突出的表现。此外，因为"三农"发展对促进社会稳定和谐、调节收入分配、优化城乡关系、增强经济社会活力和就业吸纳能力及抗风险能力等，可以发挥重要的作用，具有较强的公共品属性；在发展市场经济条件下，"三农"发展在很大程度上呈现竞争弱势特征，容易存在市场失灵问题。因此，需要在发挥市场对资源配置起决定性作用的同时，通过更好发挥政府作用，优先支持农业农村发展，解决好市场失灵问题。鉴于"农业农村农民问题是关系国计民生的根本性问题，必须始终把解决好'三农'问题作为全党工作重中之重"，按照增强系统性、整体性、协同性的要求和突出抓重点、补短板、强弱项的方向，坚持农业农村优先发展应该是实施乡村振兴战略的必然要求。

在当今世界大发展、大变革、大调整的背景下，面对世界多极化、经济全球化、社会信息化、文化多样化深入发展的形势，"各国日益相互依存、命运与共，越来越成为你中有我、我中有你的命运共同体"。相对于全球，国内发展、城乡之间更是命运共同体，更需要"保证全体人民在共建共享发展中有更多获得感"。面对国内工农发展、城乡发展失衡的状况，用命运共同体理念指导"三农"工作和现代化经济体系建设，更应坚持农业农村优先发展，借此有效防范因城乡之间、工农之间差距过大导致社会断裂，增进社会稳定和谐。

1.以完善产权制度和要素市场化配置为重点，优先加快推进农业农村市场化改革

要通过强化公平竞争的理念和社会氛围，以及切实有效的反垄断措施，完善维护

公平竞争的市场秩序，促进市场机制有效运转；也要注意科学处理竞争政策和产业政策的关系，积极促进产业政策由选择性向功能性转型，并将产业政策的主要作用框定在市场失灵领域。

为此，要通过强化竞争政策的基础地位，积极营造有利于"三农"发展，并提升其活力和竞争力的市场环境，引导各类经营主体和服务主体在参与乡村振兴的过程中公平竞争，成为富有活力和竞争力的乡村振兴参与者，甚至乡村振兴的"领头雁"。要以完善产权制度和要素市场化配置为重点，加快推进农业农村领域的市场化改革，结合发挥典型示范作用，根本改变农业农村发展中部分领域改革严重滞后于需求，或改革自身亟待转型升级的问题。如在依法保护集体土地所有权和农户承包权的前提下，如何平等保护土地经营权。目前，这方面的改革亟待提速。当前对平等保护土地经营权重视不够，加大了新型农业经营主体的发展困难和风险，也影响了其对乡村振兴带动能力的提升。近年来，部分地区推动"资源变资产、资金变股金、农民变股东"的改革创新，初步取得了积极效果。但随着"三变"改革的推进，如何加强相关产权和要素流转平台建设，完善其运行机制，促进其转型升级，亟待后续改革加力跟进。

2.加快创新相关法律法规和监管规则，优先支持优化农业农村发展环境

通过完善法律法规和监管规则，清除不适应形势变化、影响乡村振兴的制度和环境障碍，可以降低"三农"发展的成本和风险，也有利于促进农业强、农民富、农村美。例如，近年来虽然农村宅基地制度改革试点积极推进，但实际惠及面仍然有限，严重影响农村土地资源的优化配置，导致大量宅基地闲置浪费，也加大了农村发展新产业、新业态、新模式和建设美丽乡村的困难，制约农民增收。

近年来，许多新产业、新业态、新模式迅速发展，对于加快农村生产方式、生活方式转变的积极作用迅速凸显。但相关政策和监管规则创新不足，成为妨碍其进一步发展的重要障碍。部分地区对新兴产业发展支持力度过大、过猛，也给农业农村产业发展带来新的不公平竞争和不可持续发展问题。此外，部分新兴产业"先下手为强""赢者通吃"带来的新垄断问题，加剧了收入分配和发展机会的不均衡。要注意引导完善这些新兴产业的监管规则，创新和优化对新经济垄断现象的治理方式，防止农民在参与新兴产业发展的过程中，成为"分享利益的边缘人，分担成本、风险的核心层"。

此外，坚持农业农村优先发展，要以支持融资、培训、营销平台和技术、信息服务等环境建设，鼓励包容发展、创新能力成长和组织结构优化等为重点，将优化"三农"发展的公共服务和政策环境放在突出地位。相对而言，由于乡村人口和经济密度低、基础设施条件差，加之多数农村企业整合资源、集成要素和垄断市场的能力弱，面向"三农"发展的服务体系建设往往难以绕开交易成本高的困扰。因此，坚持农业农村优先发展，应把加强和优化面向"三农"的服务体系建设放在突出地位，包括优

化提升政府主导的公共服务体系、加强对市场化或非营利性服务组织的支持，完善相关体制机制。

坚持农业农村优先发展，还应注意以下两个方面。一是强化政府对"三农"发展的"兜底"作用，并将其作为加强社会安全网建设的重要内容。近年来，国家推动农业农村基础设施建设、持续改善农村人居环境、加强农村社会保障体系建设、加快建立多层次农业保险体系等，都有这方面的作用。二是瞄准推进农业农村产业供给侧结构性改革的重点领域和关键环节，加大引导支持力度。如积极推进质量兴农、绿色兴农，加强粮食生产功能区、重要农产品生产保护区、特色农产品优势区、现代农业产业园、农村产业融合发展示范园、农业科技园区、电商产业园、返乡创业园、特色小镇或田园综合体等农业农村发展的载体建设，更好地发挥其对实施乡村振兴战略的辐射带动作用。

（三）坚持走城乡融合发展道路

近年来，随着工农、城乡之间相互联系、相互影响、相互作用不断增强，城乡之间的人口、资源和要素流动日趋频繁，产业之间的融合渗透和资源、要素、产权之间的交叉重组关系日益显著，城乡之间日益呈现"你中有我，我中有你"的发展格局。越来越多的问题，表现在"三农"，根子在城市（或市民、工业和服务业，下同）；或者表现在城市，根子在"三农"。这些问题，采取"头痛医头、脚痛医脚"的办法越来越难解决，越来越需要创新路径，通过"头痛医脚"的办法寻求治本之道。

因此，建立健全城乡融合发展的体制机制和政策体系，走城乡融合发展之路，越来越成为实施乡村振兴战略的当务之急和战略需要。借此，按照推进新型工业化、信息化、城镇化、农业现代化同步发展的要求，加快形成以工促农、以城带乡、工农互惠、城乡共荣、分工协作、融合互补的新型工农城乡关系。那么，如何坚持城乡融合发展道路，建立健全城乡融合发展的体制机制和政策体系呢？

1.注意同以城市群为主体构建大中小城市和小城镇协调发展的城镇格局衔接起来

在当前的发展格局下，尽管中国在政策上仍然鼓励"加快培育中小城市和特色小城镇，增强吸纳农业转移人口能力"，但农民工进城仍以流向大中城市和特大城市为主，流向县城和小城镇的极其有限。这说明，当前，中国大城市、特大城市仍然具有较强的集聚经济、规模经济、范围经济效应，且其就业、增收和其他发展机会更为密集；至于小城镇，就总体而言，情况正好与此相反。因此，在今后相当长的时期内，顺应市场机制的自发作用，优质资源、优质要素和发展机会向大城市、特大城市集中仍是难以根本扭转的趋势。但是，也要看到，这种现象的形成，加剧了区域、城乡发展失衡问题，为培育城市群功能、优化城市群内部不同城市之间的分工协作和优势互补关系，以及加强跨区域生态环境综合整治等增加了障碍，不利于疏通城市人才、资本和要素下乡的渠道，不利于发挥城镇化对乡村振兴的辐射带动作用。

上述现象的形成，同当前的政府政策导向和资源配置过度向大城市、特大城市倾斜也有很大关系，由此带动全国城镇体系结构重心上移。这突出地表现在两个方面，一是政府在重大产业项目、信息化和交通路网等重大基础设施、产权和要素交易市场等重大平台的布局，在公共服务体系建设投资分配、获取承办重大会展和体育赛事等机会分配方面，大城市、特大城市往往具有中小城市无法比拟的优势。二是许多省区强调省会城市经济首位度不够是其发展面临的突出问题。这些省区致力于打造省会城市经济圈，努力通过政策和财政金融等资源配置的倾斜，提高省会城市的经济首位度。这容易强化大城市、特大城市的极化效应，弱化其扩散效应，影响其对"三农"发展辐射带动能力的

提升，制约以工促农、以城带乡的推进。许多大城市、特大城市的发展片面追求"摊大饼式扩张"，制约其实现集约型、紧凑式发展水平和创新能力的提升，容易"稀释"其对周边地区和"三农"发展的辐射带动能力，甚至会挤压周边中小城市和小城镇的发展空间，制约周边中小城市、小城镇对"三农"发展辐射带动能力的成长。

随着农村人口转移进城规模的扩大，乡—城之间通过劳动力就业流动，带动人口流动和家庭迁移的格局正在加快形成。在此背景下，过度强调以大城市、特大城市为重点吸引农村人口转移，也会因大城市、特大城市高昂的房价和生活成本，加剧进城农民工或农村转移人口融入城市、实现市民化的困难，容易增加进城后尚待市民化人口与原有市民的矛盾，影响城市甚至城乡社会的稳定和谐。

因此，应按照统筹推进乡村振兴和新型城镇化高质量发展的要求，加大国民收入分配格局的调整力度，深化相关改革和制度创新，在引导大城市、特大城市加快集约型、紧凑式发展步伐，在提升城市品质和创新能力的同时，引导这些大城市、特大城市更好地发挥区域中心城市对区域发展和乡村振兴的辐射带动作用。要结合引导这些大城市、特大城市疏解部分非核心、非必要功能，引导周边卫星城或其他中小城市、小城镇增强功能特色，形成错位发展、分工协作新格局，借此培育特色鲜明、功能互补、融合协调、共生共荣的城市群。这不仅有利于优化城市群内部不同城市之间的分工协作关系，提升城市群系统功能和网络效应；还有利于推进跨区域性基础设施、公共服务能力建设和生态环境综合整治，为城市人才、资本、组织和资源等要素下乡参与乡村振兴提供便利，有利于更好地促进以工哺农、以城带乡和城乡融合互补，增强城市化、城市群对城乡、区域发展和乡村振兴的辐射带动功能，帮助农民增加共商共建共享发展的机会，提高农村共享发展水平。实际上，随着高铁网、航空网和信息网建设的迅速推进，网络经济的去中心化、去层级化特征，也会推动城市空间格局由单极化向多极化和网络化演进，凸显发展城市群、城市圈的重要性和紧迫性。

为更好地增强区域中心城市特别是城市群对乡村振兴的辐射带动力，要通过公共资源配置和社会资源分配的倾斜引导，加强链接周边的城际交通、信息等基础设施网络和关键节点、连接线建设，引导城市群内部不同城市之间完善竞争合作和协同发展机制，强化分工协作、增强发展特色、加大生态共治，并协同提升公共服务水平。要

以完善产权制度和要素市场化配置为重点,以激活主体、激活要素、激活市场为目标导向,推进有利于城乡融合发展的体制机制改革和政策体系创新,着力提升城市和城市群的开放发展水平、包容发展水平和辐射带动能力。要加大公共资源分配向农业农村的倾斜力度,加强对农村基础设施建设的支持。与此同时,通过深化制度创新,引导城市基础设施和公共服务能力向农村延伸,加强以中心镇、中心村为结点,城乡衔接的农村基础设施、公共服务网络建设。要通过深化改革和政策创新,以及推进"三农"发展的政策转型,鼓励城市企业或涉农龙头企业同农户、农民建立覆盖全程的战略性伙伴关系,完善利益联结机制。

2.积极发挥国家发展规划对乡村振兴的战略导向作用

要结合规划编制和执行,加强对各级各类规划的统筹管理和系统衔接,通过部署重大工程、重大计划、重大行动,加强对农业农村发展的优先支持,鼓励构建城乡融合发展的体制机制和政策体系。在编制和实施乡村振兴规划的过程中,要结合落实主体功能区战略,贯彻中央关于"强化乡村振兴规划引领"的决策部署,促进城乡国土空间开发的统筹,注意发挥规划对统筹城乡生产空间、生活空间、生态空间的引领作用,引导乡村振兴优化空间布局,统筹乡村生产空间、生活空间和生态空间。今后大量游离于城市群之外的小城市、小城镇很可能趋于萎缩,其发展机会很可能迅速减少。优化乡村振兴的空间布局应该注意这一方面。

要注意突出重点、分类施策,在引导农村人口和产业布局适度集中的同时,将中心村、中心镇、小城镇和粮食生产功能区、重要农产品生产保护区、特色农产品优势区、现代农业产业园、农村产业融合发展示范园、农业科技园区、电商产业园、返乡创业园、特色小镇或田园综合体等,作为推进乡村振兴的战略结点。

3.完善农民和农业转移人口参与发展、培训提能机制

推进城乡融合发展,关键要通过体制机制创新,一方面,帮助农村转移人口降低市民化的成本和门槛,让农民获得更多且更公平、更稳定、更可持续的发展机会和发展权利;另一方面,增强农民参与新型城镇化和乡村振兴的能力,促进农民更好地融入城市或乡村发展。要以增强农民参与发展能力为导向,完善农民和农业转移人口培训技能支撑体系,为乡村振兴提供更多的新型职业农民和高素质人口,为新型城镇化提供更多的新型市民和新型产业工人。要结合完善利益联结机制,注意发挥新型经营主体、新型农业服务主体带头人的示范带动作用,促进新型职业农民成长,带动普通农户更好地参与现代农业发展和乡村振兴。要按照需求导向、产业引领、能力本位、实用为重的方向,加强统筹城乡的职业教育和培训体系建设,通过政府采购公共服务等方式,加强对新型职业农民和新型市民培训能力建设的支持。要创新政府支持方式,支持政府主导的普惠式培训与市场主导的特惠式培训分工协作、优势互补。鼓励平台型企业和市场化培训机构在加强新型职业农民和新型市民培训中发挥中坚作用。要结合支持创新创业,加强人才实训基地建设,健全以城带乡的农村人力资源保障

体系。

4.加强对农村一、二、三产业融合发展的政策支持

推进城乡融合发展,要把培育城乡有机结合、融合互动的产业体系放在突出地位。推进农村一、二、三产业融合发展,有利于发挥城市企业、城市产业对农村企业、农村产业发展的引领带动作用。要结合加强城市群发展规划,创新财税、金融、产业、区域等支持政策,引导农村产业融合优化空间布局,强化区域分工协作、发挥城市群和区域中心城市对农村产业融合的引领带动作用。要创新农村产业融合支持政策,引导农村产业融合发展统筹处理服务市民与富裕农民、服务城市与繁荣农村、增强农村发展活力与增加农民收入、推进新型城镇化与建设美丽乡村的关系。鼓励科技人员向科技经纪人和富有创新能力的农村产业融合企业家转型。注意培育企业在统筹城乡发展、推进城乡产业融合中的骨干作用,努力营造产业融合发展带动城乡融合发展新格局。鼓励商会、行业协会和产业联盟在推进产业融合发展中增强引领带动能力。

实施乡村振兴战略是一项长期的历史性任务,也是一项复杂的系统工程,必须规划先行,谋定而动。本章首先对乡村振兴战略规划作了概述,其次分析了乡村规划的历史演进及乡村振兴战略规划面临的形势,最后揭示了乡村振兴战略规划制定的基础与分类。

五、乡村振兴战略的推进路径

(一)始终坚持党对农村工作的领导,筑牢乡村振兴的政治保障

实践证明,始终坚持和充分发挥党对农村工作的领导是促进农业农村优先发展、实现乡村振兴的内在规定和重要保障。面对新时代"三农"问题应继续"坚持党对农村工作的全面领导"。

一是要坚定不移地在乡村振兴进程中贯彻党的领导。各级党组织不断增强政治领导能力,充分发挥政治优势,把党的领导贯彻到乡村振兴政策制定、工作部署、具体落实中,提升对乡村振兴事业的凝聚力、向心力。

二是要继承和创新党管农村的优良传统。应以"四个意识"为指导,深刻认识实施乡村振兴战略的重大意义,将党的乡村振兴主张统一到各级党组织和全体党员的思想意识与工作行动中。在干部配备、要素配置、资金投入、公共服务等方面向农业、农村倾斜,为乡村振兴提供物质和制度支撑。

三是要完善党的农村工作领导体制机制。要建立实施乡村振兴战略领导责任制,实行中央统筹、省负总责、市县抓落实的工作机制,确保党政一把手是第一责任人,五级书记抓乡村振兴。各级党委和政府要积极推进工农、城乡全面发展,相关部门要做好协同配合,为乡村振兴提供体制机制保证。

四是要发挥农村基层党组织的领导作用。要明确农村基层党组织的领导核心地

位,充分发挥其在乡村振兴中的带头作用,改进和强化农村基层党组织的工作,提升基层党组织服务农村和治理基层的能力。

(二)全面深化农村改革,着力解决农业农村发展不平衡不充分问题

改革开放40多年来,我国社会主义市场经济不断完善,工业化、城镇化水平稳步提升。但与此同时,传统农业效益不高、土地资源利用率低下、征地补偿制度不完善等问题依旧突出,严重制约了我国农业农村的发展和新时代乡村振兴战略的实施。持续推动农业农村经济发展成为我国当前不可回避的重要话题。突破乡村全面振兴的体制机制阻碍,一是要深入推进农业供给侧结构性改革,提高农业综合效益和竞争力。实现农产品质量化、品牌化的转型发展,不断提升农产品在市场中的竞争力,创造农民新的收入增长点。二是要深化农村土地制度改革,巩固和完善农村基本经营制度。要在长期坚持土地集体所有制的基础上,稳定农户承包权,放活土地经营权。通过"三权"分置改革,建立有效的农地流转机制和市场满足土地有序流转和有效配置需要。鼓励和引导城市资本下乡、返乡农民工创业,盘活广大农村地区的土地资源,有效实现小农户和现代农业发展有机衔接。三是要大力发展农村集体经济。有效整合农村地区人、财、物资源,根据各地不同资源禀赋、产业优势,积极探索多元集体经济发展模式,多渠道、多途径发展壮大农村集体经济,为推动乡村产业振兴、人才振兴、文化振兴、生态振兴、组织振兴夯实根基。

(三)坚持以人民为中心的发展思想,实现城乡融合发展

消解城乡二元结构,走城乡融合发展之路是实现城乡居民共同富裕、确保乡村全面振兴的客观要求。面对我国当前依旧存在的城乡二元经济结构矛盾,破解农业农村发展不平衡不充分问题必须建构新型工农城乡关系,坚持走城乡融合发展之路,最终实现城乡融合发展。一是要推动新型工业化、信息化、城镇化、农业现代化"四化"同步发展。注重发挥工业化、信息化、城镇化进程对农业生产率、农业产业结构、农业信息化水平、农业资本积累、人力资源水平等方面的积极作用,引导工农之间、城乡之间相互促进、协同发展,打造互补能力更强、发展机制更全、融合程度更高的工农、城乡新格局,实现农业现代化水平的提升、乡村产业链条的延展和农民生活水平的改善。二是要推动公共服务向农村延伸,提升乡村基本公共服务水平。科学编制多规合一的村庄规划,以农村居民生产生活所需的交通、饮水、物流、电信、医疗等为重点,鼓励社会各类资本以不同方式大力参与农村基础设施的投资与建设,着力补齐制约农村居民生产生活的"短板"。通过增加乡村教育资源、提升医疗服务水平、改善公共文化现状、健全乡村社会救助体系,让社会改革发展的"红利"惠及千万农民朋友,让广大农村群众对美好幸福生活更有期盼、更有信心。

(四)健全"三治结合"的乡村治理体系,推动乡村治理体系和治理能

力现代化

随着当前我国农村社会结构、城乡利益格局、农民思想观念的深刻变动和调整，乡村社会，一方面，积聚起了巨大的发展活力；另一方面，也浮泛出系列治理障碍。党的十九大审时度势，提出健全自治、法治、德治相结合的乡村治理体系，这既是实现乡村善治的有效之途，又是保证乡村振兴战略顺利推进的重要依托。建构"三治结合"的乡村治理体系，一是要深化村民自治实践，充分发挥群众参与治理的主体作用。通过对村民会议、村民代表大会等议事载体的优化整合，打造形成农村场域民事民议、民事民办、民事民管的长效协商议事格局，切实增强村民参与解决村庄公共事务的"主人翁"意识，消解乡村社会转型发展过程中大量治理主体外流带来的自治"撂荒"窘境。二是要推进乡村法治建设，肃清各类涉农安全隐患。要在提升干部群众法治素养的同时，加快对村民选举、征地补偿、打击农村黑恶势力等重点领域涉农法律法规的修改和完善，强化法律在支持"三农"发展、化解农村社会矛盾等方面的权威地位。三是要提升乡村德治水平，孕育良好的乡村社会风尚。要以社会主义核心价值观为引领，开展移风易俗行动，统筹使用正向激励与负面惩戒两种手段，在强烈对比中破立并举，实现乡村德治从传统的道德说教向可见可感的道德实践飞跃，促使广大乡村地区焕发出文明新气象。

（五）加大农村人力资本投入，加快新型职业农民队伍建设

培育新型职业农民队伍关乎农村土地谁来耕种、农业农村现代化谁来承载的大问题，是推进乡村振兴战略的必然要求与重要抓手。

加大人力资本投入，加快建设新型职业农民队伍，一是要提升农民职业素养，培育"爱农业"的新型职业农民队伍。通过持续的思想教育引导，增强农民的农业发展主体观念，实现对农民身份的认同感、农业工作的亲近感和农村环境的归属感。二是要提高农民职业技能，建设"懂技术"的新型职业农民队伍。农民懂技术不仅是实现农业农村现代化的必然要求，更是推进农民职业化发展的形势所需。要在加大农村教育经费投入力度的基础上，紧密联系农业农村发展实际，建立政府、农业学校、社会培训机构以及农场企业"四位一体"的职业培训体系，打通培育高素质、技能化劳动力的重要通道。三是要增强农民经营能力，发展"善经营"的新型职业农民队伍。农业规模化生产的大趋势强化了对农民经营能力的诉求。应鼓励广大农业经营主体将其现有的经营管理知识与市场经营理论有机结合，增强其抵御风险、适应竞争、乐于经营的意识和能力。

第三节　体育旅游助力乡村振兴战略的价值及实现路径

随着城乡二元分割走向城乡发展融合，乡村生活、生态、生产协同发展备受政府、学界和业界关注。然而，当前乡村旅游发展对文化、自然、环境等元素过于依赖，对乡村振兴的直接促进作用相对有限，产业整体发展仍处于较为粗放的阶段。实际上，在乡村振兴战略指引下，旅游市场本质上具有较强的开放性和融合性，而破解当前乡村旅游以文化或自然观光为主的"单核"发展模式，实行"体育+旅游"双核驱动不失为今后发展的新思路。而且，乡村发展体育旅游具有双重优势：一是乡村既是健身休闲体育资源开发的物质基础，又是乡村旅游发展共栖的空间；二是体育旅游具有较强的包容性和多元化，能与农业观光、健身休闲、健康养身、餐饮娱乐等多业种集聚发展，构建家庭参与、赛事观赏等多元发展模式，全面促进乡村生活富裕、生态宜居、产业兴旺、治理有效，助推全面小康社会建设。此外，体育旅游在发达国家已逐步融入日常生活，为乡村地区带来显著的经济效益，户外运动产业集聚会放大区域间其他有关产业的经济效益，对引领地区发展、增设旅游设施和改善整体环境等方面发挥着重要的作用。因此，结合乡村振兴战略的发展背景，以体育旅游的多重功能为逻辑起点，提出体育旅游作为乡村发展的新兴模式，希冀为乡村振兴提供有益参考。

一、体育旅游助力乡村振兴战略的解读

自提出乡村振兴战略以来，农村发展开始进入新时代。但是，目前尚有多方面问题成为阻滞乡村振兴的障碍因素，其主要表现为乡村基础设施建设仍然滞后，产业融合发展深度不足，创业条件不成熟致使产业经营性人才相对匮乏；环境和生态过度开发问题较为突出，其收入水平和消费观念与城市相比差距较大，乡村发展整体水平亟待提升。而现阶段，国内对乡村振兴的研究多见于乡村治理和乡村旅游发展，鲜见乡村体育旅游的研究。实践证明，体育旅游助力乡村振兴战略的方案具有可行性。由此可见，作为助力乡村振兴战略的新兴发展模式，乡村体育旅游的发展对于推动乡村发展具有较强的引领示范作用，是符合乡村振兴现实需求的。

二、体育旅游助力乡村振兴战略的价值

（一）发展乡村体育旅游是践行"以人民为中心"的重要环节

生活富裕是乡村振兴战略总要求的目标，而且，乡村振兴目的在于让农村居民与城市居民同步享受我国新时代经济文化繁荣的成果，以促进乡村稳定发展和公民权利公平公正，防止农村空心化。以乡村体育旅游为抓手，正是践行"以人民为中心"的重要环节，一方面可以丰富村民生产生活的物质基础，增加区域就业岗位，增加农民收入，改善人们的生活方式。如云南省楚雄彝族自治州举办特色"火把节"期间开展摔跤、赛马、射箭等活动，吸引了大批游客参与体育及相关消费，有效增加了沿途居民的劳动收入，减少了农村劳动力外出现象，实现当地村民安居乐业。另一方面，从体育的基础功能出发助力身体、精神富裕，开展乡村移风易俗活动并改良村民生活习惯，从而增强乡村凝聚力，提升村民健康水平，同时培育乡村体育文化氛围和道德风

尚，引导村民树立正确的精神文化生活观念，增强农民社会适应力。比如，由于挖掘到宗教祭祀舞蹈具有体育养生功能，桂西北地区为促进乡风文明，通过取其精华、去其糟粕，借助民俗宗教祭祀舞蹈发展民俗传统体育旅游，成为城乡居民满足精神需求、进行消遣娱乐的重要活动方式，对诠释、展示美丽乡村建设，强化全民健身意识，倡导健康生活理念有着重要的意义。

（二）发展乡村体育旅游是推动可持续发展的重要步骤

生态宜居是提高乡村发展质量的保证，发展乡村体育旅游正是推动乡村可持续发展的重要步骤，而且，生态环境的维护主要依赖于产业经济基础。体育旅游具有较强的外部性，在一系列的连锁效应、带动效应和激励效应被激活后，区域生态效益也逐渐显现。利用资源优势发展乡村绿色产业、健康产业有利于形成人与自然和谐共生的发展新格局，为城乡居民提供宜居的生活空间和宜人的休憩空间。

（三）发展乡村体育旅游是促进产业升级的重要抓手

产业兴旺是实现乡村振兴的基石，发展乡村体育旅游正是促进乡村产业升级的重要抓手，而且，乡村振兴战略正是期待通过深层次整合乡村资源激发乡村经济活力，推动区域产业高效发展。当前，农村非农就业空间的拓展和优质服务内容的融合带动了农业发展，同时构建起多层次的产业链和价值链，成为农民增收致富的新渠道。在众多业态中，体育旅游作为体育产业的细分领域，对挖掘和释放消费潜力、培育新的经济增长点、增强经济增长新动能具有重要意义。各地区通过加大力度吸引体育旅游投资，挖掘乡村体育文化资源和旅游资源，利用金融、技术、信息等现代生产要素和方法手段促进当地体育旅游的发展，既延长了乡村产业链，又提高了经济发展的效益与效能。

（四）发展乡村体育旅游是引导乡村治理有效的重要力量

治理有效是乡村善治的核心，发展乡村体育旅游正是引导乡村治理有效的重要力量，一方面为乡村治理水平提升提供了契机，另一方面也催生了乡村治理体系建构的内在动力，且在脱贫攻坚、生态治理、产业结构化治理等方面发挥了独特作用。而且，治理的基础在基层，薄弱环节在乡村，发展体育旅游有助于政府与地方、公共部门和私人部门之间的信息互通与工作互动，利于协调乡村公共事务的各相关主体之间的责任共担与利益共享，从而推进治理体系治理能力现代化，实现乡村治理的公共目标。从村民自治来看，开展体育旅游活动有效激发了农民对自身、对社群、对农村的治理积极性、主动性、创造性，由此将集体和个人凝聚起来，防止农村空心化，以确保广大农民安居乐业、农村社会安定和谐。

三、体育旅游助力乡村振兴战略的实现路径

发展乡村体育旅游是践行"以人民为中心"的重要环节，亦是推动乡村可持续发

展的重要步骤、促进乡村产业升级的重要抓手和引导乡村治理有效的重要力量。切实解决助力过程中的问题有利于进一步改善农民生活质量；美化乡村生态环境；优化农村产业结构；推进乡村管理走向治理，把乡村振兴战略落到实处。具体来说，体育旅游助力乡村振兴的路径应采取以下措施。

（一）整合多方有效资源，加强政策扶持力度

乡村振兴是一项系统性工程，充分发挥乡村体育旅游的助力作用需要整合多方有效资源予以精准扶持。近些年，国家对于体育旅游的顶层设计让市场发展进一步走向规范与成熟。然而，政策扶持力度由上而下略显羸弱，发展的压力最终落实在基层，而基层政府在财力和人力资源等方面基础非常有限。因此，具体要从财政、土地、税收等环节营造有利于乡村振兴的发展环境。首先，要落实乡村财政政策，实施多种投融资模式。一方面，地方政府要统筹县、乡两级财政创建乡村振兴资金扶持标准，倾斜相关资金投入乡村体育旅游。在支持县级政府在不改变资金用途的情况下，允许将财政专项扶贫资金和其他财政涉农资金投入乡村体育旅游形成资产折股量化，按照"保底收益+按股分红"模式助力乡村振兴。另一方面，改革资本投入方式，鼓励社会资本和融资机构与村集体共同开发。根据乡镇独特的地域优势和资源优势，借鉴PPP模式走政府一乡村伙伴关系（PCP）的路径进行招商引资，利用存量资源发展乡村产业ROT模式，如合作开发户外探险项目、足球小镇、体育娱乐休闲小镇等。其次，推广乡村土地创新政策，因地制宜地推广"点状用地、垂直开发"的开发方式，为乡村体育旅游用地提供支持。重庆巴南、武隆等地积极探索，打通了农旅融合项目"规划难、用地难"的瓶颈障碍，有效缩减了乡村用地指标。另外，要明确土地政策扶持标准，盘活乡村土地经营权流转，充分发挥农村土地资源潜力。对符合乡村发展的体育旅游企业予以土地支持；对不符合乡村体育旅游发展格局的企业和项目可适当提高用地门槛；依据乡村体育旅游项目的规模进行合理的用地支持，对一些具有区域特色但规模较小的体育旅游项目也应在土地政策上予以支持，如浙江莫干山体育特色小镇就是以服务高端人群的小众体育旅游项目得以发展。最后，要落实乡村税收优惠减免政策，将已有的相关税收政策制度化。对进入乡村发展的企业提供一定的税收减免，如对相关企业的用水、用电、用地、用气等税费价格进行减免优惠，从而提高农村资源的使用效率与效益。此外，对规模较大的乡镇体育旅游企业可在规定年限内免征企业所得税，在年限到期后可采取降低部分项目增值税的方式支持企业发展。

（二）制定区域发展规划，完善乡村基础设施

从美丽乡村建设到实施乡村振兴战略，乡村发展空间逐渐从点状经济带向条块经济带转移。其中，科学的区域发展规划作为乡村发展的脉络与基础设施的完善程度影响着乡村振兴的当下和未来。然而，由于部分地区狭隘的发展观和匮乏的脱贫经验引致乡村发展趋之若鹜，恣意开发乡村文化、盲目引进不相关业态等问题共同导致区域内产业协同发展困难，主要归因于散落的乡村资源缺乏统一规划和资源整合。此外，

条块分割的经济带间接造成乡村基础设施建设参差不齐，在前乡村振兴背景下，区域内基础设施的完善程度又直接成为制约乡村休闲市场的重要因素之一。因此，在促进体育旅游产业融合、产品整合的同时，要因地制宜规划乡村发展。各乡镇可以分别被视为一个独立的核心—边缘机构，实施分区建设，彼此相互平衡和吸引。体育旅游资源丰富、发展基础较好的乡镇可以发展成为体育旅游集聚区，如体育旅游综合体、特色小镇等空间载体，再以集聚区优先发展壮大成为核心，继而带动乡村周边的发展。以安徽省潜山县的全域旅游布局为例，潜山县以"大天柱山镇旅游圈"为发展核心、水吼户外运动旅游小镇为副核心，共同辐射时尚狂欢运动休闲区，借助体育旅游带动乡镇商业街、文化区等联动发展。同时，乡村要以核心区域的发展效益为区域发展的牵引力完善乡村基础设施建设，具体落实村村通道路修建，着手水、电、气网络化铺设等基础设施，并借助农村民生工程推进乡村咨询服务、应急处理、紧急救援、运动保险等体育旅游配套服务，为体育旅游助力乡村振兴战略提供保障。

（三）布局时尚体育项目，实施差异化发展战略

随着乡村振兴战略的推进，乡村体育旅游发展如火如荼。与时尚体育项目相比，群众性体育旅游项目产品门槛低、投资与回报周期短成为乡村重点发展项目，但低效能建设、反复维修设备反而增加了经营成本，同质化体育旅游产品影响了消费体验。调研发现，部分乡村体育旅游发展依附于乡村旅游穿插体育项目，再以体育旅游为特色旅游推入市场，打着乡村特色体育旅游的旗号采取低价竞争的方式获取客源，乡村形象大打折扣，严重抑制了消费升级。事实上，时尚体育项目虽然对乡村的配套设施和旅游基础条件要求高，但以其消费引领性强、参与体悟性强、经济带动性强、文化传承性强、开放包容性强以及资源依附性强等功能，成为乡村空间优化、服务提质增效的重要拳头产业。因此，乡村体育旅游项目的布局要在满足群众需求的基础上，注重实施差异化发展战略，研发时尚乡村体育旅游线路和基地供游客进行多元选择，以满足年轻客户群定制化、个性化需求，如开展登山、水上、航空、冰雪等大量时尚运动项目，以此为乡村发展聚拢人气，扩大社会影响力，提高乡村吸引力。另外，乡村时尚体育活动的设计要以体育旅游为窗口，以展示乡村特色文化为导向，结合当地的历史文化、自然风光、民俗风情等，开展特色节庆旅游体验活动，如在赛前、赛后进行农村文化交流与活动参与，以展示乡村振兴发展新成果，增强农民自豪感，提高参与者与农村、农业、农民的互动与了解。

（四）培育专业体育旅游运营商，培养经营型体育旅游人才

经营性人才直接影响着乡村振兴的质量和进程，而专业的体育旅游运营商则是为乡村体育旅游提供智力支持的源泉。由于体育旅游在国内尚属新兴业态，尤其在乡村这一空间的融入上缺乏十足经验借鉴，部分从业企业和高校主观能动性不足，对乡村生产、生态、生活发展缺乏足够认识，对体育旅游助力乡村振兴战略作用及未来发展又没有有力的把握，使得我国体育旅游人才培养不足成为当前我国乡村体育旅游发展

的短板。主要原因在于，一是我国体育旅游从业人员主要来自体育行政部门、旅游行政部门或者其他行业群体，主要以短期培训等超常规方式培养，所表现出专业技术水平有限，未见专业的体育培训机构系统对从业人员进行培训。二是我国高等院校中开展体育旅游方向的教学单位目前较少，休闲体育教学硬件设施不齐全，体育旅游方向的优秀教学老师短缺等问题进一步制约了我国体育类、旅游类专业学生的实践能力。因此，改善经营性人才匮乏的首要任务是培育专业体育旅游运营商，建议成立体育旅游组织和团体，定期对体育旅游工作者进行岗位培训，宣传并讲解国内外乡村体育旅游发展案例，不断拓宽员工的创新创业精神，丰富员工的体育旅游知识理论，提高员工职业技术素养，着手培养一批兼具开发、运营、管理的专业团队。另外，运营商要重视农民主体地位，系统培养本土经验丰富的体育旅游带头人，一方面能够有效解决农民就业问题，另一方面可推进乡村振兴战略的速度和成效。再者，高校要鼓励相关专业交叉学习，加强体育、旅游与乡村振兴的学术研究和交流，重视人才的经营性能力培养，建立体育旅游智库和实习基地作为乡镇体育旅游发展的智囊团和后备军。同时，建立乡村振兴人才奖励制度，实施外部经济支持和内部精神奖励，充分调动经营性体育旅游人才积极性。

在乡村迫切需要振兴的背景下，体育旅游从乡村发展的着力点即"生活、生态和生产"等三个方面回答了体育旅游如何通过生活水平提高、生态改善、产业发展推进了乡村产业兴旺、生态宜居、生活富裕。此外，发展体育旅游助力乡村振兴是践行"以人民为中心"的重要环节，亦是推动乡村可持续发展的重要步骤、促进乡村产业升级的重要抓手和引导乡村治理有效的重要力量。然而，体育旅游助力乡村振兴战略正处于探索阶段，依旧存在一些制约因素，还需要政府、企业与城乡居民的共同努力。

第二章　体育旅游的发展与特点

第一节　体育旅游的概念

一、体育与旅游的相关概念

（一）体育的概念

体育是一种社会文化现象，是社会文化的组成部分，是人类发展进程中根据生产和生活的需要，遵循人身心的发展规律，以身体练习为基本手段，达到增强体质、提高运动技术水平、进行思想品德教育、丰富社会文化而进行的一种有目的、有意识、有组织的社会活动。

（二）体育产业的概念

体育产业作为国民经济的一个部门，具有与其他产业相同的共性，即注重市场效益、讲求经济效益，同时又具有不同于其他产业部门的特性。其产品的重要功能还在于提高居民身体素质、发展社会生产、振奋民族精神、实现个人的全面发展和社会文明的全面进步。

体育产业是指为社会提供体育产品的同一类经济活动的集合以及同类经济部门的综合。体育产品既包括有形的体育用品，也包括无形的体育服务；体育经济部门不仅包括市场企业，也包括各种从事经营性活动的其他各种机构，如事业单位、社会团体乃至个人。

广义的体育产业指"与体育运动相关的一切生产经营活动，包括体育物质产品和体育服务产品的生产、经营两大部分"。狭义的体育产业是指"体育服务业"或者是"体育事业中既可以进入市场，又可以盈利的部分"。

（三）旅游的概念

旅游的名词解释是指：非定居者的旅行和暂时居留而引起的一种现象及关系的总和，这些人不会因而永久居留，并且主要不从事赚钱的活动。"旅"是旅行，外出，即为了实现某一目的而在空间上从甲地到乙地的行进过程；"游"是外出游览、观光、娱乐，即为达到这些目的所作的旅行。二者合起来即旅游。所以，旅行偏重于行，旅游不但有"行"，且有观光、娱乐含义。旅游的基本概念：旨在提供一个理论框架，用以确定旅游的基本特点以及将它与其他类似的、有时是相关的，但是又不相同的活动区别开来。

（四）旅游产业的概念

狭义的旅游产业是指那些提供核心旅游产品以满足旅游者旅游需求的旅游企业的集合，在我国主要指旅行社、旅游饭店、旅游车船公司以及专门从事旅游商品买卖的旅游商业等行业。广义的旅游产业除专门从事旅游业务的部门以外，还包括与旅游相关的各行各业。

体育旅游的概念非常复杂，因为体育和旅游有其各自独立的领域，在各自范围内都比较复杂，相互之间的融合比较困难。体育旅游作为旅游产业和体育产业交叉渗透而产生的一个新的领域，是以体育资源为基础，吸引人们参加与感受体育活动和大自然情趣的一种新的旅游形式，是体育与旅游相结合的一种特殊的休闲生活方式，它既是体育产业的一个重要组成部分，也是旅游产业的一个重要组成部分。实际上，体育旅游不同于一般旅游活动，也不是旅游产业的一个普通分支，它有其专业性和特殊性，它始终离不开体育活动的参与、组织与指导。

二、体育旅游的定义

按旅游活动中所具有的体育性质，我们可以将体育旅游定义为个体以参与和观看体育运动为目的，或是以体育为主要活动内容的一种旅游活动形式。

而将旅游活动作为"体育活动"的形式或载体时，体育旅游又可定义为一种以旅游活动为主要活动形式和载体，来进行的一种体育活动。当然，随着人们认识水平的不断提升，人们对体育旅游本质的理解也将更加深刻，目前虽然并没有形成一个完全统一的具有权威性的体育旅游的概念，但是体育旅游作为一种新兴的或特种旅游活动项目还是得到了人们的广泛认可，有着广阔的发展前景。

三、体育旅游者特征

体育旅游是体育爱好者的一种社会活动。正是由于体育爱好者活动规模的扩大，才使得体育旅游形成市场，从而造就了新的商业机会。因此，不仅旅游本身是人的活动，而且旅游的一切接待服务无一不是针对和围绕参加旅游活动的人设计的。换句话说，没有旅游者便没有旅游活动，所以体育旅游者是体育旅游活动的主体，是体育旅游得以进行的关键。

（一）体育旅游者分类标准

1.按国境国界分类

（1）国际体育旅游者

国际体育旅游者是指暂时离开自己的定居国或长居国，出境到其他国家进行体育旅游的游客。

（2）国内体育旅游者

国内体育旅游者指暂时离开自己的定居地或长住地，到国内其他地区去开展体育旅游活动的游客。

2.按年龄阶段分类

（1）老年体育旅游者

一般指60岁以上的体育旅游者。这种类型的体育旅游者具有充足的可随意支配时间以及一定的经济条件。他们参与体育旅游的主要目的为休闲、健身，也有部分是为了挑战实现自我等。具体项目包括钓鱼、球类项目比赛、自行车骑游、自驾游等。

（2）成年体育旅游者

一般指成年后阅历丰富、有事业、有收入的体育旅游者。对这类体育旅游者来说最关键的在于是否有足够的闲暇时间参与到体育旅游当中。因此，他们多利用"黄金周"参加体育旅游活动，或是在寒暑假带着孩子一起参加。这类体育旅游者对于体育旅游的要求较高，一般要求环境宽松、条件舒适、设备精良。他们参与体育旅游的主要目的是为了放松身心、商业交流、缓解压力等。

（3）青年体育旅游者

一般指那些富有生气、思想解放、追求时尚的青年体育旅游者。一般情况下，这类旅游者喜欢竞技、刺激冒险的体育旅游活动，如蹦极、探险、越野、漂流等，主要目的为挑战自我、表现自我。

（4）少年儿童体育旅游者

一般指参加由父母或学校组织的夏令营、冬令营、训练营等，由少年儿童参与的体育旅游活动。该类体育旅游者受学业的限制，没有充足的时间进行体育旅游，多数情况都是短期、近距离的一些体育旅游活动项目。

3.按旅游组织形式分类

（1）团队体育旅游者

又称团体体育旅游者，由一定组织并具有一定人数的体育旅游者的群体；特点是事先由一定的组织进行安排、统一组织、编制体育旅游项目，旅游活动中的一切事宜均由组织者统一安排。团队体育旅游者会减少前期的筹划准备工作，可以有更多的时间解决其他的问题，方便省心。由于是团队、集体出游，所以在体育旅游的自主性上会差一些。

（2）散客体育旅游者

又称个体体育旅游者或自助体育旅游者，旅游活动中的一切事宜都由游客自行安排。这类游客有充分的自由时间，可以尽情参加自己喜欢的体育旅游活动，不受时间限制，在旅行过程中可以根据自己的喜好，随时作出调整，这类体育旅游者的旅行有自主灵活性。

（3）半自助体育旅游者

是介于团体、自助体育旅游者之间的体育旅游者，其特点是组织相对松散，旅游者具有一定的自由度，可以根据目的地的实时情况对自己的体育旅游行程，进行一定的调整，更大限度地满足自己对体育旅游活动的需要。

4.按运动强度及危险性分类

（1）休闲健身型体育旅游者

即依托休闲健身类体育资源而进行体育旅游的体育旅游者。这种类型的体育旅游者主要目的是为了活动筋骨、放松身心，喜好运动量不太大、危险性较小、安全性有保障的活动，具体项目为钓鱼、高尔夫球、保龄球、乒乓球、网球等。

（2）技术竞赛性体育旅游者

即依托技术竞赛类体育资源进行体育旅游的体育旅游者。这种类型的体育旅游者主要目的为参与某项或几项运动技能技巧竞赛，具体项目包括定向穿越、驾车越野、帆船、滑雪、溜冰、射箭等。

（3）冒险刺激型体育旅游者

即依托冒险刺激类体育资源开展体育旅游活动的个体。这种类型的体育旅游者主要目的为通过惊险刺激的运动项目来挑战自我，在战胜自我过程中实现自我。具体项目包括登山、攀岩、漂流、溯溪、探险、蹦极等。

5.按旅游者参与的程度分类

（1）参与型体育旅游者（直接参与）

即亲自参与到体育旅游项目中去亲身体验其中乐趣的旅游者。这类体育旅游者往往是对某项体育运动非常着迷，且对此项体育运动有一定的了解，所以会经常性地参与到此项体育运动中。在我国非常流行的篮球、羽毛球、乒乓球等运动都有众多受众，往往这类体育旅游者也非常喜欢挑战一些其他类别的体育项目，所以他们参与的体育旅游项目是多元化的而非单一的。

（2）观赏型体育旅游者（间接参与）

即为观赏各类体育比赛（如奥运会、足球世界杯、世界田径钻石联赛、跳伞、漂流、攀岩比赛等）而参与旅游活动的旅游者。这类体育旅游者经常会参加自己钟爱的体育项目的赛事观赏，他们对于钟爱的体育赛事比赛的观赏，是跨越时间和地理位置的。比如国际上知名的综合性体育赛事——奥运会、足球世界杯等。

6.按目的地与居住地之间的距离分类

（1）短线体育旅游者

即要到达的目的地与居住地距离较近，交通相对便利，一般交通工具一天之内可以往返，没有特殊情况，无须住宿的体育旅游者。

（2）长线体育旅游者

即要到达的目的地与居住地较远，当日不能往返，需要在外住宿的旅游者。

7.按体育旅游资源类型分类

（1）山地项目体育旅游者

即依托山地资源开展体育旅游活动者。这种类型的体育旅游者喜好的项目一般为登山、攀岩、越野、狩猎、高山速降、高山探险、秘境探险等。

（2）水上项目体育旅游者

即依托水资源开展体育旅游活动者。这种类型的体育旅游者多在夏季或温热带地区活动，喜好的项目有冲浪、滑水、潜水、帆船、漂流、溯溪、钓鱼等。

（3）空中项目体育旅游者

即依托空中资源开展体育旅游活动者。这种类型的体育旅游者喜好的项目有滑翔伞、热气球等。

（4）冰雪项目体育旅游者

即依托冰雪资源开展体育旅游活动者。这种类型的体育旅游者喜好的项目有滑雪、溜冰、攀冰、雪橇、冰雪雕塑等。

（5）陆地项目体育旅游者

即依托公路资源开展体育旅游活动者。这种类型的体育旅游者喜好的项目有路跑自行车、摩托车、汽车等。这类项目的限制性因素较小，受众也相对较多。

8.按旅游者出游目的分类

（1）首要体育旅游者

首要体育旅游者是被直接讨论的群体，是体育旅游市场中的"主流"群体，即把参与体育活动作为出游首要目的的体育旅游者，如职业运动员、体育观众、足球迷和板球迷、高尔夫球和滑雪旅游者等

（2）附带体育旅游者

把体育活动作为出游的动机之一，这类人群往往是在参加商务公务、观光度假、探亲访友之余顺便参加体育旅游活动。

（二）体育旅游者态度特征

体育旅游者的态度、需要、动机三方面的分类、层次始终影响着体育旅游者的主观因素。

1.正负向性

体育旅游者的态度存在明显的正负向性，体育旅游者对体育旅游目的地、旅游条件、旅游项目的态度有肯定与否定之别。赞成、喜欢、关心，这是肯定性的态度；而

反对、厌恶、冷漠、是否定性的态度。当然，体育旅游者的态度会因为不同对象和条件作出不同的反应与调整，因此，态度的正负向性较复杂，但总体会表现为肯定或者否定的态度。

2. 高度协调性

态度由认识成分、情感成分、意向成分组成，一个心理正常的人，其态度的三种成分是相互一致和协调的。

3. 高度稳定性

态度一旦形成，将持续一定的时间，成为个性的一部分，因而具有稳定性。由于态度具有相对的稳定性，要想影响人们的体育旅游项目选择和产品购买行为，就应当注意不要在人们已经产生了不良和消极的情绪后又试图去改变他们的态度，这样做的难度非常大。与此同时，体育旅游项目独特的吸引性与针对性，也会促使体育旅游者形成高度稳定的支持态度。因此，应在体育旅游者项目的选择阶段对其态度予以重点关照。

4. 间接性

态度是人们内在的一种心理体验，它虽然能够影响行为，有一定的意向性，但是并不等于行为本身，所以不能直接观察，只能从一个人的言行、表情中，通过观察、分析和推理间接地了解。体育旅游者的态度在平时的旅游购买中不会太过显著，因此，对体育旅游者态度的挖掘应给予足够关注。

5. 强针对性

旅游态度总是指向一定的旅游对象和旅游条件，因而具有一定的针对性。各种态度可以分成不同的程度或等级，比如最喜欢、很喜欢、喜欢、最反对、很反对、反对，这表明了态度在强度上的不同。体育旅游者对某一固定的项目会表现出强烈的兴趣，多次购买、参加、体验之后会形成较高的喜爱程度与喜爱等级，表现出很强的针对性。

四、体育旅游目的地

（一）体育旅游目的地概述

1. 体育旅游目的地的界定、分类及特征

每一个概念都有特定的产生和使用条件，并没有非此即彼的绝对界限。因此，在对类似概念进行区分时，对比、对应分析是辨析、理解体育概念的一种好方法。

（1）体育旅游目的地的概念界定

旅游地在不同情况下，有时又被称为旅游目的地，或旅游胜地。国内外对于旅游目的地的研究虽然较多，但是对于旅游目的地概念的界定并没有形成统一的认识。例如，Murphy认为旅游目的地是一个能够让旅游者满足旅游欲望，创造各种旅游体验的场所；Pearce认为旅游目的地是一个包含能满足游客多种功能需求的景观和服务设施集中的地域综合体，它对游客的吸引力可以超越空间距离的限制。通俗来讲，所谓旅游目的地，是吸引旅游者在此作短暂停留、参观游览的地方。

①旅游目的地

旅游目的地是相对于旅游客源地、过境地而言的，是指供旅游者开展参观游览、休闲度假、会议展览、康乐健身等旅游活动，能满足其食、住、行、游、购、娱等需求的目标区域。

②体育旅游目的地

第一种观点：原国家旅游局魏小安司长认为体育旅游目的地是能够使体育旅游者产生旅游动机，并追求体育旅游动机实现的各类要素空间的总和。

体育旅游目的地简单讲就是使旅游者产生体育旅游动机，能够满足旅游者的各种体育需求以及住、行、食、游、购、娱等活动的地方。

（2）体育旅游目的地的分类

体育旅游是体育与旅游交叉融合而产生的新兴服务产业，是国家旅游业的重要组成部分，是以体育资源和一定的体育设施为条件的。随着近年来休闲体育、自然体育、极限运动等的兴起，为体育旅游市场创造了更多的发展机遇。

体育旅游目的地的形成，一是要有必要的体育旅游资源、体育旅游设施、体育旅游服务；二是要有其形成的必要的市场环境，也就是体育旅游市场环境。

①依据体育旅游资源进行分类

体育旅游资源是体育旅游业存在和发展的基本条件。具体说，就是为旅游者提供观赏、健身、娱乐、休闲、比赛、探险及研究等体育活动，包括自然体育旅游资源、人文体育旅游资源、可开发的体育旅游资源。

第一，自然体育旅游资源目的地。自然体育旅游资源是指非人工形成的可供体育旅游活动利用的生态资源。如天然的山川、江河、湖海、森林、戈壁、沙漠等。中国自然体育资源极其丰富，依托自然体育旅游资源发展成熟的赛事比较多，如湖南汨罗龙舟节依托汨罗江、中国环新疆塔克拉玛干沙漠汽车拉力赛依托沙漠、中国泰山国际登山节依托泰山等。

第二，人文体育旅游资源目的地。人文体育旅游资源是非天然赋予的，是经过加工开发创建起来的体育旅游资源，如文物古迹、古建筑工程、革命历史纪念地以及各地的风土人情和传统习惯等。内蒙古那达慕大会依托自然资源草原和蒙古族的风土人情、传统习惯进行；山东沂蒙山区、江西井冈山、贵州遵义、陕北延安等红色运动会依托革命历史纪念地。

第三，可开发的体育旅游资源目的地。可开发的体育旅游资源包括竞技性的体育旅游资源、休闲娱乐健身型体育旅游资源、具有民族民间特色的体育旅游资源、利用大型运动竞赛开发的体育旅游资源。我国民族众多，形成了一批特色鲜明具有民族性、地域性的民族民间体育旅游目的地。

②依据体育旅游细分市场进行分类

由于体育旅游消费者经济、文化、背景不同和兴趣、个性等方面的差异，使他们的旅游消费需求也有较大的差异性，因此，为适应更多的体育旅游消费需求，有必要进行市场细分。

按照体育旅游细分市场，体育旅游目的地也可以分为体育健身旅游目的地，如潍坊国际风筝会之潍坊、泰山国际登山节之泰安；体育度假旅游目的地，如中国玛曲格萨尔赛马大会之玛曲、内蒙古锡林郭勒盟那达慕之锡林郭勒；体育观战旅游目的地，如湖南汨罗龙舟节之汨罗；体育探险旅游目的地，如中国环新疆塔克拉玛干沙漠汽车拉力赛之塔克拉玛干沙漠；体育竞技旅游目的地，如环青海湖国际自行车赛之青海；民俗体育旅游目的地，如陕北安塞腰鼓之安塞县、高原唢呐之陕北子长县等。

（3）体育旅游目的地的特征

体育旅游目的地作为旅游目的地的重要组成部分，除具有一般旅游目的地的基本特征之外，还具有体育的一些特征。结合旅游目的地、体育旅游目的地的界定，本书对体育旅游目的地的特征进行归纳和总结。

①体育旅游目的地的复杂性

基于供应链管理理论视角，体育旅游目的地由当地政府、当地民众、参赛队伍、裁判员、新闻媒体、旅游者等诸多利益相关者组成，这使得体育旅游目的地受到内外诸多环境因素的影响。同时体育作为旅游目的地一项重要的活动，具有集聚效应和轰动效应，发生突发事件的可能性较大。

②体育旅游目的地的稀缺性

基于资源视角，体育资源具有稀缺性特点，这使得其旅游目的地同样具有稀缺性特点。资源的稀缺性是经济学第一原则，一切经济学理论皆基于该原则，因此，体育尤其是民族民间体育作为全人类的重要遗产，旅游目的地重要的目标吸引物，其传承和可持续发展显得至关重要，政府是当仁不让的第一责任人。

③体育旅游目的地鲜明的民族、区域特征

俗话说，一方水土养一方人。基于人文地理学视角，体育赛事中的民族民间体育赛事具有鲜明的民族性、区域性特征。如泰山国际登山节，五岳独尊，气势宏伟，历朝历代帝王封天祥地之所，具有鲜明的地域特征。举办中国玛曲格萨尔赛马大会的玛曲县，被誉为黄河母亲的"蓄水池"和"中华水塔"，是世界上最完整的原始生态湿地。作为甘肃、青海、四川三省交界处的黄河第一弯部，玛曲县是一个藏民族为主体的纯牧业县，曾是藏族英雄格萨尔王岭国的活动中心。这里是人们亲近自然、回归生态、颐养身心、宗教寻胜、探险猎奇的好去处，是生态旅游的天堂。

④体育旅游目的地的文化多元性

基于文化学视角，体育作为文化的重要组成部分，同时又是一个多文化的综合体，使得其旅游目的地具有文化多元性特征。如湖南汨罗龙舟节，文化是汨罗龙舟节的精髓，文化赋予其生命和活力，使其经久不衰。经过千百年的传承与演变，形成了独具特色的龙舟文化。随着对汨罗龙舟赛研究的不断深入，我们可以探寻端午民俗、领略屈原文化的博大精深、体验龙舟名城的浪漫激情、感悟传统文化的幸福真谛。湖南汨罗龙舟赛是一个多文化的综合体，其传统文化源泉是湖湘文化，也包括中华文化中的龙文化；其核心文化是屈子文化，它是对屈子文化精神的集中反映。其价值和魅力在于让那些平时以个体方式分散活动的人们，在端午节期间，怀着对民族精英的崇拜和尊敬，以及对美好精神生活的追求和向往，聚集在汨罗江畔，赛龙舟、观龙舟等，以表达和享受相互间的情谊与关爱。

⑤体育旅游目的地的功能多样化

体育旅游目的地功能多样化特征主要源于两个方面：一方面是体育本身具有的文化功能、教化功能、聚合功能、娱乐功能和审美功能等；二是体育旅游目的地与健身、休闲、娱乐、探险、竞技之间都有一定的关联性。如潍坊国际风筝会体现健身、度假、娱乐、民俗观赏等功能；中国玛曲格萨尔赛马大会体现度假旅游、娱乐、竞技、民俗观赏等功能。由于民族民间体育旅游目的地可以满足人们的多样化需求，使得其具有较强的区域竞争力。

⑥体育旅游目的地互惠共生的特征

基于共生理论视角，体育与旅游目的地单元个体与单元综合体之间，以及体育旅游目的地各领域多元个体之间，在不断融合发展中，达成契合和高度统一，实现民族认同、社会认同、文化认同、产业认同和环境认同。尤其民族民间体育赛事与旅游目的地的共生度和关联度极高，它们之间是一种互惠共生模式，其共生界面主要是政府和市场。

⑦体育旅游目的地的生命周期

基于旅游地生命周期理论，体育旅游目的地也不例外，同样要经历探索、起步、发展、稳固、停滞、衰落或复兴6个阶段。对于旅游目的地来讲，要保持其良性、可持续发展，需要不断创新资源、整合资源。一是对体育资源的整理、挖掘和保护；二是对体育和民俗文化传承者、修习者的关注和扶持；三是对体育内涵的不断丰富化，以此来吸引和召唤更多的人观光、旅游、消费。如何配置资源、整合资源、挖掘和保护资源，其重要性不言而喻。为此，现在的体育旅游逐渐从纯粹赛事向节事转型，重视赛事与文化、经济等领域的资源整合，不断加强和丰富赛事的内涵建设，注重赛事的宣传和推广等。

2.体育旅游对目的地的影响

（1）经济影响

①提升旅游形象

良好的旅游形象是旅游目的地发展旅游业的重要保证，也是现代城市竞争中一项重要的内容。目的地中知名体育赛事、节事活动的举办会在短时间内吸引大量的境内外游客、媒体和业内人士。同时，赛事赛前和赛中声势浩大的推广活动和众多媒体大规模、长时间的报道能够大大地提升赛事举办地的知名度，而知名度的提升则会显著提高赛事举办地作为人们旅游目的地的概率，不仅在赛事举办期间给举办地带来大量的客源，而且对于举办地旅游业的可持续发展也产生重大积极的影响。

②更新旅游目的地旅游空间

体育节事活动是推动旅游目的旅游空间演进的外部力量之一，它可以在短时间内对旅游目的地旅游空间的演进产生一种突发性驱动力。这种驱动力体现在旅游目的地基础设施建设的完善、旅游收入的增加、旅游目的地形象的改善、旅游目的地发展规划及管理水平提高等各个方面。潍坊国际风筝会的举办，使得潍坊国际风筝博物馆、杨家埠民俗大观园的关注度剧增，旅游人数不断攀升。

③拉动旅游目的地的旅游经济

体育节事活动的举办，势必吸引大量境外观众、媒体和运动员等相关主体前往赛事举办地，从而引起赛事举办地相关产业需求的变化，这样带来的一个最直接的影响就是举办地资金的正向流动，尤其是流入吃、住、行、游、购、娱等旅游领域，进而拉动赛事举办地的旅游经济发展。除此之外，体育赛事对城市旅游经济的拉动还表现为政府的旅游业税收收入的增加和对就业的拉动。

（2）社会影响

市场经济时代，需求决定供给。新时期人们不断增长的赛事消费的多元需求，需要增加赛事产品的多元供应。体育赛事旅游对旅游目的地社会的影响主要体现在以下几个方面：

①基础设施建设

基础设施主要包括交通运输、机场、港口、桥梁、通信、水利及城市供排水供气，供电设施和提供无形产品或服务于科教文卫等部门所需的固定资产，它是一切企业、单位和居民生产经营工作和生活的共同的物质基础，是城市主体设施正常运行的保证，既是物质生产的重要条件也是劳动力再生产的重要条件。随着生活水平的提高，中国城市基础设施除了交通、能源、饮水、通信等的供给外，已经扩展到环境保护、生命支持、信息网络等新的领域。例如，潍坊国际风筝会的诸多元素已经融入潍坊市的基础设施建设中，成为基础设施建设的重要组成部分。潍坊市道路及辅助设施建设中路灯风筝造型（北海路和四平路两侧蝴蝶风筝造型、海燕造型的路灯），公交车停靠点民众等待区域设施上粘贴的年画，潍坊人民广场、潍坊国际风筝博物馆区域广场等地点地砖、座椅上的风筝造型等，潍坊城市重要标识"鸢都"也是风筝的造型，杨家埠民俗大观园与市区之间的公交车外观风筝彩绘、内部风筝龙或蜈蚣的真品挂饰等，这些都将赛事产品与城市基础设施建设融合在一起。风筝会在不断地促进潍坊城市基础设施的提升和改造，像纪念广场、潍坊火车站、富华国际展览中心等地标性建筑都与风筝有关。潍坊国际风筝会办公室负责人说，以节会的方式，青岛啤酒节在营销着青岛，大连服装节在营销着大连，潍坊风筝会在营销着潍坊。

②旅游目的地的形象

从心理学的角度来看，形象就是人们通过视觉、听觉、触觉、味觉等各种感觉器官在大脑中形成的关于某种事物的整体印象，简言之是知觉，即各种感觉的再现。有一点认识非常重要：形象不是事物本身，而是人们对事物的感知，不同的人对同一事物的感知不会完全相同，因而其受到人的意识和认知过程的影响。由于意识具有主观能动性，因此事物在人们头脑中形成的不同形象会对人的行为产生不同的影响。我国民族民间体育赛事作为旅游目的地重要的目标吸引物，该项活动的举办可以提升旅游目的地的形象，以及旅游目的地的区域或国际影响力。形象如同一个人、一个地区、一个国家的门面，需要大家共同维护，可以用多项指标来体现。如旅游目的地的实力形象，包括旅游目的地的资源条件、社区环境、旅游设施、入境游客来源等；旅游目的地的服务形象，包括服务水平、人员形象、管理水平、精气神等；旅游目的地的品牌形象，主要是指旅游目的地的知名度和美誉度。

③民众的综合素质

综合素质是一个全面、系统的概念。体育旅游对目的地民众的综合素质具有提升作用，当然在有些时候民众的综合素质也是体现城市形象的一个重要指标。民众综合素质表现指标众多，可以由民众的文化素质、道德素质、民族认同、赛事认同、赛事的关注度和参与度、体育锻炼或健身的认知等指标，以及区域和谐、稳定，民众安居乐业来体现，其中每个指标又可以由多个下位指标来体现，如体育锻炼或健身认知，可以由参与群体的年龄、性别、职业、收入、文化程度、锻炼形式、锻炼场所、项目选择、锻炼时间及次数等指标来衡量；民族认同、赛事认同是城市包容力的重要体现。

④媒体的关注度

媒体指传播信息资讯的载体，即信息传播过程中从传播者到接受者之间携带和传递信息的一切形式的物质工具，现在已成为各种传播工具的总称，可以代指新闻媒体或大众媒体，也可以指用于任何目的传播任何信息和数据的工具。如报纸、杂志、广播、电视、互联网、移动网络等。媒体主要有监测社会环境、协调社会关系、传承文化、提供娱乐、教育等职能。媒体就目前的影响力来看，电视正逐步沦为"第二媒体"，而互联网正在从"第四媒体"逐步上升为"第一媒体"。虽然电视的广告收入一直有较大幅度的增长，但"广告蛋糕"正日益被互联网、户外媒体等新媒体以及变革后的平面媒体所瓜分。大量媒体介入体育旅游，反映了国家和地方政府的重视度、社会的关注度、赛事的影响力等，对旅游目的地来讲宣传效果俱佳。媒体对旅游目的地的关注度主要通过媒体的数量、媒体的影响力、媒体的曝光度等方面来体现。

（3）环境影响

世界在关注环境、低碳经济；中国在关注环境、生态平衡。环境既是原始的，又是再造的；环境既是自然的，又是人文的；环境既是物质的，又是精神的。环境是一个哲学概念，是空间与历史的交融，是自然界与社会文化的结合，是有形与有灵的统一。从某种意义上讲，体育旅游能够积极地影响环境并帮助保护环境，可以唤醒民众对环境的兴趣和强烈的环境意识，但它也给环境增加了负担。

①体育旅游对目的地基础环境的影响

目的地基础环境的影响，大都与环保部门有关。主要包括：①基础环境的管理。主要是环境保护部门及机构的设置、职能划分。②基础环境的建设。主要是指城市绿化、人文景观等的建设，目的是提升城市外部形象。③环境污染的治理。主要是城市污染物的治理，包括污水、大气污染、城市垃圾、赛场垃圾的处理等。中国是世界上垃圾包袱最沉重的国家之一，城市垃圾问题是亟须解决的发展性问题。

②体育旅游对目的生态环境的影响

体育旅游对生态环境的依赖性比较高，主要包括：第一，水资源。水是自然资源的重要组成部分，是所有生物的结构组成和生命活动的主要物质基础。我国目前面临的问题是资源型缺水及水污染严重。各种龙舟竞渡都与水息息相关，因此对水资源的保护极为重要。第二，土地资源。土地资源是指在目前的社会经济技术条件下可以被人类利用的土地，是一个由地形、气候、土壤、植被、岩石和水文等因素组成的自然综合体，也是人类过去和现在生产劳动的产物。第三，生物资源。指生物圈中，对人类具有一定价值的动物、植物、微生物以及它们所组成的生物群落。如内蒙古锡林郭勒盟那达慕大会，一般于每年7月至8月间举行，因为这段时间草绿花红、羊肥马壮，环境优美。我国西北地区的赛马、叼羊、那达慕等活动选择在这段时间举办也是如此，该段时间又是旅游旺季，可吸引大量的游客到此观赛、观光旅游。当然，大量人群的涌入，会破坏生物资源，如草场等。第四，空气资源。体育旅游期间，目的地大量人群的涌入，以及目前的自驾游汽车尾气等，会影响空气质量。还有大量人群形成的噪声，会干扰和影响目的地居民生活环境。

因此，环境保护是全人类的事情。在旅游目的地环境保护方面，旅游者要构建起人与自然和谐共生的理念。

（二）目的地体育旅游规划

随着旅游业在我国的快速发展，旅游规划也呈现出一派欣欣向荣的景象，由于我国的旅游规划起步较晚，在理论探索和实践应用中和国外的旅游规划存在较大的差距，因此在目的地体育旅游规划方面需要借鉴国外的一些成功经验及启示。如今的规划者不仅需要考虑到市场、资源的限制，国家政治、经济和社会文化的情况，社区参与和利益相关者，还要考虑规划的实施和可持续资源有效地利用，同时在旅游规划中要强调公平、有效、平衡、和谐、负责任、可适性、全面发展以及经济、文化完整性等原则。由于目的地社区被看成是旅游发展的关键，专家和实践者提倡自下而上地参与规划和等级方法，由社区赋权，使旅游利益相关者之间更好地合作以及个人、公众和非营利组织之间更好地联系。

1. 目的地体育旅游规划的性质与任务

（1）目的地体育旅游规划的性质

①综合性

旅游业是建立在第一、第二产业和部分第三产业基础上的服务性行业，涉及交通运输业、旅馆业、饮食业、邮电通信业、娱乐业、文化卫生业、自然资源、商业、农业、工业等，主要是生产用于满足旅游者精神需求的产品，是功利性与非功利性统一的产业。旅游规划要综合考虑这些与旅游业直接相关或间接相关的产业，使之协调发展。

②依赖性

旅游系统是依赖于很多行业支持的系统，没有这些行业的支持，旅游系统就难以运行，因为它自身缺少独立的支持行业。这些支持行业具有双重任务：

一是满足旅游系统运行的需要，二是满足自身及其他产业正常运行的需要。旅游规划必须协调这些行业与旅游业的关系，如餐饮业、住宿业、娱乐业、商业、交通运输业、通信业等。

③三维层次性

旅游规划按范围分为国际旅游规划、国家旅游规划、区域旅游规划（省际）、市县级旅游规划、旅游地规划等5个层次，不同层次旅游规划侧重点不同。从规划的内容来看，分为发展规划、空间规划与市场营销规划。发展规划侧重于时间序列中旅游发展战略目标、政策法规的制定；空间规划侧重于空间序列中旅游区划分、旅游中心地、旅游项目、旅游资源保护与开发利用规划；市场营销规划侧重于旅游产品序列中市场需求分析与营销策划。每一层次的规划都要不同程度地考虑这三方面的内容。

④软硬性

旅游规划具有"软"规划、"硬"规划两个方面。硬规划是指旅游空间规划，包括总体规划（旅游土地利用规划）、分区规划和详细规划（包括建筑景观设计），规划成果是一系列规划图纸和相应的规划文件。这与城市形体规划具有相似性，不同点在于旅游空间规划更多注重旅游环境的审美与旅游者的行为特征。软规划是指旅游社会经济发展规划与市场营销规划。

⑤动态性

旅游的本质是实现旅游者的精神需求。在一定的政治、经济、社会、文化背景下旅游者的需求具有相对的稳定性，但随着政治、经济、社会环境和人的观念的变化也会产生变化。从时间轴上看又具有动态性，这就决定了旅游规划是一种动态规划，要适应旅游发展趋势，尤其是旅游项目的选择与布局必须具有弹性。体育旅游也是一样，需要不断丰富体育旅游内涵。

（2）目的地体育旅游规划的任务

旅游规划从字面上看，即"对旅游的规划"。这里的旅游指现代旅游，即旅游系统，规划指对事物发展的谋划。所以，旅游规划的内容理应包括与旅游系统及其发展谋划有关的全部。规划是为实现既定的目标而预先谋划的行动部署，也是一个不断地将主体价值付诸行动的实践过程。旅游规划是以未来可能的、较理想的事物作为组织现在行动部署的依据，但它毕竟是建立在对未来的不确定性的基础上。旅游发展的决定性因素，是旅游系统自身的发展规律。

旅游规划中可以立法的条款和能够直接参与投资的力量有限，旅游规划没有能力左右未来的一切关系。在有限的旅游规划技术力量、规划管理权限、投资开发能力的现实条件下，旅游规划只能集中力量于可控制的、关键性的、靠市场之手无法自动调节的几项主要的规划任务上面，并且须借助专业管理的渠道进行必要的部门分工。根据我国的国情，旅游规划的任务可分为三组：第一，由旅游局管理实施的指导性任务，包括产业政策及市场竞争战略引导，市场调查与预测，旅游产品（经历）体系规划（游览观光项目、娱乐项目、旅游接待、购物、游览线路的组织协调），管理机制与规划实施措施。第二，由旅游局直接管理实施的指令性任务，包括旅游资源评价，旅游发展的目标与指标，劳动教育科技计划，公共投资项目安排，容量规划与旅游流（保护性）控制。第三，通过政府委托或与相关部门联合管理实施的任务，包括调整土地利用关系（国土、规划局），环境保护与生态保育规划（环保、农业、林业），文化保护与社会发展规划、宣传与营销（宣传、城建、旅游），道路与交通（城建、全防灾（公安、保险、水利、林业），基础设施安排旅游市场维护与管理（工商、公安、旅游）。

随着市场经济的日渐成熟、国际旅游市场竞争加剧和"大旅游"在我国的发展，旅游规划的任务是加速成为其他相关部门联系的桥梁、各项利益综合平衡的中心、发展目标转化为地域空间的骨架。我国的旅游规划面临着5项工作：第一，在市场条件下配置旅游资源，同时以强制手段阻止局部的、眼前的、纯粹经济效益的畸形发展；第二，迅速提高旅游"产品"的整体质量；第三，加快落实相关部门的协作；第四，发展、整合旅游规划技术，实现旅游规划技术体系的协同；第五，以保持生态系统、环境系统和文化系统的完整性为前提，切实落实旅游的可持续发展，总之，通过寓分工于合作之中，旅游规划可望肩负起它的根本任务，即整体地改善旅游系统的结构有序性、功能协调性、发展和目的性之间的关系。

2.目的地体育旅游规划的作用和基本功能

（1）目的地体育旅游规划的作用

在远离理想状态的旅游系统中，存在着潜在的发展结构。这种潜在是旅游发展的可能性结果之一，也是旅游规划的唯物论依据。在旅游系统中，促使系统协同高效发展，并获得系统支持的目的性施控行为，称为正反馈。负反馈的功能则在于获得偏离感应信息，影响和修正系统的自我决策，维护内部结构的稳定性。前馈的功能则是扩展、调节旅游系统的功能耦合结构，预先为旅游发展所必需的功能协调性、环境变化适应性和发展方向的目的性创造条件。旅游规划的作用，就是在旅游系统内部建立起这套由正反馈、前馈和负反馈机制组成的旅游发展控制体系。借此，旅游规划指导旅游系统不断地提高内部各因素之间的方向协同性、结构高效性、运行稳定性和环境适应性，增强旅游系统的整体竞争力。旅游规划在内化旅游发展的过程中，具体有以下6大作用。

①吸取人类文明的经验教训

资源成本的外在化、容量超载、项目一哄而上等问题，是国内外无规划（或"拍脑袋"规划）的旅游发展的通病。其症状是旅游系统的结构与功能演变的方向，随着时间的推移越来越不符合社会目的。旅游规划的作用在于为旅游系统提供良好的发展框架，以避免自然演化的旅游系统所必经的粗放型、随机型、破坏性的发展道路。

②确定旅游发展的合理目标

旅游系统的发展目标用以规定旅游系统合理的发展总水平和总方向。其合理性的主要标志是既理想又可达。旅游规划目标在形式上是主观的，它所反映的内容必须趋于客观。旅游发展规律却是客观的，它具有一定的阈值范围，即该规律借以运行的客观条件的最低和最高极限。所制定的目标一旦超越了这种作用阈限，就会夸大旅游规划的作用而受到客观规律的惩罚。确定合理的规划目标，实质上是一个寻求理想与平衡点的过程，它要求旅游规划全面把握旅游系统的发展规律，并尽可能在量上进行科学预测和识别，对规划目标的要求应不大于或低于现有手段所能达到的水平，即降低规划目标。如果规划目标不能降低，则重点研究增强或增加手段直至与理想的发展目标相匹配。如果既不能降低规划目标，又难以立即增强手段，则可维持目标，立足可能的手段，先完成较近、较低的目标，通过时段效应，在发展过程中逐步实现理想与可达性的统一。

③催化旅游系统要素的相互整合

旅游系统要素的整合首先是市场与资源的整合。资源是发展旅游的基础，市场是发展现代旅游的手段，效益是发展旅游的目的（包括三大效益）。忽视资源条件，旅游市场竞争的风险就会大大增加；没有需求基础，不能推出适销产品，就无法取得市场的成功。旅游规划的作用，在于自觉地、完整地整合社会经济规划、物质性规划的科学知识和技术方法，科学合理地确定资源与市场的平衡点；在于调动社会经济系统中已有的支持力量，或组合、创建新的支持力量，指导和强化有关各方的协同关系；通过原本各自为政的专项规划、或被认为非必要的规划内容，整合成为服务于同一目的（旅游"产品"）所必需的规划技术体系，以此科学地整合旅游经历。

④规避旅游系统的发展风险

旅游系统的动态发展是一种系统状态向另一种系统状态的过渡。其中，无规划的旅游系统从功能耦合网的稳态开始，标志着旅游系统的成形。如果这一耦合网能在旅游系统发展中进一步自我更新，形成新的耦合网，那么这个旅游系统会自动发展下去。但是实践表明，绝大多数旅游系统在现实的社会经济环境条件下，均会出现不同程度的内部稳态失调和外部环境变化的压力。旅游规划必须在遵循旅游系统自身规律的前提下，通过发展选择，预先谋划和及时调节旅游系统的耦合结构，来维持旅游系统持续发展所必经的内部变化，来抵御环境变化所带来的风险。

对旅游系统的整体演变作出发展选择，实质上是对旅游系统的发展动态的控制过程。其中，旅游规划的规划引导作用，通过预测、宣传、鼓励政策、公共资源配置与财政投入等手段，形成旅游发展的基本条件，影响其他旅游开发与经营活动的基本趋向。旅游规划的发展控制作用，则通过立法司法、行政条例与规划监管，并委托其他管理部门（如工商、城建、公安、环保等）协同管理，使旅游发展的状况限制在必要的阈值范围之内，确保各部分发展的同时，旅游系统的整体效益最佳，并符合全局、长远的利益。

⑤修正旅游发展的目标偏离

旅游规划一旦实施，旅游发展的实践过程就获得了主体的改造。由于环境的变化、内部规律的强制作用、规划目标的不准确性及主体追求的变化，旅游系统的实际发展与规划目标之间会存在一定的距离或方向偏差–旅游规划不是一次性、描述终极状态的技术活动，而是一个在谋划未来与实践之间的循环往复的过程，必须随着旅游发展而不断密切跟踪目标本身的变化。旅游规划的作用不在于完全准确地预知和精确地制造未来，而在于正确地认识趋势、利用变化和影响未来。旅游规划修编作为旅游规划的特殊形态，其作用是保证旅游规划随着旅游系统的客观发展和对旅游系统的认识发展而不断地发展。按照目前的旅游市场变化幅度、预测技术的精度，参照我国的规划、计划体系的变化周期和实施经验，旅游规划每五年须进行一次综合评估和规划修编。

⑥维持旅游系统的稳定运行

旅游规划的作用在于提供人类价值，包括：提供自然环境价值，即改善人类与生命系统、环境系统的关系；提供经济价值，即通过旅游生产和消费，改善主体生存质量的创造、分配及交换关系；提供精神价值，包括知识价值、道德价值、文化价值、审美价值和人的价值，帮助人类趋向理智、高尚、文明、和谐、健康、自由和全面的发展。然而，旅游规划的作用不是无限的，它需接

受社会与自然的约束。旅游可持续发展的内部特征，是生态环境压力与社会压力小于旅游系统的承载力，外部特征是增长连续性、系统稳定性和代际公平性。旅游规划的作用是协调与解决在旅游市场条件下通常无法自动解决、或难以局部解决的一系列矛盾，维护生态环境秩序、社会文化秩序和竞争秩序，不断补充后续动力，以维持或及时恢复旅游系统运行的稳定性。

（2）目的地体育旅游规划的基本功能

目的地体育旅游规划有诸多功能，包括社会功能、经济功能、文化功能等，本节主要论述社会功能。国内外实践表明，旅游系统的发展并非都在走向进化。所谓旅游系统的进化，即旅游现象的内部关系由简单到复杂、由低级向高级的上升性演化，它主要有两个标志：一是与人类社会发展的价值指向日趋一致；二是系统内部的丰富性、组织性、功能整合性日渐提高。在现实的社会经济环境条件下，绝大多数旅游系统在其自然演化过程中，均会出现不同程度的系统失调。例如，资源成本的外在化导致个别企业迅速发展而使环境衰退；局部超载对旅游发展的整体制约；项目一哄而上导致特色消失等问题。

合理的旅游规划，在内化于旅游发展的过程中，其社会功能具体体现在：①旅游规划须为旅游系统注入正反馈、前馈和负反馈机制，为旅游系统提供良好的发展框架，以避免自然演化的旅游系统所必经的粗放型、随机型、破坏性、波动性的发展道路。②旅游规划须在充分研究旅游系统内部条件和外部市场环境可能性的基础上，为该旅游系统确定既理想、又可实现的发展目标，特别是投资效益目标的可达性、生态环境保育目标的可达性及社会发展目标的公正合理性。③旅游规划应能合理调动社会经济系统中已有的支持力量，或组合、创建新的支持力量，指导和强化有关各方的协同关系，降低成本，提高效能，以缩小产品质量、产业能力、市场可接受价格之间的差距。④旅游规划须顺应规划目标本身的随机变化甚至跳跃性变化这个现实，为旅游规划的实施过程留有必要的弹性空间，并主动、及时地调整规划本身，使旅游系统的实际发展，能够不断地缩小与目标的距离以及方向偏差。⑤旅游规划须协调与解决在市场经济条件下通常无法自动解决、或难以局部解决的一系列矛盾，如环境成本的外在化、不可再生资源的损耗、垄断经营等，以维护生态环境秩序、社会文化秩序和经济竞争秩序，不断储备后续发展的资源条件及增长动力。

旅游规划的社会功能不是无限的，它需接受社会与自然的约束。在旅游规划指导下的旅游发展，其摄取方式与其他生物的本质区别在于不是单纯靠大自然的恩赐，而是靠自己理智的实践活动，即是一种负责任的摄取，它需要行为自觉、接收社会的规范和大自然的约束。旅游规划的社会功能也不是可有可无的。旅游规划需提供人类以价值，包括：第一，提供自然环境价值，即改善人类与生命系统、环境系统的关系；第二，提供经济价值，即通过旅游生产和消费，改善主体生存质量的创造、分配及交换关系；第三，精神价值，包括知识价值、道德价值、文化价值、审美价值和人的价值，帮助人类趋向理智、高尚、文明、和谐、健康、自由和全面的发展。

3.目的地体育旅游规划的原则、内容及方法

旅游规划是旅游业发展的纲要，是旅游业永续、健康发展的保障。近年来国家旅游局相继颁发了《旅游发展规划管理办法》《旅游规划单位资质认定暂行办法》，使旅游规划逐步有法可依。但在具体的旅游总体规划、项目规划中仍然存在许多问题。

（1）目的地体育旅游规划的原则

①坚持前卫的思想理念

现代旅游规划应以前卫的理念为指导。理念是规划的核心和灵魂。从人文旅游的角度来讲，应以人为本，充分体现人文关怀，在旅游规划中，要充分考虑到旅游者的兴趣爱好、认知习惯、消费偏好和操作方便，重视人类的游乐天性和文化归属感，重视天人合一，敬奉祖先，吃苦耐劳，勇于开拓和奉献的品质挖掘。景观的编排设计要体现文化底蕴，形成"假景观、真文化"；绿色旅游，也即生态旅游，有着广阔的前景和旺盛的生命力，可以充分利用山、海、河、湖、泉等蓝色资源，冰雪等白色资源，森林草原等绿色资源，山川河流等灰黄资源，发展多样性的生态旅游产品，满足旅游者求新、求异、求知、求乐、求趣的消费心理需求。

②突出城市形象设计

城市是区域中心，具有一定的社会、文化、政治、经济职能。旅游作为一项大众化、审美化的经济文化和社会交往活动，其城市形象是旅游认知度强弱、美誉度高低的关键指标。从另一角度讲，城市形象是城市优势竞争的智力标识系统。个性鲜明、亲切感人的形象配上高质量的旅游产品可以形成长时间的垄断地位，在人们的心目中也很难遗忘。城市的形象设计成为旅游规划的中心和重点。规划时，要根据当地历史文化、资源禀赋、区域对比确定形象定位，推出独特的标志物、标志性建筑、广告语、色彩、市花、市歌等。这些标识系统要突出地方性、人文性、独特性、科技性、文化性，以此构筑气势强大、品位高雅，有很强的市场卖点、巨大的社会影响和很高知名度的城市名片和商标。在规划中，要把旅游发展与城市建设一体化，融旅游开发于城市整体建设布局之中，创造社会经济协调发展和可持续发展的良好机制。除去城市形象的设计、策划、构思外，还要充分考虑城市环境，这是游客的第一直观感觉，是城市形象的衬托和补充。通过对城市环境卫生、市容市貌、绿化美化、交通、环保和文明环境的匠心设计，实施诸如旅游广场工程、旅游色彩工程、旅游灯光工程、旅游绿化工程，并注意街道及建筑小品的构思和建造，营造出与城市形象标识特征相一致的风格。

③建立科学的考量机制

长期以来，我们的旅游规划编制常常限于政府、专家与开发单位之间。旅游规划论证、评审人员通常由政府官员、开发单位、规划单位、专家组成，形成了由专家规划、专家论证、专家评审、政府决策的所谓"精英规划系统"。这种规划往往限于学术的窠臼之中，而忽视了"规划的内容是卖给游客的"这一关键因素。所以，缺乏游客的参与，是目的旅游规划的最大缺失。尤其是现在强调人文关怀、受众主导，让游客充分参与规划制作和论证，能使规划更贴近实际。同时，也提供充分的条件和机会让受众共同参与旅游形象的宣传、塑造和策划，尽可能地挖掘旅游文化的精髓。再者，旅游价值最终要由游客游前的期望度、游中的兴奋度、游后的满意度来体现。用游客的眼光来整合旅游资源优势，使他们积极参与，将使旅游规划有一个更为科学的考量。

④凸显旅游地缘优势

旅游资源很大程度上是开发的地缘优势。旅游活动是以线网为特征、综合性的地缘经济行为、文化消费，任何不科学的割舍都会损坏旅游的有机发展，不利于旅游形象的建立。因此，规划理应强调打破行政区划的大旅游行为。旅游规划要敢于突破现行行政区划的束缚，创造一种有利于旅游业发展的新格局，构建一种更为科学的旅游生产力板块，创造一个新的发展环境。要大胆突破地域及其他限制，尤其是行政区划的限制，敢于创新，敢于在一个全新的空间内整合旅游优势，使资源优势真正互补，品牌真正统一，形象真正鲜明完整。

⑤注重社会效益

旅游业不仅仅是个经济产业，还是一个国家、一个地区的形象产业。而目前的规划中，多强调经济效益，未免有失偏颇。旅游规划不仅要注意经济效益，还要充分注意社会效益，有时社会效益还要高于经济效益，决不能因为眼前的经济利益障目而不见泰山。

（2）目的地体育旅游规划的内容

旅游规划的内容包括很多方面，每一方面都有其独特的作用，在具体规划实践中有轻重之分。由于目前旅游规划市场很不规范，旅游规划的编制者也来自不同的领域，其对旅游规划核心内容的把握有所不同。旅游规划是在一个总体发展目标的指导下，遵循一系列的原则，对规划区的旅游资源和市场，特别是潜在资源和市场进行详细调查分析，把握当地资源的"地脉"和"文脉"，看准市场需求的动态变化，设计生产出有地方特色的旅游产品，并通过多种促销渠道把产品推向市场。但旅游产品的推出并不代表旅游规划的完结，因为旅游产品存在生命周期，而且市场需求也在不断变化，所以规划者还应该对此旅游产品进行跟踪调查，使之不断完善。旅游规划的核心问题是对旅游产品的设计、提升、组合和创新，这一观点得到许多学者的认同。

（3）目的地体育旅游规划的方法

第一，综合性规划（comprehensive planning）。

旅游发展中普遍采用该方法，它的基础是综合性科学规划。它强调事实和目的，包括6个阶段：①认识问题和阐明目标；②调查情况和预测；③设计可替代的规划；④比较和评估可替代的规划；⑤采用其中一种并实施；⑥检测目前的趋势并评估规划的结果。它偏向于技术知识和集中决策，目的是增加相关因素的连贯性。该方法认为旅游是一个相关的系统并且强调旅游发展的各个方面，包括制度、环境、社会经济、需求和供给，强调旅游供给和需求之间应达到平衡。

第二，社区规划（community planning）。

20世纪80年代，由于旅游对目的地社区社会文化的消极影响，社区规划开始出现。Murphy认为：社区是住在同一地区，有共同利益和价值观的一群人。社区规划起源于传统的倡导（advacacy）、互动（interactive），参与和合作（participation and cooperation）规划。社区规划有两个分支：基于社区的规划和利益相关者合作规划。规划中的社区参与广泛地运用于很多规则中，但在规划中仍然是一个相对较新的概念，特别是在发展中国家，很少参与决策，因此参与性规划需要找到旅游产业和当地社区之间成为互利伙伴关系的途径。现在，不仅仅是居民，所有利益相关者都参与旅游规划的理念被广泛接受。

第三，综合规划（integrated planning）。

综合规划包括内部综合和外部综合。内部综合是指合并旅游系统内外的各种要素成分，包括需求、供给、物质和制度，以及把当地旅游融入地区、国家和国际旅游市场中。外部综合是指把旅游放入一个国家或地区发展政策、规划、格局的宏观系统中。20世纪80年代开始，旅游规划从原来的非综合方法过渡到更为综合的方法。综合规划强调应该在一个更广泛的框架中做旅游规划，它不仅仅是简单的把旅游规划加入到其他部分的规划，并且要求它们之间相互和谐。旅游系统中的各个因素一起规划并且综合在地区发展规划中可以增强综合规划的有效性。

第四，战略规划（strategic planning）。

战略规划起源于非官方部门，并且不断被公共组织采用。战略规划是以行动为导向并且关注于战略问题和机遇，是一个连续互动的过程，在这个过程中确定清晰的组织目标、掌控的环境和需要采取的行动。它把内部需要、资源和外部环境相匹配。战略规划包括以下几个步骤：识别和说明命令，制定任务，细分目标，评估外部和内部环境，确认战略问题，发展、实施、监控和评估战略。SWOT模型广泛应用于战略规划，该模型包括内部因子（优势、劣势）和外部因子（机遇、挑战）的分析。20世纪80年代，战略规划从商业领域转入地区和城市规划，并从那时起开始融入到旅游规划中。战略规划对于旅游目的地的成功发展具有重要的作用。

第五，渐进式规划（incremental planning）。

Lindblom提出渐进式规划，他认为发展最好是通过长期逐渐的改变。渐进式规划源于对传统理性方法的不满，传统的方法集中关注控制和快速增长，这常常导致敌对和极端化的关系而并没有解决问题。以往的规划方法表明规划应该是一个行进的过程并具有灵活性以适应于新的情况。旅游作为一个多方面的活动对于政治和经济环境的变化很敏感，对于它的发展就需要一个灵活和渐进规划方法。渐进式规划建立在连续性和灵活性的中心价值基础上，连续性是指规划应基于不断的研究和反馈，而灵活则是指规划应该有很强的适应性并且能够应对快速变化的环境。由于具有更高水平的预测性和灵活性，该方法更具有效性。因此，如果有意外的情况或问题出现，规划者可以及时调整程序。该规划不仅适用于目的地或景点水平的空间规划，对于目的地的连续规划也很有用。

第六，可持续旅游规划（sustainable planning）。

20世纪80年代,可持续发展的理念在各个层面被强调,并且成为学术界、规划实施者以及政策制定者关注的重点。可持续发展是指既满足现代人的需求又不损害后代人满足需求的能力。换句话说,就是指经济、社会、资源和环境保护协调发展,它们是一个密不可分的系统,既要达到发展经济的目的,又要保护好人类赖以生存的大气、淡水、海洋、土地和森林等自然资源和环境,使子孙后代能够永续发展和安居乐业。

可持续旅游发展是一种意识到人类和生物物质环境之间内在关系的全部、综合的规划方法。虽然可持续难以实施,但是可持续发展的案例不断涌现。如今,规划者发现在旅游实践中规划方法的采用更注重实用性而非概念和分析,而且最好是单一的模型旅游规划。

目前旅游规划方法正在由过去的单纯描述阶段向计量化发展,线形理论、运筹学博弈论、数理统计、区位商、生产函数、地理信息系统等先进方法与工具正应用于旅游规划理论。

第二节 体育旅游的特点与类型

一、体育旅游的特点

体育旅游具有旅游的一般特点,也有自身的独特性,也就是区别于一般旅游的特质,下面重点就其独特性进行分析。

(一)技能性

一般的旅游活动,尤其是旅行社组织的旅游活动,对旅游者没有技能上的要求,体育旅游则不同,对旅游者技能上的要求比较高。体育旅游尤其是户外具有挑战性的体育旅游活动往往具有技能性、危险性、刺激性等特征,如果旅游者体能差、心理脆弱、体育技术掌握不好,则很难顺利参与这些旅游活动,也不可能满足旅游需求,无法获得理想的旅游体验。不仅是旅游者,旅游活动的组织经营者也要具备良好的技能,如体育器材操作技能、指导技能与安全管理技能等,从而为旅游者提供更专业和安全的服务。

(二)重复性

一般的旅游景点对同一名旅游者的吸引力通常只有一次,也就是说被一个旅游景点吸引而去旅游的人,在此次旅游结束后很长时间内基本上不会再去第二次,并不是说这次旅游让他们感到失望,而是他们更愿意把时间、精力和金钱用到新鲜的没有接触过的景点上。多次重复去一个景点会让他们觉得没意思。

体育旅游则不同,人们参加体育旅游活动,是出于对某项体育运动的爱好,如登山旅游是因为喜欢登山项目,观赏赛事旅游是因为喜欢这项运动。因为有这方面的兴趣爱好，所以他们会重复这些旅游行为，就像喜欢篮球运动的人会经常打篮球一样。喜欢登山运动的人会经常和同伴进行登山旅游，喜欢足球运动的人会关注足球赛事，并前往赛事举办地支持自己喜欢的队或运动员，可见体育旅游的回头率是比较高的。

（三）消费高

体育旅游属于高消费活动，因此具有消费高的特征，具体从以下几方面体现出来。

第一，有些体育旅游活动对旅游者的穿着，携带的物品等是有专门要求的，如果穿着太随意或没有携带必需物品，则很难顺利开展旅游活动，购置专门的服装与物品是消费行为。

第二，旅游者在旅游前会通过购买书籍或参加培训来掌握专门的技术，为旅游做好技能准备，而买书和参加培训都是需要花费一定资金的。

第三，为了保障旅游活动的顺利开展和安全进行，旅游团队中应配备专业向导、医生等重要人员，并要给予他们相应的报酬，一般花费较高。

第四，体育旅游比较危险，发生意外的可能性比一般旅游大，安全防范意识较强的旅游者往往会先买意外保险，然后外出旅游，不管是购买意外保险，还是购买专门的防护装备，都是不小的开支。

（四）体验性

现在，服务经济正在慢慢被体验经济所取代，这是世界经济形态发展演进的一个趋势。随着经济的发展和人们生活水平的提高，人们对旅游的需求越来越多元，需求层次也越来越高，体验需求属于一个较高层次的需求，而这也是现代体育旅游者的一个迫切需求。因此，体验式体育旅游与当前旅游市场发展需求是相适应的，体验式体育旅游依托丰富的体育旅游资源为旅游者提供相关服务，满足旅游者的健身需求，娱乐需求、交际需求和体验需求，增加旅游者的快感，丰富旅游者的体验，使旅游者享受其中的每个环节。

（五）风险性

体育旅游和一般旅游相比，存在较高的风险性，而且风险发生的偶然性较大，难以提前准确预测，一旦发生危险就会造成相应的身心伤害或财产损失，甚至会失去生命，这对体育旅游爱好者来说是一个巨大的挑战和考验。

参加自驾车，登山、徒步穿越等极限类体育旅游活动，突发的危险和事故是经常会发生的。相较于我国户外运动的参与人数来说，西方人参与户外运动的绝对数要大许多，伤亡事件的发生频率也较高。

造成安全事故的原因主要可以归为人为、设备、环境、组织管理等几类。环境因素有自然环境和社会环境两类，前一种因素不可抗拒，但要提前做好预防和应对的准备，将生命损失，财产损失以及对社会的负面影响降到最低。体育旅游者必须要有良好的安全防范意识与技能，要在关键时刻懂得自救和救人。

（六）地域性

不管是同一类型体育旅游资源在各地的分布，还是同一地方所拥有的体育旅游资源等，都是有规律可循的，与当地的自然环境、社会环境等都有密切的联系。各地的体育旅游资源都烙上了地方的印记，反映了地方的文化特色。

例如，我国北方冬季的冰雪运动、沿海地区夏季的海上运动、山区的登山运动和沙漠地区的沙漠探险活动等体育旅游项目都体现了体育旅游具有显著的地域性特征。

地域性特征是体育旅游吸引体育旅游者的一个主要原因，如果各地的体育旅游资源单一、重复、雷同，则对体育旅游者没有吸引力，更不会激发旅游者旅游的动机，只有地方特色鲜明而又独特的体育旅游项目才会吸引大量的体育旅游爱好者争相前往参与旅游活动，并做出消费行为，这对当地经济的发展具有重要意义。

二、体育旅游的类型

体育旅游的分类方法有很多，常见的几种分类方式见表2-1。

表2-1　体育旅游的分类方法

分类依据	类型
体育学、旅游学等不同研究角度	参团体育旅游
	自助体育旅游
体育旅游资源	水上项目型
	陆地项目型
	空中项目型
	冰雪项目型
	海滩项目型
体育旅游目的	观光型
	休闲度假
	健身娱乐型
	竞赛型
	极限型
	拓展型
体育旅游者的参与行为	体验型
	观赏型

下面重点分析表2-1中的第三种分类，表2-2是各类体育旅游的典型代表项目或内容。

表 2-2　不同类型体育旅游的典型内容

类型	代表性作品
观光型	体育建筑
	体育遗址
	体育雕塑等
竞赛型	大型体育比赛
休闲度假型	滑雪
	钓鱼
	温泉
	骑马
	冲浪等
健身娱乐型	健身娱乐场所
拓展型	漂流
	攀岩
	湖溪等

(一) 观光型

观光型体育旅游就是指在远离其常住地，主要通过视听对体育活动、体育建筑物官邸、体育艺术景点、各具特色的体育文化进行欣赏体验的过程，主要目的是获得愉悦的感受。

(二) 竞赛型

竞赛型体育旅游是以参加某种体育竞赛为主要目的的运动员、教练员以及与竞赛有着密切相关的人员，为了组织和参加某种体育竞赛，在旅游地逗留一段时间并在比赛之余从事各种观光活动。

(三) 休闲度假型

以消除疲劳、调整身心、排遣压力为主要目的具有体育元素的旅游活动就是休闲度假型体育旅游。

(四) 健身娱乐型

这是以娱乐性的体育健身、疗养、体育康复为主要目的的体育旅游，如钓鱼、冲浪、骑马、游泳等项目。

(五) 拓展型

组织旅游者在崇山峻岭、瀚海大川等自然环境和人工环境中磨炼意志、陶冶情操，满足寻求刺激、猎奇、挑战极限等意愿的旅极限型体育旅游是人类向自身生理和心理极限的一种挑战。这类体育旅游项目的难度是非常大的，同时还存在着较大的风险性，而其最大的特点就是追求刺激、挑战极限。通常情况下，这种类型的体育旅游往往是针对成年人或者具备专业知识和经过专业训练的人开展的，因此，其也有"少数人的运动"之称。

第三节 体育旅游与社会各要素相关关系

一、体育旅游与社会经济的关系

（一）体育旅游经济的内涵

人们在生活水平不断提高之后，进行的以旅游活动为前提，以商品经济为基础，以体育项目为媒介，以现代科学技术为依托，反映体育旅游活动过程中，体育旅游者与经营者之间按照各种利益而发生经济交往所表现出来的各种经济活动和经济关系的总和，就是体育旅游经济。

（二）体育旅游经济的特征

体育旅游经济，作为一种特殊的经济形式，有其本身所具有的显著特征，具体表现在以下几个方面：

1. 属于一种经济活动

体育旅游经济学的出发点是人，围绕人的体育经济行为产生的活动，可以说是传统经济在新的时代条件下内核发生转换后的产物。体育旅游经济所探讨的内容主要是：由体育旅游所引起的"生产、交换、分配、消费"关系的变化，以及各环节之间的交替互动过程。

2. 具有无形性

体育旅游行为消费的是无形资源，而不是有形资源，是体育旅游经济与传统经济的最大区别所在。从某种意义上来说，体育旅游经济是一种心理的愉悦与满足，具有无形性。

3. 追求人文关怀

体育旅游经济强调"以人为本"，满足人们的体育旅游需求，追求人文关怀是体育旅游经济的核心特征。

4. 促进资本的多元化

现代社会中，资本是多元化的，通过体育旅游活动，从以商品为中心转变为以人为中心，可实现资本的多元化。

（三）体育旅游经济的社会价值

在体育旅游快速发展的带动下，体育旅游经济也积极促进了社会经济的发展，具体来说，可以从经济、文化和社会环境几个方面得到体现。

1.经济价值

（1）增加外汇收入

在商品经济环境下，一个国家只有将相当数量的外汇牢牢掌握在手，其对外经济合作才能顺利开展并不断扩大，其在国际市场上的购买力才会增加。

（2）调节货币流通与回笼

在旅游收入中，体育旅游收入占有一定比例。旅游消费可促使货币流通，促进国家回笼货币及对资金的积累。

（3）增加就业机会

就业对任何一个国家来说都是非常受重视的社会问题，这个问题直接影响国家的经济发展和综合国力的提升。就业关系着每个人的发展，居民的就业问题能否得到妥善解决，就业是否稳定等，可以从一定程度上将国家的经济水平及社会稳定性反映出来，因此各国都积极通过各种有效渠道来带动就业，而发展体育旅游经济就是其中一个非常好的渠道与路径。

体育旅游产业是劳动密集型产业，对相关行业的发展具有积极的影响力与带动作用，而各行业的发展又会对从业人员的数量有更高的需求，因此可以有效解决人们的就业问题。

2.文化价值

（1）增进友谊

体育旅游活动也是一种社交活动，社交活动对促进人们之间的友好沟通与交往，增加友谊与营造和谐的社会氛围具有重要作用，体育旅游活动同样具有这方面的意义与作用。很多体育旅游活动都离不开参与者之间的相互协作。例如，在探险性体育旅游活动中，有的旅游者体质较差，途中可能发生感冒等小问题，这时其他同行的人便会对其进行照顾，或者当旅游者因为自身安全防范意识差而不幸陷入困境时，单靠自己的力量很难脱身，这时需要他学会合理求助他人，同行者也会伸出援助之手，等等。人与人在相互帮助中对对方有更深入的了解，并给予更多的理解，从而建立良好的友谊，这对维护社会关系的稳定与和谐具有重要意义。来自不同国家的旅游者之间的相互帮助也有助于国家之间的友好往来，为世界和平做出贡献。

在体育旅游过程中，旅游者之间没有阶层高低之分，所有人都是平等的，都是以旅游者的角色参与活动的，这有助于减少社会偏见或分歧，甚至能够消除不同阶层之间的误解与非议，取而代之的是各阶层之间的相互理解、支持与合作，这是非常难得的。

（2）开阔眼界，提高生活质量

体育旅游经济在这方面的作用与意义具体从以下几方面体现出来：

第一，人们将体育旅游作为一种生活追求，希望通过这个特殊的生活方式可以获得更美好的生活体验，享受更多的生活乐趣，并更加热爱生活。

第二，人们参加体育旅游活动的过程中，会学习与涉猎很多方面的知识与技能，知识系统会进一步完善，视野也会较之前变得更开阔。

第三，体育旅游能够使人们的身体素质得到改善，保证身心健康。使人们恢复体力焕发神采，提高对工作、生活的兴趣和热情。

第四，体育运动能够磨炼人的意志，培养人的道德观念与体育精神，增强人的集体主义精神、团队协作意识及爱国主义精神，依托体育运动等体育旅游资源而发展起来的体育旅游活动同样能够起到这些作用，具有探险性质和需要集体配合完成的体育旅游活动在这方面所发挥的作用尤为明显。

（3）培养爱国情感、保护民族文化

体育旅游者离开常住地，到陌生的环境中了解各地的自然风光与风土人情，开阔眼界，对祖国的大好河山和民族文化会有更全面、深刻地了解，从而产生浓浓的爱国之情和为祖国做贡献的奉献之情。

体育旅游和社会文化存在密切关系，丰富的体育旅游文化资源使旅游者对社会文化与民族文化的了解不断深入，并在弘扬、传播与传承民族文化方面产生强烈的使命感，这对中华民族体育文化的传承与发展具有重要意义。

（4）促进体育技术交流

-体育旅游在这方面的作用主要从以下两点中表现出来。第一，体育旅游者是来自社会各个阶层与行业的体育爱好者或旅游爱好者，其中就包括体育专家、体育学者、体育教练或其他体育专业人员，他们在旅游过程中有较高的旅游需求，且能够从专业的角度对旅游活动或旅游资源做出评价，或针对问题而提出改进建议，或与当地同行交流，或产生新的研究思路，这对于旅游地体育旅游的进一步发展具有重要意义。

第二，各地为发展体育旅游，都在积极采用先进的科学技术来改造体育设施资源，完善场地设施功能，以满足体育旅游者更,多更高的需求，科技在体育旅游领域的运用能够推动体育旅游发展水平的进一步提升。

3.社会环境价值

（1）保护自然资源

体育旅游资源中有大量的自然资源或在自然资源基础上进行开发的资源，这些资源为体育旅游的发展提供了良好的条件，发展体育旅游必须要将这些自然资源保护好。

（2）对相关旅游设施数量的增加、质量的提高起到积极的推动作用

体育旅游包含的内容较多，因此，相关设施也比较多。体育旅游的发展，在一定程度上增加了目的地和旅游线路沿途的休闲、娱乐，康复设施，这也就带动了体育运动器材和运动服装商店数量的不断增加。

（3）对道路、交通运输、邮电通信等基础设施的改善起到积极促进作用

体育旅游在一个地区得到产业化发展之后,能够对当地交通设施的建设与不断完善起到积极的促进作用,从而有效地发展常规的基础设施。除此之外,线路上的汽修点、加油站邮局和电信网络也要有所增加,提高服务能力和标准,从而为体育旅游者提供更多的方便。

(4) 使旅游地的环境卫生引起重视

体育旅游对环境质量的最基本、最起码的要求,就是保证人体健康。这就要求旅游目的地的环境质量要比一般生活与生产的环境质量高一些。同时,还要促使旅游目的地采取必要的措施强化环境管理,提高环境质量,从而向体育旅游者提供满意的体验。

(5) 维护历史建筑和古迹遗址

有些地区虽然有丰富的旅游资源,如古迹遗址、历史建筑等,但因为经济发展落后而没有足够的资金去维护这些资源,从而导致资源受损或流失,对这些地区来说,发展经济是首要任务。利用这些旅游资源开发旅游项目,发展旅游业,能够促进当地经济发展,而用旅游经济收入又能对这些旅游资源进行修整与维护,建立科学的循环机制,有助于大大提高旅游资源的价值。

(6) 体育旅游带来普通旅游的介入,增加旅游目的地规模

作为普通旅游的一种类型,体育旅游发展到一定规模、具备较大的影响之后,与之相关的生态旅游、观光旅游等其他类型的旅游也会接踵而至。

二、体育旅游与社会休闲

当前,体育旅游种类繁多,内容丰富且有特色。随着体育旅游的不断发展,人们对体育旅游的需求形式或方式方法也不尽相同,再加上体育旅游市场的快速发展,这就对体育旅游市场的细分起到积极的促进作用,在这样的形势下,体育休闲旅游、体育旅游休闲、休闲体育旅游等基本形式开始出现。

(一) 体育休闲旅游

1. 体育休闲旅游的概念

结合国内外相关学者的观点,可以将体育休闲旅游的概念界定为:以旅游资源为依托,以体育休闲为主要目的,以旅游设施为条件,以特定的体育文化景观和体育服务项目为内容,离开常居地而到异地逗留一定时期的体育游览观光、体育休闲娱乐、体育竞赛观摩和休息的活动。

关于体育休闲旅游的概念,可以从以下几个方面来加以理解。

第一,体育休闲旅游的主要内容是休闲体育,旅游者从事休闲体育活动的主要动机是参与和观赏。

第二,体育休闲旅游能够使旅游者身心愉悦,使其身体与精神的需求得到满足,这主要是因为旅游者在旅游过程中对异地的旅游资源及文化资源等会产生深刻的感受

与体验。

第三，体育休闲旅游是休闲旅游和体育旅游的重要组成部分，这一旅游形式在调节身心，愉悦身心，满足身心需求等方面发挥着重要的作用，旅游者在旅游过程中的身心活动基本都是积极的。

2.体育休闲旅游的分类

体育休闲旅游有不同的类型，不同类型的体育休闲旅游的旅游内容与资源是不同的，依据旅游资源和内容的特征，可以将其划分为以下两种类型：

第一种是以与自然资源结合的户外身体活动为内容的体育休闲旅游。

第二种是以室内身体活动为内容的体育休闲旅游。通常所说的体育休闲旅游，往往指的就是以与自然资源结合的户外身体活动为内容的体育休闲旅游。

3.体育休闲旅游与其他旅游形式的区别

现阶段，随着人们收入的增加和生活质量的改善，人们从事体育休闲旅游的动机更加多元，旅游需求的层次也有了进一步的提升，除了健身，观光外，对身心的体验压力的释放、舒适感的增加等也十分重视，人们逐渐将体育休闲旅游作为一种有追求的生活方式，并以良好的生活态度去参与旅游活动，体育休闲旅游现在更是发展成为一种新风尚。

相较于观光旅游、度假旅游等其他旅游形式来说，体育休闲旅游在本质上与它们存在着差异性，体育休闲旅游突出了"休闲""体育"这两个特质，"休闲"特性能够使旅游者放松身心，"体育"特质能够使旅游者强身健体，娱乐放松。

体育休闲旅游与其他旅游形式的区别见表2-3。

表2-3　体育休闲旅游与其他旅游形式的区别

旅游形式	体育休闲旅游	观光旅游	度假旅游
旅游时间	较短（假日消费）	教短	较长
旅游目的	强身健体	开阔视野	放松身心
旅游周期	周而夏始	一次性	周而复始
旅游差异	个性化、体验化	简单化，无差异	少差界
旅行方式	散客、团队	团队、散客	散客

（二）体育旅游休闲

1.体育旅游休闲的概念

体育旅游休闲的定义是体育旅游者以观赏和参与休闲娱乐活动为目的，或以休闲娱乐为主要内容和手段的一种体育旅游活动形式。

体育旅游休闲在某种程度上就是体育旅游市场纵深发展和不断细化的结果，是体育旅游资源和休闲资源结合，体育旅游产业和休闲娱乐产业结合、体育旅游文化和休闲文化结合的产物。

2.体育旅游休闲的特点

体育旅游休闲的最大特点就在于其是体育旅游资源、产业、文化与休闲相结合的复合体，强调旅游者的休闲娱乐需求与行为，旅游者对自由自在的休闲娱乐过程更为重视，在休闲娱乐中消除身心疲惫是重点。

3.体育旅游休闲发展的环境

随着休闲社会时代的临近，体育旅游休闲作为这一热潮也将其积极的推动作用充分体现了出来。随着社会生活方式的转变与经济条件的改善，人们的闲暇时间被越来越多的休闲旅游活动填满，而体育旅游休闲活动在丰富多样的休闲旅游活动中占有重要地位，这是满足旅游者身心放松和愉悦需求的最佳旅游形式之一。

目前，我国对具有传统特色的体育运动项目的发展给予了高度重视，并采取一系列有效措施来发展特色体育项目，体育旅游经济和休闲体育产业也因此而迎来了良好的发展机遇，体育旅游经济与休闲体育产业的发展又直接带动了体育旅游休闲的发展。体育旅游休闲发展的良好环境与条件还不止这些，还包括现代生产力的迅猛发展，国家政策的推行与实施、体育设施的大力建设、现代人消费观念的改变和消费水平的提升等，这些为体育旅游休闲的发展提供了良好的物质，政策等一系列保障。体育旅游休闲发展至今，已逐渐形成具有广泛影响力的一种社会文化现象，也成为人们旅游消费的一个主要方向与内容。

（三）休闲体育旅游

早在20多年前"休闲体育旅游"就已经开始引起了研究者的兴趣。通常，可以将休闲体育旅游的概念界定为：是指人们在余暇时间离开常住地，以休闲体育活动为主要内容，以获得身心体验为目的，以丰富和细化体育旅游市场为宗旨的一种社会旅游活动。

从某种意义上来说，休闲体育旅游是体育学与旅游学互相渗透、互相交叉、互相重叠的部分。

通过休闲体育旅游，人们能够达到完全回归自然、亲近自然、释放自我、张扬个性的目的，同时，还能进一步推动休闲体育旅游经济发展的战略目标得以顺利实现。

当前，旅游已经在世界范围内得到了广泛的发展，再加上休闲时代的到来，休闲体育旅游已逐渐成为一种时尚。作为旅游的一个重要类型，休闲体育旅游是旅游的一种新型产业，其本质也与现代人体验的内在规律性相符，因此，其将会成为推动我国旅游和经济发展的重要战略手段之一已经是毋庸置疑的了。

当前，在我国休闲体育旅游的发展中，专业人才的缺乏是一个不得不重视的瓶颈，设计科学的培养模式，大力培养这方面的专业人才能够为我国休闲体育旅游的发展打开新的突破口，有关学者提出了休闲体育旅游专业人才培养模式的构建思路，以推动我国休闲体育旅游发展水平的提升。

（四）体育旅游与社会休闲的互动关系

体育旅游与社会休闲之间还存在着互动的关系，具体表现在以下两个方面：

第一，体育旅游活动能够使社会休闲的内容更加丰富，居民生活质量有所提升。

第二，社会休闲对体育旅游发展起到积极的促进作用，为开展体育旅游奠定坚实基础。

第三章 体育旅游的科学参与理论指导

第一节 运动营养的消耗与补充

休闲体育活动能切实促进运动者的全面发展，而良好休闲体育运动效果的获得必须建立在科学运动实践活动基础之上，科学的休闲体育参与可以"事半功倍"，而不科学的休闲体育参与只能是"事倍功半"，甚至还有可能因为运动过程中的操作不当而诱发运动伤病，损害健康。

一、休闲体育运动中的运动营养消耗

（一）营养与营养素

1.营养

营养是生命存在的重要基础，如果人体缺乏营养，则机体的活动就会因缺乏必要的物质支持而不能正常工作，而导致机体处于不良、病态状态，严重时可危及生命。

2.营养素

营养素是人体所需不同的营养物质的称呼，人体所需营养素约有40余种，共分六大类，即糖类（碳水化合物）、脂类（脂肪）、蛋白质、维生素、矿物质（无机盐）、水。其中，糖类、脂类、蛋白质为人体产能营养素，维生素、矿物质、水是影响人体生理活动的重要营养素。在人体中，不同的营养素的功能不同，人体营养构成比例不同，需求量也不同（表3-1）。维持营养素的正常需求量并科学控制不同营养素之间的比例关系，是确保人体生理活动正常进行的重要基础。

表 3-1　人体各类营养素的比例及功能

营养素	体内所占比例（%）	功能 供给热能	功能 构成组织	功能 调节生理功能
糖	1~2	主要功能	次要功能	
脂肪	10~15	主要功能	主要功能	
蛋白质	15~18	次要功能	主要功能	主要功能
无机盐	4~5		主要功能	主要功能
维生素	微量		次要功能	主要功能
水	55~67		主要功能	主要功能

(二) 休闲体育运动营养消耗

1.糖类

（1）营养功能

糖类是人体各项生命活动的最基本的营养素基础，为机体的生理活动提供能量。糖类的营养功能具体表现在以下几个方面：

①供能：糖在体内可迅速氧化及时提供能量。

②构成机体物质：糖是构成机体的重要物质。

③保持体形：糖类对减肥和形体的保持有重要作用。糖类能够促进脂肪代谢，运动减脂需要糖提供能量，节食减肥、降低糖的摄入是不能健康瘦身的，而且容易反弹。

④减少疲劳：糖类通过转化为葡萄糖被吸收，葡萄糖进入细胞可促进血糖储存成肌糖和脂肪，可减少脂肪细胞释放脂肪酸，可减缓疲劳的产生。

⑤节省蛋白质：机体内的氨基酸在合成蛋白质时，需要耗能。蛋白合成中摄入糖类补充能量，可节省部分氨基酸，并促进蛋白质的合成。

⑥保肝解毒：糖与蛋白质结合可形成糖蛋白，肝的蛋白质储备充足可增加肝糖原的储备量，可增强肝对某些化学毒物的代谢。

（2）营养消耗

糖是机体的主要热能源物质，糖类提供了人体每日摄取的总热量的50%~55%，即主要来自人们的主食。参与休闲体育运动可消耗大量的糖，糖的过度消耗可造成机体内的糖原枯竭，严重的糖原枯竭可造成生命危险。

在参与休闲体育运动过程中，如果运动者日常饮食中的糖类摄入不足，会导致水分流失和新陈代谢减慢，不仅会影响运动能力，也会影响正常的生理活动。

2.脂类

（1）营养功能

①组成细胞：脂肪约占人体总重的10%～14%。脂肪是形成新组织和修补旧组织、调节代谢、合成激素所不可缺少的物质。

②提供能量：脂肪是人体重要的"燃料库"，为机体正常生理活动和参与运动提供所需能量。

③促进吸收：脂肪可促进脂溶性维生素A、D、E、K等的吸收。

④增进食欲，增加饱腹感：脂肪有利于提高食品的香气和味道，增进食欲。脂肪在胃肠道内停留时间长，可增加机体的饱腹感。

⑤保温作用：脂肪大量储存在皮下，可减少身体热量散失，维持正常体温。

⑥保护作用：脂肪可固定心、肺、胃、肾等器官，避免器官的运动移位、相互摩擦、缓冲外力冲击。

（2）营养消耗

脂肪是运动中热能的主要来源之一，运动状态下，机体对脂肪的利用和需求量会显著增加，特别是在寒冷条件下或者从事大强度的休闲体育运动时，机体对脂肪的需求量比平时要大得多。

3.蛋白质

蛋白质是重要的生命物质，也是机体能源物质，蛋白质在人体中发挥着非常重要的作用。

（1）营养功能

①构成和修补人体组织的主要原料。

②参与代谢：各种酶和激素对体内生化反应的调节，维持肌体正常的免疫功能；人体受到外伤后，需要大量的蛋白质对损伤的组织进行修补；维持机体内体液的平衡。

③合成抗体：人体内的抗体由氨基酸组成，它能够识别属于自身的蛋白质和入侵人体的外源微粒（通常为蛋白质）并抑制病毒入侵。

④保持体液和电解质平衡：蛋白质可利用自身的亲水性维持细胞内外的水分 并通过各种物质的运输维持体液结构。

⑤维持体内的酸碱平衡：蛋白质可以作为保持血液正常pH值的缓冲物质，维持体内酸碱平衡。但如果体内pH值变化过大，超出蛋白质的缓冲能力，则可能导致蛋白质变性，使机体受损。

（2）营养消耗

参与休闲体育运动，机体蛋白质可提供一部分能量，尽管这一部分能量供给与糖类、脂肪相比是非常少的，但是仍然可以造成体内的蛋白质储存量的降低。

此外，作为机体的重要生命物质，在休闲体育运动过程中，体内蛋白质的分解和合成代谢增加，蛋白质的消耗也会大大增加，如果运动中不小心受伤，机体对损伤的组织进行修复也需要消耗大量的蛋白质。

4.维生素

(1) 营养功能

人体维生素种类多,各种维生素充分发挥各自的营养功能,大体可以分为脂溶性维生素(如维生素A、D、E、K等)和水溶性维生素(如维生素B族、C、PP等)两大类,每一类维生素确保生理技能的正常运行,使机体处于正常的工作状态(表3-2)。

表3-2 人体主要维生素的功能

维生素的种类		主要生理功能
脂溶性维生素	维生素A	维持视力;构成组织营养成分;增强免疫力
	维生素D	促进钙吸收,骨骼与牙齿及发育
	维生素E	增强抵抗力;延缓衰老
	维生素B	促进血液凝固;参与骨骼代谢
水溶性维生素	维生素B_1	辅助、维持代谢;减缓疲劳;促进胃肠蠕动;强化神经系统功能
	维生素B_2	维护眼、皮肤、口舌、神经系统的功能;构成酶参与代谢
	维生素B_6	参加酶反应;参与氨基酸、糖、脂肪代谢;刺激白细胞生成,提高免疫力
	维生素B_{12}	参与红细胞生长发育;预防贫血;促进人体生长发育;增强体力、记忆力与平衡力
	维生素C	抗氧化、提高抵抗力;预防动脉硬化;防治维生素C缺乏病、牙龈萎缩、出血;解毒
	维生素PP	促进物质代谢

(2) 营养消耗

人体不同种类维生素的功能不同,但由于维生素都具有调节物质代谢、保障人体生理功能的重要作用。在休闲体育运动中,如果运动量大、时间长,可导致体内代谢加速、加强,对维生素的需要量也会增加。维生素的需要量与运动量、机能状态和营养水平有关,剧烈运动可使维生素缺乏症提前发生或症状加重。

5.矿物质

(1) 营养功能

矿物质是人体必需却又无法自身合成的营养物质,根据在人体的含量多少,可分为常量元素(钙、磷、钾、钠、氯等)和微量元素(铁、锌、铜、锰、钴、钼、硒、碘、铬等)两大类。矿物质的主要营养功能是维持、参与机体正常代谢,保持体内环境的动态平衡,确保正常生理功能发挥,并可促进生长发育、增强机体免疫力。

(2) 营养消耗

矿物质在人体的存在形式之一是以离子形式存在(电解质),参与休闲体育运动,可导致体液中的电解质的含量变化,电解质在人体的细胞代谢活动中具有十分重要的作用,并且电解质可随着大量出汗而流失,电解质流失过多很可能出现肌肉无力、心脏节律紊乱、肌肉抽搐、运动能力下降、易疲劳等不良运动状态,不仅影响运动效果,而且有引发运动损伤的危险。

6.水

(1)营养功能

水是生命体存在的重要基础,人体中60%~70%的成分是水,缺水会影响机体健康,没有水人体就无法生存。水的功能简单总结如下。

①构成机体:人体细胞的重要成分是水。

②调节体温:体内的水储备可调节体温,夏季散热不至于中暑,冬季保温避免体温过低。

③补充元素:饮食中的水含有各种矿物质,可补充身体矿物质所需。

④运载作用:体液的运行可运载代谢物质原料和排泄废物。

⑤润滑作用:人的眼泪、唾液、关节囊液和浆膜液等是身体器官良好的润滑剂。

⑥保健作用:多饮水可使小便增多,能加速体内毒素排出。

(2)营养消耗

在参与休闲体育运动过程中,运动者机体水分主要是通过出汗流失的,因此应重视机体水分供给变化情况,科学补充水分,以保持机体的水分平衡。

二、休闲体育运动中的运动营养补充

(一)营养素的饮食补充

1.糖类的补充

(1)科学补糖方法

运动前补糖:在参与休闲体育运动前数日增加膳食中的糖类含量,或在可运动前的1~4小时每千克体重补糖1~5克。

运动中补糖:每隔20分钟补充含糖饮料或容易吸收的含糖食物,补糖量一般不大于20~60克/小时或1克/分钟。

运动后补糖:运动后补糖的时间越早效果越好。最好是在运动后即刻补糖、每隔1~2小时连续补糖。补糖量以0.75~1.0克/千克体重为宜。

(2)糖类的食物来源与注意事项

个体参与休闲体育运动,对于机体的糖类的补充,可以通过经常吃一些水果、蔬菜和蜂蜜等食物来实现。

需要注意的是,休闲体育运动期间,补糖要控制量,不宜过多,以免造成身体过多的热量堆积,进而导致或引发糖尿病、高血脂等疾病。

2.脂类的补充

脂肪是人体重要热能的来源，运动者参与休闲体育运动需要体内的脂肪代谢供能，如果脂肪供能不足会导致运动能力的下降。因此，休闲体育运动者应注意脂肪的补充。

脂肪在人日常食用的食物中大量存在，食物中脂肪的动物性食物来源主要是动物油，食物中脂肪来源的植物性食物主要包括植物油、各种果仁（如核桃、榛子、杏仁）、种子（如葵花子、西瓜子）等。

脂肪的补充以身体需求量为主要依据，摄入过多脂肪会增加体重，导致运动速度下降，还有可能会引发各种心血管疾病，因此，无须过多补充。

3.蛋白质的补充

运动者参与休闲体育运动期间的蛋白质补充可以通过食物

摄取，在一般人的日常摄入的食物中，大都含有蛋白质，奶制品和每餐不同豆类及谷物中含有大量的蛋白质，蛋白质的补充可以从各种食物中获取。

蛋白质补充，应特别注意两点，其一是注意优质蛋白的补充；

其二是蛋白质在体内不能贮存，摄入过量的蛋白质并不能完全吸收，可导致发胖，并可引发多种疾病，严重者还会因代谢障碍产生蛋白质中毒死亡。

4.维生素的补充

由于维生素在人体内不能合成，而且维生素在人体的储存量少，故而人体必须经常从食物中摄取，一般情况下，如食物供应充足，无须从药物中额外补充维生素。休闲体育运动参与期间，如果机体出现维生素匮乏症状，应及时检查，适时适量补充。

5.矿物质的补充

矿物质参与和维持机体正常代谢、生长发育，在参与休闲体育运动过程中，伴随人体的出汗，体内的矿物质会流失，大量电解质丢失会导致机体内稳态失调，进而引起一系列生理生化功能障碍，会降低运动能力。

因此，个体参与休闲体育运动期间，应注重多使用富含矿物质的食物，并在运动过程中通过饮用运动饮料来补充矿物质。

6.水的补充

科学补水具体要求如下：

第一，提前预防：提前补水，避免脱水。

第二，少量多次：避免一次性大量补液，以免增加胃肠负担。

第三，补大于失：补液总量应大于失水总量，以便于训练后的体能快速恢复。

第四，补水同时兼顾电解质的补充，可饮用运动饮料。

（二）运动营养补剂

休闲体育运动内容丰富、种类繁多，参与不同的休闲体育活动（如散步、登山、蹦极等）对机体的营养消耗与需求是有着千差万别的，有时长时间、高难度、高强度的休闲体育活动参与对运动者的营养消耗非常大，可达日常娱乐休闲的几倍和十几倍，这种情况下快速、大量补充营养，可通过服用营养补剂来实现。

1. 必需营养素补剂

（1）氨基酸：目前，可作为营养补剂的氨基酸主要包括精氨酸、鸟氨酸、赖氨酸等，补充各种氨基酸可以促进肌肉增长、提高运动水平。

（2）维生素：维生素 C 和维生素 E 是一种必需营养素补剂。从事大强度运动可以补充维生素 C、维生素 E 片剂。

（3）矿物质：摄入矿物质补剂，以增加机体代谢，促进机体发育，补充矿物质时应咨询运动营养师或指导员的建议。

2. 非必需营养素补剂

（1）左旋肉碱

左旋肉碱是一种类似维生素的重要营养物质，是目前运动界常用的一种运动营养补剂，有利于节省肌糖原，维持运动能量平衡，减少乳酸堆积，提高有氧和无氧代谢能力

（2）胆碱

补充胆碱可促进乙酰胆碱的合成，预防因乙酰胆碱的消耗而引起的疲劳，且不会产生任何副作用。

（3）甘油

补充甘油有了有效改善机体在热刺激的环境条件下的运动能力，提高机体的有氧耐力。

非必需营养素补剂一般是在个体的极限运动状态下进行，营养补剂可以有效维持和提高运动能力，但是不能肆意补充，以免损害身体健康。

第二节　运动疲劳的产生与消除

一、休闲体育运动疲劳诱因

在运动中产生运动性疲劳，常见的原因有以下几种：

（一）能源耗竭

有机体参与休闲体育运动，需要消耗体内的能量，如果体内的能量物质消耗到一定程度，就会有疲劳感。这就是运动疲劳产生的能源耗竭学说观点。

休闲体育运动期间，运动者持续的休闲体育运动参与可导致身体内的各种能量持续不断地消耗，这时，在休闲体育运动参与过程中，个体不能一边饮食一边运动，即使是运动期间的营养补充也主要是以补水和运动饮料为主，不能大量地持续摄入营养物质，因此机体的消耗会一直大于机体的营养摄入，当身体内的营养物质储备消耗到一定程度时，机体就会出现疲劳。

（二）乳酸堆积

代谢产物堆积学说认为，运动性疲劳是运动中某些代谢产物研究表明，人体中的糖类物质在消耗供能的过程中会产生相当一部分的代谢产物，这些产物可能对身体的正常生理活动产生阻碍作用。

在休闲体育运动中，糖类和脂肪代谢会产生各种代谢物，以乳酸最多，乳酸在体内大量堆积，可影响机体生理活动，进而导致运动能力下降。

运动期间，有机体体内乳酸大量堆积可导致运动疲劳产生的生理机制如下所述：

第一，血乳酸浓度增加，ATP合成减慢。

第二，乳酸堆积，可抑制糖、糖原的分解或酵解，减少乳酸的代谢运输排出。

第三，乳酸解离产生氢离子，可导致肌肉中pH下降，并影响神经兴奋传递。

机体中，乳酸只是运动代谢产物中的一种，还有其他酸性物质也会影响人体正常生理代谢而导致机体疲劳。

（三）代谢紊乱

与安静状态下的机体生理活动相比，个体参与休闲体育运动过程中机体的新陈代谢水平会发生明显的变化，如果体内的水环境和细胞内环境发生变化，则机体的生理代谢活动就会随之受到影响而发生变化，由于内环境代谢紊乱导致机体的一些生理活动不能正常进行就会产生疲劳。

通常来说，机体代谢紊乱主要是指体内的无机盐的生理活动参与受到影响，即体内离子代谢紊乱。

第一，钙离子代谢紊乱。人体不运动时，体内的钙离子主要是在细胞外存在，在运动过程中，机体对钙的需求量大，可导致原来的细胞内外的钙离子含量浓度发生巨大变化，甚至破坏细胞结构，可导致细胞功能异常，进而导致疲劳。

第二，钾离子代谢紊乱。运动中机体的代谢水平会显著提高，体内很多细胞会在机体的运动参与过程中处于连续的兴奋状态，由于代谢活动的兴奋程度增加，会使参与代谢活动的细胞内外钾离子（K^+）流失增多，没有足够的钾离子参与相应的生理代谢活动，可导致体内糖利用率降低、肌肉缺乏张力。

第三，镁离子代谢紊乱。运动期间可消耗大量的镁，镁离子含量不足可导致细胞代谢障碍。

（四）内环境失调

机体的内环境状态与机体参与不同的活动有密切关系，安静状态下的机体和运动下的机体内环境状态不同。

机体参与运动，内环境会发生很大的变化，这种变化超过机体正常承受范围，可引起机体不适，产生疲劳。

（五）精神抑制

精神抑制的疲劳学说是从运动心理的角度进行研究和提出的学说，其主要分析机体疲劳与个体意志力之间的关系。

具体来说，个体在参与休闲体育运动的过程中，如果机体的身体状况发生了一些变化，由于运动的持续进行使身体感到不适，这种不适感最先在大脑神经系统进行分析，为了防止继续运动对身体造成可能性的伤害，大脑会提前发出指令阻止身体的继续运动，而实际上身体还没有达到必须要休息的程度，是机体对自身的一种精神保护，这时，如果个体具有良好的意志力，克服机体的疲劳感，就可以再坚持参与一段时间的运动。

二、休闲体育运动疲劳消除

（一）注意休息

1. 积极性休息

及时的休息可缓解体内的能量持续的消耗，进而可以起到逐渐消除运动疲劳的效果。在休闲体育运动后，可以做一些放松性的活动，如慢走，其他一些整理性活动等，以使身体从运动状态慢慢过渡到安静状态。

运动者在运动结束后可以选择在活动场地继续进行散步、听音乐、参观游览等。

进行积极性休息，应注意身体活动强度要小，时间要短，最好是熟悉的身体活动。

2. 增加睡眠

睡眠是消除疲劳的最好方法之一，能使身体得到完全的休息。

休闲体育活动参与期间，会消耗大量的身心能量，睡眠不仅有助于运动中的身心能量恢复，还能促进个体的良好作息规律，人体在睡眠情况下，身体的各种器官、生理系统都会降低到很低的一个水平，可大大减少人体的能量消耗，休息中，为机体的能量蓄积提供充足的时间与机会。

运动者应注意合理作息，确保有充足的睡眠时间。一般每天不少于8~9小时，并应安排一定时间的午睡。大运动量的休闲体育活动参与，睡眠时间应适当增加。总之，运动者要养成良好的作息规律。

（二）补充营养

根据运动疲劳产生的相关学说，补充营养，可以延缓和阻止疲劳的发生。休闲体育运动期间，对于身体的各种营养物质的消耗都会超过安静状态下的身体物质消耗，为了避免机体必要营养物质的供应不足可在运动间歇补充营养，以防止和减缓疲劳产生。

(三) 物理疗法

1. 理疗

大强度的休闲体育活动之后，可以通过吸氧、空气负离子吸入、沐浴（温水浴、蒸气浴、旋涡浴、海水浴等）等方法，通过外力刺激改善体内环境，提高氧利用率、促进血液循环，进而使身体得到放松，以消除机体疲劳。

2. 光疗、电疗、水疗

实验证实，光疗、电疗、水疗等对促进疲劳肌肉的代谢过程、加速疲劳的消除具有良好的作用。

(四) 药物疗法

1. 服用中药和西药

通过服用中药和西药，可以对症下药。对运动性疲劳后的恢复具有良好的疗效并且没有副作用。一般来说，中医药多有健脾益气、补肾壮阳或补益气血功效。西药主要是通过营养补剂和药物刺激来调节机体内环境变化，抑制疲劳。

2. 拔罐

通过拔罐时局部负压作用，可使组织内瘀血散于体表，有助于代谢产物的吸收和排泄。

3. 针灸

针灸是中医特色疗法，针对疲劳肌肉上的穴位针灸可消除机体局部疲劳，全身疲劳可扎足三里。

(五) 心理疗法

人的心理和机体有着密切的联系，根据疲劳"精神抑制"学说，对于休闲体育健身过程中所产生的疲劳，健身者可以进行自我心理暗示和干预，通过心理放松和意志力来克服疲劳的产生，如此便能有效延缓和减轻自我疲劳感觉。

(六) 音乐疗法法

音乐是一种有规律的音频波动，通过不同风格和类型的音乐收听，可以引起聆听者不同的生理、心理、情绪变化，进而消除运动疲劳。

首先，音乐声波的频率和声压会引起生理上的反应，声波振动的物理能量，会引起人体组织细胞发生和谐共存，能促使脑电波、心率、呼吸节奏等发生变化进而缓解疲劳。

其次，音乐可引起心理活动和情绪的良性变化，研究表明，舒缓的音乐可以令聆听者的心情放松，能有效缓解中枢神经系统的疲劳，调节呼吸、循环系统和肌肉的功能，使运动者的心绪慢慢恢复至安静状态，有效缓解休闲体育运动期间的疲劳。

第三节 休闲体育运动伤病处理

一、休闲体育运动损伤的处理

（一）擦伤

擦伤，是指皮肤表层与物体摩擦造成损害，在休闲体育活动中擦伤是最常见、最轻的运动损伤。

1. 伤症

擦伤的主要症状有表皮剥脱，并伴有小出血点和组织液渗出。

2. 处理

（1）较轻较小擦伤，在伤后可用清水、生理盐水或者其他外伤药水进行冲洗。

（2）较大擦伤伤口，应在对伤口进行冲洗消毒之后，清除伤口中可能存在的杂质，并再次消毒，最后涂上云南白药，并用纱布或布条进行简单的包扎处理。

（3）关节周围擦伤，固定关节，清洗、消毒、去除异物，涂磺胺软膏或青霉素软膏。

（二）挫伤

挫伤，指在休闲体育运动过程中机体某部分由于受到钝性外力的作用，导致该部分及其深部组织产生闭合性损伤，走、跑、跳、攀爬不当，磕碰摔倒都可能导致肢体挫伤。

1. 伤症

挫伤后，常有组织肿胀、疼痛、出血等症状。

2. 处理

①挫伤后即刻：冷敷、外敷伤药，适当加压包扎，抬高患肢，减少出血和肿胀。

②肌群严重挫伤：包扎固定，迅速送医。

③头部、躯干严重挫伤：观察生命特征，如呼吸、脉搏等，平卧、保温、止痛、止血。

④手指挫伤：冷水冲淋。

⑤面部挫伤：24小时内局部冷敷，24小时后热敷，可消肿、祛瘀。

⑥疼痛甚者，口服卡因，或注射哌替啶。

⑦伴有裂伤，清创，注射破伤风。

⑧伴有休克，先进行抗休克处理。

⑨骨折、牙齿断裂：迅速送医就诊。

（三）拉伤

拉伤产生是因外力影响下的肌肉过度收缩或拉长致伤。在日常休闲体育活动参与过程中，运动者准备活动不充分、动作不协调、疲劳状态下运动、低温下运动，拉伤都是容易高发的运动损伤。

1. 伤症

伤部压痛、肿胀、肌肉痉挛等症状，拉伤部位可摸到硬块。

2. 处理

①轻微拉伤：冷敷，局部加压包扎，抬高患肢，24小时以后适当按摩。

②严重拉伤：如肌肉断裂，立即送医就诊。

（四）扭伤

扭伤，具体是指关节发生异常扭转，引起关节囊、关节周围韧带和关节附近的其他组织结构损伤。

1. 伤症

扭伤后，会出现关节活动受限和疼痛，关节及周围出现疼痛、肿胀，伤处疼痛、肿胀，韧带损伤处有明显压痛，皮下有淤血，关节活动障碍。

2. 处理

①指关节扭伤：冷敷或轻度拔伸牵引轻捏数次，固定伤指。

②肩关节扭伤：冷敷和加压包扎。24小时后按摩、理疗或针灸治疗。

③急性腰扭伤：停止运动，平卧休息，对受伤的部位进行冷敷消肿。

④膝关节扭伤后，止血急救，抬高伤肢，加压包扎，及时送医就诊。

⑤踝关节扭伤：固定踝关节，最好找专业的人士进行处理，受伤一天后可轻缓按摩。

（五）肩袖损伤

肩袖损伤，医学专业术语为肩袖损伤性肌腱炎，该损伤多由肩关节长期超常范围急剧转动、劳损、牵拉、摩擦有关。在休闲体育运动过程中，肩部运动超过关节和肌肉承受能力，可导致损伤的发生。

1. 伤症

肩袖损伤后，肩外展或内旋有疼痛，如果损伤严重，这种疼痛感可放射至上臂、颈部位置。

2. 处理

①急性发作，肩关节制动。

②适当休息、调整后，物理治疗、按摩和针灸。

③肌腱断裂时，立即就医。

④损伤情况稳定后，活动手臂、肩肘，促进康复。

(六) 关节脱位

1.伤症

出现关节脱位时，会伴有关节囊撕裂，关节周围的软组织损伤或破裂，出现畸形。伤者的主观感觉有疼痛、压痛和肿胀，关节功能丧失，不能活动。

2.处理

①肩关节脱位：用两条三角巾折成宽带，一条悬挂前臂，另一条绕伤肢上臂于腋下缚结。

②肘关节脱位：用铁丝夹板置于肘后，用绷带缠稳，再用小悬臂带挂起前臂，或直接用大悬臂带进行包扎固定。固定伤肢后及时复位。

③特别注意的是，如不具备复位技术时，为防止再度增加病情，应及时送医处理。

(七) 韧带损伤

1.膝关节韧带损伤

在休闲体育运动中，腿部运动不当，导致在膝关节处形成一个扭转力，或来自膝外侧的一个向内侧的冲撞力，可导致膝关节韧带损伤。处理如下：

①弹力绷带做"8"字形（内侧交叉）压迫包扎，继续用冰袋冷敷。

②利用棉花夹板固定。

③韧带完全断裂者及时送医院处理。

2.膝内侧副韧带损伤

休闲体育场地、技术（如跳起落地姿势不佳，急剧转身）等可造成膝关节内翻，引起外侧副韧带损伤。处理如下。

①伤后立即冷敷、加压包扎、制动，减少出血、止痛，以避免并发症。

②伤后24小时，视伤情外敷药或内服药、按摩。

③韧带断裂者：及时送医手术缝合。

3.踝关节韧带损伤

在参加休闲体育运动中跳起落地时踩在别人的脚上是造成踝关节内旋、足疏屈内翻位的重要原

①冷敷应急，或用凉水降温止痛。

②严重损伤，及时送医就诊。

(八) 髌骨劳损

髌骨劳损是髌骨的关节软骨面和髌骨因股四头肌张腱膜的附着部分的慢性损伤。

1.伤症

膝软或膝痛症状，半蹲痛，即在膝屈90°~150°时出现疼痛，髌骨边缘有指压痛。

2.处理

（1）调整运动，注意休息。
（2）采用按摩、揉捏、搓等手法依次反复按摩和点压髌骨周围穴位等方法。

（九）腰肌劳损

腰肌损伤，又称腰肌筋膜炎，是一种长期运动性损伤。

1.伤症

在休闲体育运动参与过程中，由于运动方式方法不限，有可能运动者的腰部长期保持一个姿势而不被发现，长此以往，可导致腰部肌肉过度劳累酸痛。

2.处理

①腰肌劳损后，可理疗、按摩、针灸、口服药物、用保护带等非手术方法治疗。

②顽固病例，系统检查，进行手术治疗。

（十）腰椎间盘突出

腰椎间盘突出，又称"腰椎间盘纤维环破裂""腰椎间盘髓核突出"，多为外力致伤。

1.伤症

腰侧剧烈疼痛、痉挛，活动受限。

2.处理

①轻度损伤：注意休息，可按摩推拿治疗，或进行有针对性的康复训练。

②急性期损伤：应卧床休息。

（十一）出血

出血，指皮肤组织被破坏，血液流出的常见损伤。

1.止血

（1）指压止血

①掌指出血：按压桡动脉及尺动脉。

②下肢出血：拇指重叠，在腹股沟中点稍下方，将股动脉用力压在耻骨上支上。

③足部出血：压迫足背及内踝后方胫动脉和胫后动脉。

（2）止血带止血

用气止血带（或皮管、皮带）缚在出血部近端，上肢每半小时、下肢每1小时放松一次，以免肢体麻痹或坏死。

2.包扎

充分利用身边的三角巾、布条进行包扎，不同伤部可视情况选用环形包扎、扇形包扎、螺旋形包扎、"8"字形包扎等方法。

出血不止或出血致休克者，应及时送医就诊，进行输血或手术治疗。

3.大出血

出血不止或出血致休克者，应及时送医就诊，进行输血或手术治疗。

(十二) 骨折

骨的完整性遭到破坏即为骨折，大强度的休闲体育运动中身体遭受剧烈撞击可导致骨折的发生。

1. 伤症

骨折后，可有剧烈疼痛，骨折处有骨骼突起、肌肉组织肿胀、撕裂伤。

2. 处理

②伤肢固定后要注意保暖，检查固定是否牢靠。

③调整包扎松紧，避免血液流通不畅。

④有休克并发症时，先止休克，给予伤员较强的止痛药物，平卧保暖，针刺人中等措施。

⑤有伤口出血时，及时止血（止血多采用止血带法和压迫法），并送医就诊。

⑥骨头外翻、伤口过大，及时送医救治。

二、休闲体育运动疾病的处理

(一) 过度紧张

过度紧张是无运动经验者经常会出现的运动病症，主要是由认识不足，或初次运动训练负荷过大、技术动作剧烈超过机体负荷导致。

1. 病症

（1）头晕、眼黑、面白、乏力。

（2）恶心呕吐，脉搏快而弱，血压明显下降。

（3）严重者嘴唇青紫，呼吸困难。

（4）注意力不集中，焦虑、烦躁。

2. 处理

（1）轻度的过度紧张，及时停止户外运动，休息。

（2）急救：平卧或半卧，松解衣物，注意保暖，点掐其内关和足三里穴。

（3）昏迷者：掐人中、百会、合谷等穴。

（4）呼吸、心跳停止者：做人工呼吸和心脏复苏。

（5）口服VB_1，或注射葡萄糖。

(二) 肌肉痉挛

肌肉痉挛，即抽筋，是指肌肉的不自主强直收缩。

1. 病症

发病急，肌肉不自主强直收缩，僵硬，疼痛难忍，临近的关节可出现运动障碍。

2. 处理

（1）轻者：缓慢、均匀地牵引。

（2）腿部肌肉痉挛：让患者伸直膝盖，拉长痉挛肌肉，可猛烈地用力击脚心位置。

（三）运动性腹痛 运动性腹痛是指在运动中因生理原因引发的腹部疼痛。通常是由于准备活动不充分，胃肠痉挛，腹直肌痉挛，呼吸紊乱等原因造成的。

1.病症

腹部周围疼痛，也可引发其他机体器官不适、疼痛。

①安静时不痛，运动中或结束时腹痛。一般无其他伴随症状。

②右上腹痛：肝胆疾患或瘀血。

③腹中部痛：痛肠痉挛、蛔虫病。

④中上腹痛：胃十二指肠溃疡、胃炎。

⑤肋部和下胸锐痛：呼吸肌痉挛。

⑥右下腹疼痛：阑尾炎。

⑦左下腹疼痛：痛宿导致。

2.处理

①了解腹痛的性质和部位。

②单纯性运动生理腹痛，调整负荷，注意休息。可进行适当的按摩和理疗。

③运动引发病理性腹痛，尽快送医就诊。

（四）运动性低血糖

空腹时，长时间剧烈运动，机体会出现血糖浓度低于50毫克/分升病症。

1.病症

色苍白、心烦易怒；重者视物模糊、焦虑、昏迷。部分患者还可诱发心脑血管意外。

2.处理

①使病者平卧、保暖。神志清醒者可饮浓糖水或吃少量食品，一般短时间内即可恢复。不能口服者，可静脉注射50%葡萄糖40～100毫升。

②昏迷不醒者，可针刺人中、百会、涌泉、合谷等穴，并迅速送医就诊。

（五）运动性高血压

运动性高血压是运动过程中产生的一种高血压症状，在休闲体育运动中，运动性高血压多见于在运动期间过度紧张者，强度过大的休闲运动会引起过度运动，也可导致运动性高血压的出现。

1.病症

在运动过程中，因运动紧张或疲劳而导致血压升高。

2.处理

①调节负荷量，注意休息。老年人参与休闲体育运动，避免大负荷的运动。
②对原发性高血压患者应避免剧烈运动，作息规律。
③给予药物治疗。

(六) 运动性贫血

在运动中，血液中红细胞数和血红蛋白量低于正常值的现象称为运动性贫血。正常男子的血红蛋白含量为0.69～0.83毫摩尔/升，正常女子的血红蛋白含量为0.64～0.78毫摩尔/升。

①血液检测，血红蛋白的含量减少，男性低于120克/升，女性低于105克/升。
②皮肤和黏膜苍白，头晕、乏力、易倦。
③运动中常伴有气促、心悸等症状。
④心率快，可听到吹风样杂音等。
⑤记忆力下降、食欲差。

2. 处理
①运动期间，多食用富含蛋白质、铁质食物或服用抗贫血药物。
②贫血症状出现后，及时减少运动量，必要时应停止运动。

(七) 运动性血尿参与休闲体育运动，如果急于求成，负荷过大，超过机体承受

范围有可能引起显微镜下血尿。

1. 病症
①运动后即刻出现血尿，无其他症状。
②运动后一两天，血尿消失。
③血液化验、肾功能检查正常。

2. 处理
（1）全面检查，判断是否由病理因素引起。
（2）有色深血尿出现，停止运动健身。
（3）少量血尿但是无其他症状，应注意调整运动负荷，及时休息，并注意持续观察。

(八) 运动性中暑

运动性中暑与运动时的天气与场地有很大关系，夏季在户外从事休闲体育运动，如果运动负荷大、运动时间长，很可能导致机体疲劳、失水、缺盐、体温过高，引发中暑。

1. 病症
①轻者头晕、头痛、呕吐，体温升高，皮肤灼热干燥。
②严重者精神失常、虚脱、痉挛、心律失常、血压下降，昏迷。

2.处理

①有中暑先兆：调整运动、松衣、降温。

②中暑严重者：至阴凉处，平卧。

③中暑痉挛：牵伸肌肉，服含盐清凉饮料。

④中暑衰竭者：服含糖、盐饮料，按摩。

⑤中暑较重或昏迷者：针刺人中等大穴，送医抢救。

（九）运动性冻伤

冻伤是指寒冷作用于机体引起的体温调节功能障碍，体温下降过低导致身体局部组织损伤。冬季参与户外休闲运动，如滑冰、滑雪、登山等，如果保暖措施不到位，可导致冻伤。

1.病症

①轻度冻伤：皮肤苍白、麻木、发凉，红肿充血，发痒，热痛。

②中度冻伤：皮肤局部红肿明显，有水泡，疼痛较重，感觉麻木。

③重度冻伤：深达皮下组织、肌肉和骨骼，冻伤为紫褐色或黑褐色，坏死。

④全身性冻伤：寒战、四肢发凉、苍白或发紫，感觉麻木，神志模糊，昏迷。

2.处理

①轻中度冻伤：用酒精棉球轻轻揉擦，使皮肤微热，涂冻疮膏，注意患部保暖。

②重度冻伤，迅速就医急救。

（十）运动性昏厥

运动性昏厥，又称"重力休克"，是一种暂时性的知觉和行动能力丧失的运动性疾病。

1.病症

昏厥前患者会感到头昏，全身无力，眼前发黑，耳鸣，恶心等。

2.处理

①平卧，头放低，足垫高，松解衣带，热毛巾擦脸，做下肢向心性推摩或揉捏，或点掐人中等穴，由远心端向近心端按摩下肢，以促使血液回流。

②在昏迷者未恢复知觉前或有呕吐现象时切忌饮食。

（十一）运动性心律失常

运动性心律失常具体指运动中或运动后心脏活动规律紊乱。

1.病症

①头晕、乏力、恶心、面色苍白、出冷汗、气促、胸闷、心悸甚至昏厥。

②体检时，心电图检查有异常。

2.处理

①使患者俯卧，一指禅推法由上而下按摩脊柱两侧足太阳膀胱经穴位，如大椎、

心俞、肝俞、肾俞等，两侧交替进行。60次/分，一次15分钟。

②针灸心俞、内关、神门等。期前收缩加三阴交，心动过速加足三里，心动过缓加膻中等穴。

（十二）延迟性肌肉酸痛

对于休闲体育运动者来说，初次参与休闲体育运动锻炼或有运动经验者长时间大强度集训，可导致运动后一段时间（24～48小时）机体部分肌肉因肌纤维痉挛而酸痛，即延迟性肌肉酸痛。在初学者伸展练习中多发。

1. 病症

局部肌肉酸痛，有胀、麻感。

2. 处理

①对肌肉酸痛部位进行热敷或按摩或口服维生素C以缓解症状。

②推拿按摩，针灸。

第四节　休闲体育与体育旅游的融合发展

一、休闲体育与体育旅游的融合背景

在体育领域中，"休闲"作为一种全新理念，既要注重运动形式之"慢"，更要注重心境的从容，从而达成快和慢和谐统一的目标。现今在旅游业飞速发展的过程中，运用大量休闲体育元素，并且人们不断提高对休闲生活的重视程度，有极大意愿利用空余时间参与各种体育活动，比如观光、健身等，在此条件下促使休闲体育融入体育旅游。

二、休闲体育旅游的科学化发展策略

（一）发展经济

发展经济，增加人们收入，是促进休闲体育旅游发展的最根本的措施。

休闲体育旅游是一种发展性的消费，而不是生活必需的，只有人们的生活水平获得提高，在拥有了基本生活生存资料的基础上，才会考虑发展性需求的满足。因此，要促进休闲体育旅游发展，仅仅靠"喊口号"是不行的，必须要实实在在地不断提高人民群众的经济收入与生活水平，这样人们才能有更多的经济支出和自由时间用于休闲体育旅游。

（二）加大宣传营销力度

随着我国社会经济的不断发展，我国民众的体育健康意识有了显著的提高，体育消费观念也发生了很大的变化，但是，新时期，从全国体育旅游发展现状来看，体育

旅游人群在全国人口中的比例还是比较低的，主要是高收入人群，一般社会大众的体育旅游缺乏实践推动因素，不仅局限于经济现状下的体育旅游经费支出有限方面，面对非必要生活需求的体育旅游，还有相当一部分社会大众认为它是奢侈性消费，在体育参与方面，平时多参与社区体育健身，偶尔参与户外休闲体育活动已经是非常不错的体育生活态度与生活方式了，专门性的体育旅游计划和体育旅游支出很少考虑。

现阶段，要进一步促进休闲体育旅游的发展，在不断发展经济，促进人民生活水平不断提高的基础上，应加大休闲体育旅游的宣传力度和营销力度。

第一，政府应鼓励和扶持休闲体育旅游市场的发展，在社会体育发展过程中重视休闲体育旅游的宣传，包括政策宣传、法律法规宣传和大众媒体宣传。

第二，旅游部门加强宣传，通过舆论导向使人们对这种新兴的旅游产品有更深入的认识，使人们的体育旅游消费行为从潜意识状态转变为有意识的自觉行为。

第三，相关体育旅游企业要想实现自身的市场价值，就必须加强企业休闲体育旅游文化宣传，并结合具体市场环境与消费群体加大市场营销力度，运用多种宣传促销形式（歌曲、广告、影视、互联网等）提高休闲体育旅游产品和服务的影响力、扩大休闲体育旅游产品与服务的覆盖面。

（三）细分体育旅游市场

任何市场都有其所对应的市场消费主体，休闲体育旅游市场也不例外，受性别、年龄、职业、社会地位、文化程度、身体素质、个人阅历等因素的影响，体育旅游者的旅游需求各有不同，不同消费群体的需求存在明显的差异化。

对于休闲体育旅游市场中的企业主体来说，要想在市场竞争中获胜，就必须要明确自己企业所提供的休闲体育旅游产品和服务所对应的体育消费群体，深入全面分析目标市场的休闲体育旅游消费者的特点，在休闲体育旅游市场的产品与服务的开发与提供过程中，应以体育旅游者需求为基础，通过市场细分开发产品与服务，从体育旅游者的偏好出发为其提供个性化服务，以为休闲体育旅游消费者提供更好的消费体验。

（四）打造特色休闲体育旅游产品与服务

1.凸显民族特色的休闲体育旅游

民族传统体育活动都蕴含了深厚的民族文化，我国少数民族众多，每个民族都独具特色，从而诞生了具有不同民俗风情的民族传统体育项目，为发展民族特色休闲体育旅游奠定了良好的内容基础。

针对我国丰富多彩、各具特色的民族传统休闲体育活动，应与当地的民俗风情、秀丽自然环境有机结合起来，让丰富多彩的民俗文化吸引更多的城市体育消费者和其他地区的体育爱好者来体育旅游目的地了解民俗文化，参与民族体育活动，拓宽人们的文化视野，增进体育旅游者对民族文化风俗的认识，发展民族休闲体育旅游。

2.山地户外休闲体育旅游

我国地域广阔，自然地理地貌环境丰富复杂，丰富的山地户外体育旅游资源为我国山地户外休闲体育旅游的开展奠定了坚实的物质基础。

政府方面，如通过对一些大型的户外运动赛事进行宣传报道，驴友可以通过专门通道进行免费报名，为目的地做足了充分的形象宣传，促进山地户外体育旅游市场的进一步发展。

相关体育旅游企业，可以专门针对户外山地运动者的"发烧友"和潜在运动爱好者推广相应的户外运动休闲体育运动参与体验服务，吸引目标消费者参与山地户外休闲体育旅游。

3.滨海休闲体育旅游

我国具有非常长的海岸线，具有丰富的水域资源，滨海休闲体育旅游资源丰富。

我国滨海体育旅游资源丰富，但每一片海都有不同的美气不同地区的滨海旅游文化不同，应注重滨海体育旅游文化内涵的挖掘与丰富，创建滨海体育旅游品牌，可以在滨海旅游区内定期举办各种级别的滨海综合体育运动会，吸引来自全国各地以及世界各地的人们，使消费者能够准确地识别出滨海体育旅游品牌，并通过与自身体育旅游的兴趣与爱好匹配，选择合适的休闲体育旅游的目的地。

此外，就我国目前的滨海休闲体育旅游来看，在市场开发上，滨海体育旅游的重点大部分集中在国际客源上，忽视了充满活力、具有巨大潜力的国内市场和本地消费需求，体育服务基础设施一味追求高档次、高层次，高价目，无异于将很多国内消费"拒之门外"。

现阶段，我国滨海体育旅游作为一个新兴的体育旅游产业，需要完善自身的经营体制，加大建设滨海体育运动相关设施的投入，加强对人才的培养。

4.冰雪休闲体育旅游

以我国2022年北京—张家口冬奥会为契机，大力发展冰雪休闲体育旅游。

我国滑雪场比较集中的地区在东北地区的黑龙江、华北地区的北京以及西北地区的新疆，主要和地理环境的优势有一定关系。我国西南沿海等地由于气候的客观因素，很难形成天然滑雪场，但可以建造室内滑雪场，满足广大人民群众的滑雪需要，并在冰雪体育活动中培养大众冰雪休闲体育旅游动机与行为。

第四章 体育旅游资源的挖掘与开发

第一节 体育旅游资源概述

一、体育旅游资源的基本概念

(一) 旅游资源定义

何为旅游资源？由于旅游是个覆盖范围很大的词语，人们在对"旅游"的认识上出现偏差，因而必然旅游资源概念具有不同的见解。例如，有的人觉得旅游资源就是"提供参观、游览的地方"，或者简单概括为"文化古迹、风土人情"；有的人认为旅游资源是指"具有娱乐功能的所有自然景观和文化产物"。在我国，还有一些学者提出："凡是属于旅游业范畴的资源，都可以称之为旅游资源"。这些说法都有各自的道理，但似乎很难去给旅游资源的概念给出详细的解释。

人们之所以愿意不远万里，千里迢迢的来到异地、甚至是异国他乡，到千山万水中探寻和走访，是因为该地的环境、人文、文化等因素对他们具有强大的吸引力。某地具有如此神奇的吸引力，其核心因素可能是某种令人折服的自然景观，也可能是强烈厚重的文化特色，特色的物质产品，或者是和谐和睦的人文社会等各种因素。如果这个地方没有与众不同的特殊环境或文化，旅游者是不会有想过来拜访一下的欲望的。因此，旅游资源发展的最重大因素是吸引力因素。

据此，可以对旅游资源的定义进行诠释。凡是对旅游者具有吸引力环境的自然景观、文化产物、社会人文或其他任何客观事物，都可构成旅游资源。t

(二) 体育旅游资源定义

旅游资源十分广泛，体育旅游资源也是众多旅游资源的一部分，它必须对体育旅游爱好者有足够的吸引力，从而能够刺激他们的体育旅游动机，并能为此付诸想法和行动。简单来说，体育旅游设施包括体育旅游对象和体育旅游设施这两个方面；体育旅游对象可以称为"体育旅游吸引物",体育旅游设施可称为"体育旅游目的地"等。

体育旅游对象一般是经过人为开发后的事物,或全部开发或部分开发。体育旅游对象不仅仅涵盖了已开发的体育旅游资源,同时包含部分潜在的、尚未被开发的体育旅游资源。体育旅游对象是体育旅游者向往和追寻的地方,它将随着人们前来拜访、涉足和开发而更加充实,甚至可以成为当地的地标性建筑。体育旅游设施是专门为旅游者提供体育旅游活动条件、满足旅游者体育活动需求的娱乐设施和服务设施。

体育旅游资源是指在自然界或人类社会中能对体育旅游者产生吸引力,诱导和激发其进行体育旅游的动机,并付诸其体育旅游行为,为旅游业所利用且能产生经济、社会、生态效益的事物。

体育旅游对象是旅游产业和旅游产品中的重要组成部分,在所在地内的一切体育旅游对象中,相关旅游产业的开发人员和经营人员要正确地评价、主动地保护、科学地开发与合理地利用。当各种各样单独的体育旅游对象被有机的整合在某一地区,经开发者不断努力创造出旅游环境后,该地区就自然会被人们所定义为旅游目的地。自然而然的,体育旅游者出门旅游,首先考虑的是肯定是体育旅游资源。当某个地区内旅游内容越丰富,旅游设施数量越多,旅游对象种类越齐全,旅游资源质量越高,这个地区就有越大的吸引力,就能吸引到越多的游客。

二、体育旅游资源的功能

(一)客体功能

体育旅游资源是作为体育旅游活动的直接对象,也就是说体育旅游资源是以体育旅游活动客体的身份存在的,其范畴是自然和社会因素及其发展产物。作为体育旅游的客体的存在,它包含已经开发的体育旅游资源和未开发的体育旅游资源。随着当地社会经济不断发展,人们生活水平提高和旅游需求不断高涨,现代旅游业的繁荣发展是大势所趋,旅游产业的发展可以直接刺激体育旅游的发展,进而体育旅游资源被不断地开拓与挖掘,为人类所利用和保护。

(二)吸引功能

在现代旅游活动中,作为客体的体育旅游资源与主体体育旅游者的关系非常紧密,二者密不可分。具体表现为体育旅游资源能够吸引体育旅游者前来参与各种旅游活动,即能激发体育旅游者的体育旅游动机,在体育旅游活动中达到娱乐健身、陶冶性情、丰富文化生活的目的。

吸引力功能是相对于体育旅游者而存在的,游客的吸引力够不够大是评价体育旅游资源价值高低的基本标准。总之,对任何体育旅游资源来说离开了体育旅游者这一客源对象,其本身也就自动失去了特征与价值,也就称不上是体育旅游资源。

（三）效益功能

积极和开发利用体育旅游资源，不仅能为当地旅游业带来直接的经济效益，为本地发展带来生机和活力，而且还能通过全面而综合的旅游消费活动拉动其他相关产业，如某体育场馆举办赛事还能拉动快餐业、零售业的发展。当前很多国家和地区，乃至省市、县都把旅游业作为本国和本地区的经济增长点和龙头产业，体现了旅游资源开发对经济发展的效益功能。

体育旅游资源的旅游效益功能不光体现在经济上，还体现在社会效益与生态效益上。上述三种效益的功能也是体育旅游资源开发的特殊性。合理开发利用地区内的体育旅游资源，可改善和优化本地的旅游环境，提升当地的形象和知名度，促进区域内的文化交流，提升人民的精神文明建设。

三、体育旅游资源的分类

体育旅游的目的和需求有很多，它带有求知、放松、娱乐、审美、刺激、欣赏和休闲等物质或精神的需求，所以体育旅游者在旅游过程中必然和旅游资源有着密不可分的联系，没有旅游资源也就不存在体育旅游的概念。体育旅游资源既是旅游资源的一个部分，也是体育旅游活动的重要场所。所以体育旅游资源的在分类上也是要依据旅游资源分类的基础进行划分。

（一）自然资源

1.地表类

主要包括山地、峡谷、山峰、沙滩、戈壁、洞穴、荒漠等。可进行的体育旅游活动有攀岩、登山、野营、速降、洞穴探险、徒步远足、沙滩排球、沙地足球等。

2.水体类

主要包括海洋、江河、湖泊、瀑布、溪流等。可进行的体育旅游项目主要有潜水、冲浪、漂流、滑水、溯溪、瀑降、溪降、钓鱼、划船、赛艇、游泳、水球、扎筏渡河等。

3.生物类

主要包括森林风光、草原景色、珍禽异兽、珍稀植物等。可进行的体育旅游活动主要有森林探险、户外生存、骑马、溜索、滑草、定向越野等。

4.大气类

主要包括冰雪、云海、雾海、天象胜景等。可进行的体育旅游活动主要有滑雪、攀冰、溜冰、降落伞、热气球等。

5.宇宙类

主要包括太空、星体、天体异象、太阳风暴等。人差的发展水平有限，对于大众来说诸如太空飞行、太空摄影、太空行走、登月探险等活动距离生活很远。相信随着人类科学技术的进步和发展，在未来，太空旅游会走入大众中去。

（二）人文资源

1. 历史类

主要包括古人类遗址、古代建筑、古代城镇、石窟壁画等。可进行的体育旅游活动主要有徒步穿越、考古探险等。

2. 民族民俗类

主要包括民族风情、民族建筑、传统节庆、社会风俗、起居服饰、工艺品制作等。可进行的体育旅游活动主要有赛马、摔跤、射箭、推杆、秋千、民族歌舞竞赛等民族传统体育项目。

3. 园林类

主要包括特色建筑、长廊、人工花园、假山、人工湖等。可开展的体育旅游活动主要有定向越野、无线电测向、野营、钓鱼、划船、赛艇、丛林激光枪战等。

4. 文化娱乐类

主要包括游乐园、动物园、植物园、文化体育设施等。可开展的体育旅游活动主要有野营、钓鱼、划船、徒步远足、欣赏体育赛事等。

（三）活动资源

开展各种各样的体育旅游活动需要依赖于当地的旅游资源，但反过来，体育旅游活动和体育旅游方式自身也对广大体育爱好者和旅游者具有充足的吸引力。

1. 观赏类

精彩的体育赛事和体育电影等文化产品会吸引大量的体育旅游者前来观看，如奥运会、世界杯足球赛、F1赛车等国际重大体育赛事不光会促使本地的体育爱好者前来欣赏，往往会吸引到世界各地的体育迷来现场观战，这些观众就是观赏类的体育旅游者。

2. 竞技类

竞争激烈的体育赛事不光会吸引到广大体育迷，还会吸引本项目和其他项目的、现役的和退役的运动员、教练员前来观看，运动员和教练员在时间、空间、活动内容方面也符合旅游的统计标准。

3. 体验类

一些体育活动具有轻松、休闲的特点，它们往往会吸引人们前来体验。如户外野营野炊、自驾游玩等体育旅游者为了追寻独特的经历，追求独特的感受。

4. 探险类

在向自然的艰险和自我极限的挑战中战胜困难、战胜自我，以获得精神上的成就和快感，以达到自我实现的目的，如攀岩、登山、攀冰、洞穴探险等活动。

四、体育旅游资源的特点

(一) 多样性

体育旅游资源是旅游资源与体育运动的结合，多种多样的体育运动丰富了旅游资源的内容与内涵，在特定的环境中形成丰富的，相互联系的、相互依存的共同资源体。在体育旅游资源中，单个、孤立的景观一般不会产生很大的吸引力，一般的体育旅游者的时间和精力是有限的，他们寄希望于花费最少的时间和精力去参观、游览、观赏到更多、更美好、更有意义的体育旅游资源。体育旅游资源中有诸多要素，一般处于相互联系、相互制约的环境中循环和发展，很少存在与周围其他景观互不影响、互不关联的体育旅游资源。

体育旅游资源的多样性还表现为体育旅游者需求的多样性。从旅游者的动机上进行分析，体育旅游根据参与者的需求不同，能分为陆地体育旅游、水域体育旅游、空间体育旅游。在相同的体育旅游项目上，按照参与者的需求，也能分为极限体育旅游、探险体育旅游、休闲体育旅游。体育旅游的丰富的文化内涵也是体育旅游资源多样性的体现，人们在体育旅游过程中能够进行健身、休闲、探险、旅游，又可充分欣赏体育的美，学习到体育知识，提高智力和阅历；在大自然的景观中还可从壮阔的古代建筑、历史遗存中寻觅古老的文化，也可以在平凡的生活中体验到民风民俗。

(二) 吸引力定向性

对旅游者具有吸引力是所有旅游资源都具有的特征。体育旅游资源的吸引力与体育旅游者对于体育资源的主观认识有关。体育旅游资源之所以具有吸引功能，是因为体育旅游资源的诞生与发展受到了体育旅游者感知和决策上的影响。对于一项具体的体育旅游资源而言，它可能对某种体育旅游者群体有着很大的吸引力，而对其他体育旅游者的吸引力就很小，甚至没有吸引力。所以，任何体育旅游资源都有吸引力定向的特点，只能吸引体育市场中的部分体育旅游者，而不可能吸引到所有体育旅游者。

(三) 季节性和变化性

季节性是指体育旅游资源中的景物随着季节变化而改变其方式的特征。体育旅游资源所处地区的纬度、地势、气候等因素决定着体育旅游资源的季节性。

在高纬度地带，冬季寒冷而漫长，到处被白雪覆盖，这正是开展冰雪体育旅游，欣赏冰雕、树挂的最好时光。除地理纬度因素外，地势的高低也会影响到体育旅游资源的变化，在低纬度地区的高山深涧中，往往会见到从山麓到山顶呈现出四季有不同的景观，实际上许多景物的命名就含有一定的气候变化景象。

由于这一原因，当地或国家如果对自己的体育旅游资源利用和保护不当，相应的资源很容易遭到破坏，这种资源受到破坏的现象不仅发生在有形的旅游资源上，也会发生在无形的旅游资源上。有形资源一旦被过度消耗和使用可能会完全破坏，难以重建和复原；无形资源被消耗和浪费后，一旦受到破坏在短期内也是很难恢复的。

（四）区域性

体育旅游资源一般在特殊的地理环境中存在，因此体育旅游资源具有客观的区域差异性。自然环境有区域性差异，人文资源其实也存在区域性差异。因为地理环境的区域差异约束着自然环境，而人们在自然环境中生存、生活，在适应自然、顺应自然，在自身不断发展过程中不断创造新的文化。这些过程不可避免的掺杂了区域性，同地域的区域差异有着十分密切的联系。

区域性是旅游资源最直观的特性，正是由于不同区域的旅游资源之间存在着差异性，使得这个地区的自然景物或人文风情和体育旅游活动项目具有吸引功能，深深地吸引着广大体育旅游者，进而成为体育旅游资源。所以国家或地区的旅游业是否取得伟大成就，很大程度上取决于是否保持并发扬了本地旅游资源的特色。

体育旅游资源的地域性具有不可移动和改变的特征，一般都是独一无二的存在。比如中国的万里长城、埃及的金字塔，美国的科罗拉多大峡谷，东非的天然野生动物园，都是独一无二的。虽然有观点认为，在现代的经济和技术条件下，仿造一个文化古迹是一种完全可以实现的事情，但即使果真如此，这种仿制物终究还是赝品，没有历史感和地域性，没有那么大的价值和意义。通常来讲，体育旅游资源具备的区域特色愈明显，影响愈广泛，内容愈丰富，也就越能够吸引到体育旅游者。

（五）重复性

体育旅游资源和一般的体育资源不一样，原因在于它存在体育旅游者反复光临的现象，显示出重复性。一般来讲，旅游资源出现反复游览，故地重游的现象并不普遍，这是因为在旅游活动中，相同地点、相同内容的旅游活动会给人带来审美疲劳，会降低吸引力度，不会再引起旅游者的注意力。而体育旅游资源却不同，体育旅游者在旅游过程中的目的和功能往往是户外体育锻炼，体育自身具备的魅力和吸引力往往会使他们流连忘返；体育活动具有的挑战性和参与性可使旅游者在相同的旅游地点获得完全不同的感受，体育的挑战性能锻炼人的意志，使人的精神得到升华，享受到战胜困难和展现自我的心理需求。而体育锻炼在于持之以恒，对于某个项目需要反复坚持、循序渐进的练习才会掌握要领，习得技能，这就为参与者再次前来提供了条件。特别是大众健身、娱乐休闲为主的体育旅游资源更能吸引旅游者再次复游。

第二节 我国体育旅游资源分布情况分析

一、具有体育旅游开发潜力的旅游资源

(一) 自然资源分布概况

1.山体资源

我国是一个多山的国家，山地资源丰富。在我国约960万平方千米的广袤领土上，山地丘陵的面积约占43%。我国各地的名山作为旅游资源和自然景观，具备雄、奇、险、秀、幽的特点。

2.溶洞资源

我国有着数以千计的洞穴资源。洞穴的分布与岩石的特性、地表构造、当地的气候条件、地下水作用有着密切联系。我国洞穴主要分布在贵州、广西、云南、湖北、湖南、江西、四川、浙江、广东、安徽、江苏以及山东、河北、北京、辽宁等省（自治区、直辖市）的岩溶发育地区。南方的一些地区中，有很多集中地溶洞，如贵州省北部有700多条地下暗河，广西壮族自治区的桂林—阳朔一带有2 000多个洞穴，云南省宜良九乡28~36平方千米范围内就有66个洞穴；湘西地区有2 400多个溶洞。

3.水体资源

我国有着丰富的水体资源，有汹涌澎湃的大江大河也有涓涓细流的山涧小溪，还有碧波荡漾的湖泊。自古人们就喜欢去水边游走，或玩乐，或吟诗，不亦乐乎。我国有独具特色的湖景资源，有各壮丽壮观的瀑景资源，有远近闻名的泉景资源，还有宽广无垠的海景资源。据不完全统计，全国有超过2万个湖泊，许多湖泊具有旅游价值。有数百个瀑布，瀑布群也不下数十个。全国泉的总数有10万之多，其中因水质优秀、景观独特的"名泉"有上百处。我国有着蜿蜒曲折的狭长海岸线，距离超过1.8万千米，分布超过6 500个岛屿，50多个群岛和列岛。海景旅游资源包括沙滩风景、五彩卵石、海上波澜、海滩森林、海底世界、神奇岛屿、海市蜃楼、海上日出、神秘海火。这些水景资源为我国体育旅游的发展提供了良好的资源和环境。

4.沙漠资源

我国沙漠面积约为70万平方千米，如果把50多万平方千米的戈壁计算在内，那么我国沙漠地区的总面积，约为128万平方千米，约占全国陆地总面积的13%，这些沙漠虽然不利于人们日常的生产生活，但是这些沙漠也是人们进行户外生存锻炼，挑战极限的理想选择。据相关不完全统计，当作旅游资源进行开发的沙漠资源有甘肃敦煌玉门关、阳关沙漠，内蒙古科尔沁沙地、巴丹吉林沙漠，新疆塔里木盆地塔克拉玛干沙漠，陕西榆林沙漠，河西走廊北侧的巴丹吉林沙漠，宁夏中卫沙坡头，内蒙古包头响沙湾。

5.生物资源

我国幅员辽阔，气候多样，地形复杂，生物资源也是丰富多彩，植被种类尤其丰富。据统计，我国境内的种子植物约有300个科，2 980个属，24 600个种，较为古老的植物约占世界总属数的62%。我国的动物资源也很丰富，全国共有鸟类1 170多种，兽类400多种，两栖类184种，陆栖脊椎动物约有2 070种，占世界陆栖脊椎动物的9.8%。

我国境内有多个动物保护区，比较出名的自然保护区有黑龙江齐齐哈尔的扎龙自然保护区、辽宁旅顺渤海中的蛇岛、江西鸟岛、青海鸟岛、湖南张家界国家森林公园、福建鸳鸯溪和武夷山自然保护区、云南大理蝴蝶泉和西双版纳自然保护区：海南琼山东寨港自然保护区、四川卧龙保护区和鼎湖山自然保护区等。

（二）人文资源分布概况

我国作为四大文明古国之一，有着悠久灿烂的文化，历史古迹遍及各地，黄河流域可以说是中华文明的发源地，可供人们进行参观浏览并学习到知识的有古人类遗址、帝都宫苑、石刻碑碣、宝刹古寺、园林建筑、名人故居、革命文物等。

在历史上作为统一政权国都或封建割据政权首府的，超过了百余处。安阳、西安、洛阳、开封、南京、杭州、北京被称为"中国七大古都"，留下了众多历史文物和古迹。西安与北京是我国历史上封建王朝建都最多的城市，历朝历代留存下来的宫殿、陵寝、祭坛、王府、道观、寺庙等，大多集中在北京和西安这两座城市，成为人文旅游资源丰富的历史名城。

1.古陵墓类

我国重要的古代陵墓有陕西省黄陵县黄帝陵、临潼秦始皇陵、兴平县汉武帝茂陵、礼泉县九宗山唐太宗与文德皇后合葬的昭陵、乾县梁山唐高宗与武则天合葬的乾陵、浙江省杭州市西湖以北的岳飞墓；北京市昌平区明十三陵；河北省遵化县清东陵、易县清西陵。

2.石窟寺类

河南洛阳的龙门石窟，山西大同的云冈石窟，重庆大足县的大足石刻，甘肃的敦煌石窟，新疆拜城县的千佛洞。

3.宗教胜地类

山东长清县的灵岩寺，河南洛阳的白马寺，陕西交城县的玄中寺和周至县的楼观台，北京的白云观，江苏南京的栖霞寺，浙江天台县的国清寺，湖北当阳县的玉泉寺，广东广州的光孝寺，青海湟中县的塔尔寺，西藏日喀则扎什伦布寺、萨迦寺和拉萨的大昭寺，云南昆明玉的筇竹寺。

4.古代建筑和园林类

①古代三大建筑群分别是北京的故宫，河北承德的避暑山庄和外八庙，山东曲阜的孔庙、孔府。

②古代园林有山东济南园林、江苏苏州园林、无锡园林、扬州园林。
③四大名楼：湖南岳阳楼、湖北武汉黄鹤楼、江西南昌滕王阁、山西永济鹳雀楼。

二、具有体育旅游开发潜力的体育资源

（一）体育赛事资源分布概况

近年来，随着我国综合实力不断提升，我国首都北京在2008年成功举办了第29届奥运会，此外，世界乒乓球锦标赛、汤姆斯杯尤伯杯羽毛球赛、世界田径锦标赛、世界一级方程式锦标赛等国际知名体育赛事也先后在我国成功举办；在国内，中国足球超级联赛、中国职业篮球联赛、中国排球职业联赛等职业体育赛事也在我国各个城市如火如荼的展开，每隔几年要定期举办全国体育运动会、全国少数民族运动会和残疾人运动会等。

（二）民族体育资源

中国是一个有着十几亿人口的多民族国家，56个民族都有独特的历史和文化，有着民族特色的服饰装饰、节日庆祝、民风习俗和衣食住行特点。中华各民族都热情好客，载歌载舞，居室别致，服饰精美，与其他民族有着与众不同的文化差异，这些民族特色文化深深地吸引着旅游者。

在衣食住行上，各地区和各民族都有自己的习惯。在住房上，有东北的暖居、河南西部的天井窑院、陕西和山西的窑洞、内蒙古的毡包、新疆的土拱房、西藏的碉房、福建永定的土楼、南方山区的干栏。在建筑和设施上，有藏族的牛皮船、回族的羊皮筏、独龙族的藤桥、傣族的竹桥、羌族的竹索桥、藏族的溜索、彝族的竹篾网桥、壮族的风雨桥。在结婚风俗上，有云南纳西族和云南泸沽湖摩梭人的"走婚"、甘南藏旅的"抢婚"、黔南瑶族的"探婚"。在节日庆祝上，汉族的春节、元宵节、清明节、端午节、中秋节，壮族、瑶族、侗族、苗族的"三月三"，大理白族人民的"三月节"，傣族的泼水节，彝族、白族的火把节，蒙古族的那达慕大会等。在少数民族聚集区，有多种民族特色的建筑、节日、活动等，这些少数民族特有的风情与他们生活地区的自然风光结合，形成了浓郁民族特色的体育旅游氛围，具有极大的开发潜力和前景。

三、我国部分省（自治区、直辖市）体育旅游资源分布情况分析

（一）北京市可开发的体育旅游资源分布

1.参与型体育旅游资源
（1）山地资源
北京是一个多山的城市，山地面积约占全市总面积的2/3。北京有四大著名高山，

分别是海拔 2 303 米的灵山，海拔 2 234 米的海坨山，海拔 2 035 米的白草畔，海拔 1 991 米的百花山。北京城的这四座高山各具特色，构成了京畿要地的壮美风光。

此外，北京市还有其他山脉和自然风景区，具有开发体育旅游项目的潜力和前景，如怀柔的红螺寺、延庆的康西草原等。

（2）水域资源

北京城的地势特点是西北较高，东南较低，从西北缓缓向东南倾斜，形成了注入渤海的三条主要河流，分别是永定河、潮白河和温榆河。北京城还有五大水系，分别是全长 681 千米的永定河水系、有"小黄河"之称的拒马河水系、有"北国桂林山水"之称的十渡风景区、北京城最主要的排水河道的北运河水系、潮白河水系和沟河水系。此外，北京城还有五大水库，分别是密云水库、官厅水库、怀柔水库、海子水库与十三陵水库。

京城的湖泊和河流众多，共有 30 多条大大小小的河流，总长大约 336 千米；湖泊共有 26 处，总面积 600 多公顷，这些丰富的水利资源有利于体育旅游的开发与利用。

此外，北京城还有其他的水源，如怀柔的青龙峡和红螺湖，昌平的小汤山温泉、龙脉温泉等，这些也是体育旅游者的好去处，也是发展体育旅游的潜在资源。

（3）空中资源

在北京，利用空中资源开发体育旅游的项目有很多，如怀柔区的红螺湖旅游区内可以进行空中飞降；东城区的北京跳伞塔，体验到惊险、刺激、放空的感觉，感受到空中跳伞运动的奇妙乐趣；朝阳区的朝阳公园也有蹦极跳与跳伞观光塔，分别高达 75 米和 67 米，可以开发出蹦极、跳伞等等体育旅游项目。

（4）休闲乐园

北京市的体育场馆、度假村、游乐场等设施资源非常丰富，可以开发出各种各样的体育旅游项目。

在体育建筑和体育场馆的建设方面，北京市做了大量的工作。目前，北京的体育场馆有工人体育场（馆）、首都体育馆、国家奥体中心场馆群，这些场馆建设时间特别早，在奥运会举办之前都得道了不同的扩建或改建。在迎奥运之际，北京还新建不同规模的公共体育场场馆，如国家体育场（鸟巢）、国家体育馆、国家游泳中心（水立方）、五棵松体育馆以及首都各高校的体育场馆等。此外，英东游泳馆、丰台体育中心、光彩体育馆、首钢篮球中心、首都体育馆、先农坛体育场（馆）、北京国际高尔夫球场、北京射击场、北京骑士公园（赛马）、南山滑雪场、云佛山滑雪场等各种新老体育设施继续为北京体育事业建设和北京市民锻炼健身发挥着自己的作用和力量。其他的一些森林公园、度假村等资源作为休闲娱乐场所，也都可以进行体育旅游的开发和利用。

2.观赏型体育旅游资源

（1）体育赛事资源

众多大型体育赛事的举办表明北京有众多的体育赛事资源。

（2）节庆资源

北京有众多庙会，这对开展体育旅游活动有着积极的刺激和影响。北京在秦汉时期就是北方重镇，辽、金、元、明、清都把北京城作为国都，北京有着深厚的文化底蕴。明清时期，北京城的寺庙超过了1000座，为全国之冠。众多的寺庙开展众多的庙会，几乎全年每天都有庙会，形式多彩、美不胜收。如城隍庙的"出巡"，雍和宫的"打鬼"，七月十五的燃法船，十月二十五的白塔寺燃灯等，都属于庙会盛事。现在，北京的庙会一般在春节期间举行，有地坛、龙潭湖、厂甸、白云观、东岳庙、大观园、苏州街、莲花池、颐和园、朝阳公园与石景山的洋庙会等十大庙会，庙会上有很多的体育活动和体育表演，太极拳、太极扇、秧歌舞、踩高跷等热闹非凡，人们欢天喜地迎新年，纳福吉祥，尽情狂欢。

（二）广东省可开发的体育旅游资源分布

1.自然资源

广东省是南方的重要省份，全省地势呈北高南低，山地、平原和丘陵合纵交错，平原占23%，台地占19%，山地占33%，丘陵占25%，各种地貌的丰富性为体育旅游的利用与开发创造了良好的天然条件。

广东四大名山为罗浮、丹霞、西樵、鼎湖，海拔在1 004~1 296米之间，是户外探险者进行登山、攀岩、户外生存的好去处。广东省有着最长的海岸线，这是其他省份无法比拟的，因此广东海洋资源丰富，分列着星罗棋布的岛屿，是开展漂流、划水、游泳、沙滩休闲等体育活动的良好场所。

2.人文资源

广东省内，广州市、潮州市是历史名城，佛山为四关名镇之一。岭南园林独具一格，此外，顺德晖园、番禺馀阴山房、东莞可园、佛山十二石齐为广东省的四大名园。

从整个广东省整体旅游景点的布局来看，人文、工程类旅游资源主要集中在一线城市或经济较为发达的城市，如广州、深圳、珠海、佛山等地，而自然旅游资源一般集中在经济欠发达城市或偏远的乡村地区，如清远、肇庆、梅州等。

3.体育赛事资源

广东省随着近年来的发展，体育资源愈发丰富，赛事活动种类花样繁多。国内外重大体育赛事的举办，不仅提升了广东省的形象、地位和品位，而且推动了城市的环境治理、经济建设、基础设施的全面发展，此外还大力发展了体育产业和旅游业。广东省独特的生态、人文、社会旅游资源充分与举办的这些体育赛事相结合，构成了全省庞大的体育旅游资源群，吸引到众多的国内外体育旅游者的前来，体育资源的合理开发与协调利用，促使广东省的旅游业更加多元化地发展，也促进了全省的经济发展。

（三）四川省可开发的体育旅游资源分布

1.自然资源

在我国的西南地区，四川盆地像一只巨大的玉盘落在了四川省的境内。四川省的周围被高山环绕，西边遍布着茂密的群山，崇山峻岭，层峦叠嶂，雪山、冰川、沼泽、高原、草原等密密麻麻的围绕其中。据统计，四川省境内海拔在5 000米以上的生态旅游区有20多个。川西有雪山和高原，川中有峨眉山，除了这些，对外开放的高山有贡嘎山、四姑娘山、岷山宝顶，这些富饶的山地资源尤其适合户外运动爱好者和探险者，他们可以进行登山、野外探险、徒步穿越以及春秋季的滑草、冬季的滑雪等。四川省众多的山地资源，为登山、攀岩、滑雪等体育旅游活动提供了天然的场所。

四川省也有众多的湖泊和河流，境内共有大小河流共1 419条，近千个天然湖泊，有22条河流流域面积达到10 000平方千米以上，具备开展游泳、漂流、划船、冲浪、垂钓等户外极限运动的条件，具备成为体育旅游资源的潜力和优势。

2.体育赛事资源

相比其他省份和直辖市，四川省的经济确实不太发达，加之四川省内高低起伏，大多数城市交通不够便利，因此在四川省的体育赛事不是很多。四川省少数民族同胞众多，自然环境优美，人们乐于进行体育活动。四川省举行的大型体育赛事不是很多，但并不代表四川不是体育的沃土。四川省原始环境的森林、湖泊、山峰众多，有着巨大的发展潜力，像一些休闲娱乐项目，如漂流、冰雪项目等可以尝试在四川发展。

3.民族体育资源

四川省民族体育资源十分丰富，四川的少数民族人民举办了众多活动，十分热闹，主要节日有彝族的火把节，傣族的泼水节。主要活动包括康定跑马山转山会、藏族理塘赛马会，新津、乐山五通桥等地的龙舟会，自贡的国际恐龙灯会等民族节庆。这些民间民俗活动不仅显示出体育民俗的文化氛围，具有独特的魅力，还能吸引到体育旅游者的目光，让他们具有深厚的兴趣前来旅游的外地游客可以亲自参加节日庆典活动，既可以亲身体验到民族传统体育活动，在运动中达到健身的效果，又能体验当地的风土人情，而这方面恰好对旅游者有更大的吸引力。

第三节 体育旅游资源开发的内容及价值

一、体育旅游资源开发的内容

（一）体育旅游资源开发的市场针对性

体育旅游资源的开发要考虑到当地的自然资源与人文资源条件，选取能利用到的体育旅游项目。一切准备开发和利用的资源和项目都要符合市场规律和客源的要求。体育旅游与一般意义上的旅游来说有一定区别,区别在于体育旅游活动有很强的参与性。因此,对于大众化的体育旅游资源来说,在开发商一定要考虑体育旅游者的运动能力,他们一般都是体育爱好者而非专业运动员,难度太大、危险程度过高会令人望而却步,如果在这种环境下进行也会有很大的风险。

极限探险、猎奇型体育旅游的参与者是旅游的先行者,对于他们来讲,体育旅游资源要具备新、奇、险的特点,要有挑战性和刺激性,只有这样才能满足他们的体育旅游需求。体育旅游资源对道路交通、旅游基础设施没有过多要求,但对户外生存、紧急救护、通讯联络有着很高的要求。

(二)体育旅游资源开发的可进入性

所谓可进入性是指旅游资源所在地同外界的交通联系及其内部交通条件的通畅和便利程度。体育旅游资源是不可移动的,这就促使体育旅游资源与潜在旅游市场形成了空间的距离,这种现象是影响体育旅游资源可进入性的重要因素。对于旅游资源的顺利开发,便利的交通条件无疑是至关重要的。就算旅游资源品位再高、质量再好,如果该地交通环境不便利,出行困难,其作为旅游吸引物和旅游对象物的应有价值终究不能实现。

对于可进入性的解决,不仅要建设车站、机场、码头、道路等必要的交通基础设施,而且还要合理安排相关交通手段。举个例子,在陆路交通中,光修马路是远远不够的,还必须有交通运输工具进行交通运输的运营,简单来说就是公交车、长途车、火车、高铁、游轮、飞机等运输工具,关键是让体育旅游者便捷地出入。只有这样,才能缩短空间距离。体育旅游资源的所处地区必须加强和外界的交流,当旅游者能够进得来,游得开,出得去,他们才有可能愿意到体育旅游资源中来,这是所有旅游活动进行的基础。

(三)建设和完善体育设施与旅游设施

1.建设体育设施

体育设施建设是开展一切体育旅游活动的基础和前提。它包括下列内容。

①开展体育旅游活动需要一定的设备和器材,如漂流所需的船、皮艇、皮筏、竹筏,滑雪运动需要的滑雪杖、滑雪板等用具,在出门前一定要购置好,当然有的体育旅游景点也会提供租赁服务。

②建设运动场所和相应的配套设施,如滑雪场中要建设不同坡度与长度的滑道,同时要配备登山缆车或牵引车等设施;

③做好体育旅游活动的安全与保障工作,对活动路线的安全程度,如漂流运动要做好河段水流变化情况与河床情况的检查,水上要配备救生员和救生服;攀岩运动在进行前要检查岩石是否松动,配备安全保险设备。

2.完善旅游接待设施

（1）旅游基础设施

体育旅游资源要向旅游者提供旅游基础设施，这类设施包括以下内容。

①一般公用事业设施，如供电系统、道路系统、供水系统、排污系统、通讯系统等基础设施，以及与这些内容相关的配套设施，如机场、火车站、码头、停车场等。

②满足人们生活所需的基本设施或条件，如便利店、银行、医院、邮局、派出所等。

对于在待开发的旅游处女地和尚未深入开发旅游资源的地段，建设基础设施的重要性和必要性是显而易见的。但在实际情况中，被开发地区这些设施上都有一定的基础。然而这些之前具有的基础设施，在效率、数量和布局上，大都是在发展旅游业之前根据本地人口的规模程度进行规划和设计的。随着外来游客越来越多的涌入，供不应求的现象是迟早要出现的，因而需要进一步对体育旅游设施进行扩建、改建和新建。

（2）旅游服务设施

旅游服务设施是那些当地居民可以利用，但主要供应给外来游者使用的服务设施。换言之，如果这个地方没有那么多的旅游者，那么这些设施要么使用效率低，要么根本没人使用，早晚会失去存在意义。旅游服务设施主要包括酒店、咨询中心、纪念品商店、相关娱乐场所等。由于这些设施是为旅游者服务的，因此要考虑到游客的需求、生活习惯和价值观念进行设计、规划和建造，并提高配套服务。

（四）培训提供专业服务人员

旅游地点的服务质量高低，在一定程度上会决定着游客的吸引力的高低，进而影响游客数量。因此，对于体育旅游资源来说，培养具有专业水平的服务人员也是一项必须要落实的工作。体育旅游更加具有刺激性、挑战性和参与性，体育旅游者在活动过程中并不是时刻保持稳定的，或多或少都有心理活动，会形成不同的情绪态度，他们需要相关人员帮助他们克服心里的不良反应，需要专业的体育旅游服务人员进行安全技术指导、活动的救援与保护、导游讲解等各项服务。

二、体育旅游资源开发的价值

（一）体育旅游资源开发的重要性

当某个旅游景点进行初步开发后，由于符合游客的兴趣和需要，吸引力不断增大，旅游者的人数在短期内不断增加，形成盛况。但是随着时间的流逝，供需两方面都会出现一定的变化。比如，供给方面，即体育旅游资源方可能会出现因为游客过多而导致环境污染、接待能力不足、旅游服务质量下降，这些就会慢慢地减小自身的吸引力。对于需求方面，也就是游客来说，则可能会因流行、潮流的变化出现兴趣降低的现象。换言之，旅游者一开始从吸引物那里得到了自身的满足感，因而希望寻求新的满足。所有这些情况，尤其是游客的变化，最终会导致旅游资源吸引力的下降。从理论上讲，旅游资源是有一个生命周期的，终将会有终结的那天，或早或晚。但是在实际的实践中，旅游设施的开发者则可以想方设法运用各种手段和措施让这一天来的尽可能的晚一些，主要方法还是采用更多的营销、运营、推广等手段，让旅游资源焕然一新，更具吸引力，使其经常变化，而不是固定不变，这样才会有更强的生命力。对于现实的体育旅游资源，特别是长期发展的体育旅游资源，同样也需要结合自己的实际情况尝试再生性开发。这种开发的直接目的则是巩固和提高自身吸引力。

（二）体育旅游资源价值的决定因素

对于体育旅游资源的价值的认知，以及体育旅游啰价值的决定因素，要从发展旅游业的角度去理解和认识。体育游资源的根本价值还是因为自身作为一种旅游景点对游客吸引力，在于其对旅游者的吸引功能。衡量体育旅游资源价值的唯一量化标准是吸引游客的数量。

一项体育旅游资源的价值取决于自身的质量和坐落地点的综合影响。

所谓自身的质量，是指体育旅游资源有什么特色，有什么与众不同之处。在不考虑其他影响因素的条件下，一项体育旅游资源越独特、越有特色，那么它的价值也就越大，反之则越小。

所谓的坐落地点，指的是体育旅游资源所处的地理位置。坐落地点能决定该项体育旅游资源距离游客的远近，以及体育旅游资源可进入性的程度。在相同的交通运输环境下，距离主要旅游客源地区更近，其价值通常都大于距离较远的旅游地点。

如果交通运输环境不同，对于那些距离主要客源地区较近的地点来说，解决和改善可进入性的难度相对较低。距主要旅游客源地区较远的旅游资源在价值上可能较差，但距主要旅游客源地区较近的旅游资源的价值要低一些。对于质量伯仲之间的两项旅游资源，由于距主要旅游客源地区远近的不同，在价值上往往会表现出较大的差距。

因此，可以认为整个国家旅游业发展水平的提升，最根本的条件在于建设更高质量的旅游资源，在于选择更好的地理位置和提高可进入性程度。所以在开发体育旅游资源时，要对旅游市场、主要客源地区居民进行考察，也要让主要客源地居民和市场对体育旅游资源进行了解。

第四节　体育旅游资源开发的评价及原则

一、体育旅游资源开发的评价

（一）评价目的

①通过对体育旅游资源的规模、功能、质量、结构、类型、性质的评价，来确定体育旅游资源的质量水平，评估它在开发建设中的定位，以便为之后旅游资源的开发

提供经验和依据，同时也为之前已开发的或部分开发的老旅游区的改造、扩建工作提供依据。

②通过对某个区域中所有体育旅游资源进行综合评价，为合理利用资源、整体规划布局、提升整个区域的宏观效应提供经验，为不同旅游资源的建设的先后顺序提供参考。

③在开发体育旅游资源之前，首先应对其进行考察、评价，分析该旅游项目是否可行，确定其利用价值、吸引力和规模。

（二）评价标准

1. 体育旅游资源本质评价

对体育旅游资源本质进行评价，就是对其是否具有美、特、奇、奥、险等特性进行评价。

①美是体育旅游资源具有的令人精神愉悦的特性，让游客获得美的感受的形式。通过分析地点中的环境、景物是否具有美感以及是否具有运动美来评价其观赏价值，美的程度是体育旅游资源能够吸引到体育旅游者的因素之一。

②特是体育旅游资源项目的独特性。对区域内的同类项目和可能开发的资源情况进行简要分析，看看这些资源是否有独特的品质，体育旅游活动的内容是否有创新，是否可给旅游者带来刺激、快乐等积极的情感体验，是否能让游客留下深刻印象，流连忘返。

③奇是体育旅游资源具有的非比寻常的，足以体现大自然鬼斧神工的品质。在大自然中，一些神奇的景观光怪陆离，奇异多变。具有这种品质的体育旅游资源常使人叹为观止，被深深地折服。

④奥要求景观复杂封闭、扑朔迷离，或隐天蔽日、深入不毛、溶洞棋布，或一览无垠、人烟稀少，或神奇魔幻、古色古香等，这些都会影响游客的吸引程度。

⑤险要求体育旅游资源中开发的运动项目要具备一定的挑战性和刺激性。面向大部分游客的体育旅游资源应该是让游客体验到"有惊无险"的感觉，而针对极限体育、户外运动爱好者的户外项目则可以加大刺激性，如漂流、攀冰或徒步远足等。结合这些项目的难易程度，对旅游资源的地质与地貌进行勘察和分析。这类活动的场地通常是地形陡峭，气势磅礴，坡度大，道路狭窄，通过场地景观的评价对体育旅游活动内容进行全面评估。

2. 体育旅游环境评价

主要评价体育旅游资源与旅游区域的协调性。根据体育旅游资源中的可开发项目与周边地区旅游景点环境的协调程度和旅游资源中可利用和开发的土地情况，进行可进入性分析。此外，还要分析与评价社会与经济环境，分析体育旅游对环境的破坏程度和污染状况。

3. 体育旅游市场标准

结合体育旅游资源的社会属性特征，采用市场标准对准备开发的体育旅游资源进行评价，主要是分析体育旅游资源开发之后对客源市场的吸引力可能有多大。

4.体育旅游项目标准

体育旅游项目标准是根据体育运动各项目的具体标准与要求，对体育旅游资源进行评价。

（三）评价方法

对于体育旅游资源来说，评价方法多种多样，重点是对体育旅游项目开展是否可行进行综合评价，即对体育旅游所依托的旅游资源进行评价。

比如体育旅游与地形适宜性评估，体育旅游与洞穴的评价，体育旅游与海滩和海水浴场评价，体育旅游资源的安全性评价，体育旅游气候分析，体育旅游与河流湖泊的评价等。

此外，还可以对具体的某项内容进行分析，如对滑雪旅游资源的技术性进行评估，它包括滑雪项目与周边环境的分析，项目的积雪深度、时间、海拔、坡度、温度、风力等内容的分析。

二、体育旅游资源开发的原则

（一）保护性开发与利用原则

开发资源是为了充分利用资源，发挥出它的价值和效益。开发的过程中对某些旅游资源来说，开发就意味着一定的损耗和破坏。因此，要在开发过程中树立开发与保护的可持续性发展的意识，开发人员和开发商要知道"没有开发的保护是没有根基的保护，没有保护的开发是不可持续的开发"。体育旅游资源的建设者必须目光长远，对项目的环境、社会文化、经济效益进行总体评价，在开发过程中把对环境的影响降低到最低。

在体育旅游资源的建设内容中要遵守保护性开发原则。一方面，要控制住改变资源价值结构的项目，可以在附属设施的投资上多做文章，去改变旅游资源的可进入性，相关功能设施的建设也要以不破坏旅游资源的审美与愉悦价值为前提。另一方面，在挖掘体育旅游资源的潜力时，也要谋求其内涵、形式与资源的整体协调。

保护性开发并不意味着绝对性质上的保护。开发始终是目的，但保护是开发的前提。不管何种体育旅游资源，不管它依存是自然旅游资源还是人文旅游资源，如果不加以保护，最终都将丧失开发和经营赖以存在的基础。

（二）经济与效益的原则

对体育旅游资源的开发要服从当地经济发展的总体规划，要知道，区域内并不是所有资源都有开发利用的价值。开发时，既要考虑当地政府和企业的经济实力，又要考虑开发项目的投资效益。以体育的投资设施来说，大众的健身锻炼、娱乐旅游投资很大，但参与人数众多，回收较快；极限和探险项目普及程度低，参与人数少，收回投资较慢。

开发时，要尽可能利用已开发、已利用的旅游点，这样可以减少旅游基础建设的投资，加大品牌的知名度和影响力。所以，在开发体育旅游资源时，要协调好各方面的因素，不能只关注一方面而影响了其他方面。应把旅游资源视为一种稀缺的资源，把旅游企业经营理解成影响各集团和利益的社会活动，把企业的利益放入到集体利益之中，旅游企业才会可持续发展。

（三）总体规划原则

体育旅游资源开发工作具备系统性和工程性，它涉及多个部门，在过程中会遇到很多问题，所以要坚持总体规划原则，进行统筹安排，避免局部错误导致满盘皆输。

体育旅游资源的总体规划涉及资源的数量、质量、特点、区位等各个方面，同时把握体育旅游资源与其他因素的协调一致，对市场情况进行预估和评测，确定投资规模与力度等，在可持续发展的前提下确保资源的开发与利用。

（四）突出独特性的原则

体育旅游资源的开发首先要考虑的因素是对体育旅游者的吸引力。吸引力的大小要看体育旅游资源本身是否具有独特性。体育旅游资源不管如何形成，都要尽可能地保持它的原始风貌，突出体育与自然、人文结合的特性，努力体育项目与大自然完美相结合，同时反映出当地的文化传统和民族性。

第五节　我国体育旅游资源开发的模式研究

一、资源型开发模式

资源型开发模式是依托区域内现存的自然资源和人文资源去开发体育旅游。国内很多的体育旅游资源都是依靠当地的丰厚的自然资源进行就地取材，进行发展和利用。

体育旅游的人文资源基本也用这种开发模式，在我国每个民族、每个地区都形成了独特的民俗体育活动，如汉族的赛龙舟、湖北清江闯滩节、内蒙古那达慕大会等，是依靠当地人文资源为基础逐渐发展壮大的。

还有一种特殊的体育旅游资源涉及了特殊的自然资源和人文资源。2008年成功举办北京奥运会后，为了办奥运而新建的体育场馆在奥运会结束后不闲置，可以在满足自身发展的保障下积极对市民开放，为市民提供有偿服务，组织和开展各种形式的群众性体育比赛活动，在满足自身盈利的情况下服务当地百姓。同时，通过奥运会带来的知名度和自身先进的硬件条件，借鉴国际国内场馆运营的成功经验，把场馆开发得更加市场化。目前，国家奥体中心已经开发的项目有观光旅游、商业性文艺演出、文化体育服务、旅游产品销售、租赁用车服务等，之后还将陆续推出宾馆服务、餐饮、广告等项目。这种同样是以人文资源为基础的体育旅游设施也在不断发展。

二、市场型开发模式

市场型开发模式在考虑消费者的需求的基础上，通过研发来开发体育旅游产品。不同消费者在性别、年龄、职业、民族、文化教育程度、社会地位等因素上各不相同，其体育消费需求也千差万别。资料显示，现代女性主要会在一些观赏性、娱乐性较强的体育项目和富有美感和趣味性的活动上进行消费；现代男性往往更愿意参加一些亲身参与性强的项目；年轻人喜欢富有冒险和刺激性的项目；老年人更倾向选择一些柔和的、修养身心的健康性项目。此外，很多外国人对中国的民俗体育旅游产品有着浓厚的兴趣。因此，目标群体不同，体育旅游产品、产品开发的策略和作用也各不相同。

通过市场，对国内体育旅游的状况进行认真分析、研究，可以积极挖掘并开发出以生态环境为主要依托的体育旅游产品，如登山休闲旅游、垂钓休闲旅游、化学休闲旅游，开发过程中要考虑满足不同年龄和不同阶层消费群体的需求。同时，积极建设旅游设施并加大投入力度，以及完善综合配套服务，在此基础上深入挖掘体育旅游文化内涵，从而扩大体育旅游资源的影响力和知名度，在形成一定规模后可以建造体育明星的博物馆、体育传奇的雕塑馆，进一步增加体育旅游者的吸引力；此外，也可以结合市场型模式，策划节日活动，培育体育旅游节庆产品。

三、创新型开发模式

创新型开发模式要求打破现有的固定发展模式，关键在于把体育旅游产品及其形象塑造出创新的形式。在体育旅游市场形成的初期，企业或资源的知名度几乎为零，吸引到的游客相当有限，通过包装和策划体育旅游产品的形象，可以使富有创意的新型体育旅游产品开发得以延伸和发展。

（一）新兴型项目

社会在大踏步发展，许多新兴事物应运而生，传统的旅游和休闲活动方式满足不了正在成长的年轻人的需求。为了适应新的时代潮流，开发符合新潮流的旅游项目是体育旅游开发者要做的事情，其中主要是适合青年人的新的体育旅游项目，主要包括军事体育项目和极限训练等。

（二）移植型项目

移植型项目是引入一些本地尚未开展过的旅游项目，这不但可以扩大体育旅游的内容范围，也可以让广大的群众和体育旅游爱好者享受新项目的乐趣，这种案例最典型的是发展冰上运动，此外还有滑草、滑沙、马术、马球等多种开展较少的运动项目。

（三）外向效益型项目

改革开放之后，来到中国进行旅游观光的外国朋友与日俱增，体育旅游可以考虑到国外游客的特殊需要，独辟蹊径的开辟一些外国流行的运动项目，吸引日、韩、东南亚、欧美的旅游者观光，发展和挖掘他们的经济效益。外向效益型开发的典型代表是高尔夫球、网球项目的开发。

（四）其它项目

1. 积极引进和举办国内外高水平的体育赛事

大型赛事是体育旅游最大和最直接的推动力，在各个国家都得到了证明。成功举办一次大型体育赛事能够带动一条集交通、餐饮、住宿、购物等为一体的产业消费链，给举办地区带来巨大的经济效益和社会影响。

2. 互动特色项目

美国职业篮球联赛自引入中国以来在数年内得到巨大的反响，激发了中国人爱篮球的热情，因而可以将篮球切入点来设计各种旅游产品，如篮球赛事、篮球观战等。大众赛事可以尝试修改比赛规则，增强赛事的娱乐性，发掘创新形式；还可邀请明星球员参加友谊赛，利用明星的宣传推广效应，将群众篮球中让球星"与民同游"以此获得创新。

总体来说，本节阐述的这三种模式均可采纳，但是要注意的是任何一种模式都有自身的局限性。

比如资源型开发模式，仅通过水上资源引入体育旅游产业，这种方法的缺点是内容过于单一，很难发展壮大。

市场型开发模式对市场没有深入挖掘，仅针对年龄性别研究体育旅游产品，没有充分结合到地域区位特点和客源特点。

创新型开发模式来说，虽然有众多的新生体育旅游项目，但不容易形成系统，项目热点非常散乱，不足以烘托体育旅游产业的效果。

第五章 体育旅游资源的整合、管理与可持续发展

第一节 体育旅游资源的开发与整合

一、体育旅游资源的开发、利用与保护

(一) 体育旅游资源开发利用的价值体现

所谓体育旅游资源开发与利用，是指人们为了发挥、改善和提高体育旅游资源的吸引力所从事的开拓和建设活动。为了对这一概念有更加深入的理解，可以从两个方面来剖析：一是改变体育旅游资源的可进入性，对于尚未被利用的资源变成能为体育旅游者所用；二是已被部分利用的资源在其利用的广度与深度上得到加强。

旅游资源开发所涉及的对象主要有两个方面：一个是现实的旅游资源，一个是潜在的旅游资源。潜在的旅游资源向现实的旅游资源的转化，是需要进行初始开发和建设的，这是必不可少的重要程序。

众所周知，体育旅游资源的吸引力实际上是体育旅游者主观兴趣的反映。经初始开发后的旅游景点由于适应当时游客的兴趣和需要而吸引力逐渐增大，因而来访的旅游者人数也逐渐增多并形成盛况。但是，随着时间的进展，供需两方面往往都会产生新的变化。

从理论上来说，以某项旅游资源为核心的一个旅游点的生命周期是有终点的，只不过是有的早一些，有的晚一些罢了。从实践上来说，人们主要不断进行开发，不断更新和再生其吸引力，就能够使其市场寿命得到有效延长。

(二) 体育旅游资源的保护

体育旅游资源不仅需要开发利用，还需要对其加以保护。所保护的内容主要为：旅游吸引物本身以及周围环境。从某种意义上来说，对体育旅游资源的保护，不仅是保护旅游资源，同时也是对体育旅游本身的保护。

一般地,体育旅游资源是通过两种方式被破坏或损害的:一个是自然性破坏,主要是指地震、洪水、泥石流等自然灾害,以及日久天长的风化作用等;一个是人为性损害,究其根源分为建设性破坏和游客带来的破坏以及过度开发的破坏。鉴于此,保护体育旅游资源工作迫在眉睫,要引起重视。具体来说,可以从以下几个方面着手来对体育旅游资源加以保护。

1.加强区域旅游规划工作

在进行体育旅游资源的开发工作之前,首先要做的,就是细致的可行性研究,对当地情况作深入的调查;其次,要对当地现有的水陆交通工具和运输量,宾馆、饭店、水电供应、通讯、周边游览网点、可进入性、项目吸引力等各方面情况进行准确分析和预测,将各种相应的措施制定出来。除此之外,还要学会对体育旅游容量进行科学制定,尽可能降低体育旅游对资源的不利影响。

2.以防为主,变被动为主动

对旅游资源的保护有两种:一种是消极或被动的保护,也就是所谓的"治";一种是积极或主动的保护,就是所谓的"防"。具体应遵循的原则为:以"防"为主,以"治"为辅,"防""治"结合,通过法律、行政、经济和技术等方面手段的运用,来加强对旅游资源的管理和保护。

一般的,可以通过必要的技术措施来有效预防因自然原因而可能带来的危害发生。另外,则可以通过经常检查,及时发现因条件限制不易采取类似措施的旅游资源问题,并及时进行治理。

3.杜绝人为破坏

通过对体育旅游资源的人为破坏原因的分析,可以将破坏的根源找出来。要使这一问题得到妥善解决,首先需要加强体育旅游资源保护意识与知识的宣传教育,提高旅游者自身的意识和综合素质。应该说,只有当旅游者对体育旅游资源的重要性有深刻的理解,并且意识到这是千百万年自然造化与人类文化遗产的精髓,了解人类生存与自然的关系,才能从根本上杜绝人为破坏,才能更好地保护体育旅游资源。

4.大力开展对旅游资源保护的研究和人才培养

人才的培养是所有事物发展都要重视的一个方面。由于体育旅游资源类型多、分布广、引起破坏的因素多,涉及的技术复杂,这也就决定了体育旅游资源保护的必要性,特别是体育旅游活动直接对资源的破坏是一项重要的科研课题,同时,专业人才在体育旅游资源保护中会起到不可替代的作用,这就要求借助各种方式和途径,来对体育旅游资源保护的专门人才加以培养和发展,从而为体育旅游资源的发展奠定坚实的人力基础。

5.健全法制法规

当今社会,对旅游资源保护已经成为世界各国决策者都普遍重视的重要问题,并且在近期的一段时间内,已经逐渐出台了一系列的相关法律法规来对体育旅游保护加以支持。加大执法力度，对损害和破坏旅游资源的单位和个人给予行政处罚和经济处罚，对造成严重破坏者，追究有关人员的法律责任。

二、体育旅游资源的整合

（一）体育旅游资源整合的意义

1. 对旅游产业升级有利

旅游产业升级的实现，是需要一定基础的，而这主要是指体育旅游资源。改革开放至今，我国开发建设了大量各种类型的旅游景区（点），但是旅游资源空间结构相对松散、同类旅游资源重复开发、旅游资源产业链条简单、特定区域旅游资源缺乏主题、"门票经济"现象严重等诸多问题仍然存在。因此，只有将这些方面的问题妥善解决好，旅游产业升级才有可能实现，而旅游资源整合提供了有效的思路和手段。旅游资源整合能够集合单体旅游资源优势，合理分工、有效互补、容易实现规模优势与集群优势，从而夯实旅游产业升级的资源基础。

2. 对促进区域协调发展有利

在世界经济全球化与区域化的背景下，旅游业的竞争已经从景点竞争、旅游线路竞争、旅游目的地竞争发展到区域竞争。随着人们可支配收入的提高和闲暇时间的增多，旅游者对进行深度旅游、个性旅游的倾向性更强一些，因而这就对旅游资源的品级、质量等提出了更高的要求。要实现旅游资源整合，就必须打破地域限制、行政分割，使对旅游资源点和资源区的划分和布局更加科学合理，保证区域旅游活动内容的丰富性和层次的多元化，使不同旅游者的各项需求都能得到满足。

3. 对形成区域品牌形象有利

当前经过不断开发和发展，旅游资源越来越丰富，再加上各方面宣传的大力推行，旅游者在选择旅游目的地时，往往会有太多的选择。这时候，那些内涵丰富、鲜明生动的旅游形象往往会对旅游者的选择产生决定性的影响。

一般来说，在一定区域范围内，往往会有若干个旅游资源单体同时存在，但是，它们的旅游形象却各有不同，带给旅游者的印象通常是碎片式的。在这种情况下，就需要进行体育旅游资源的整合，这样，能够在全面分析各种旅游资源特点的同时，将它们之间的共性找出来，设定出鲜明的主题，对资源进行重新组合，将各方面的优势集合起来，塑造区域形象，从而促使品牌优势的形成。

（二）体育旅游资源整合的原则

在体育旅游资源整合过程中，需要遵循以下几个方面的原则：

1. 整体优化原则

整体优化原则强调整合过程中，要对各旅游资源要素之间相互依存、相生相养、共同发展的关系引起高度重视。

整体优化原则与各旅游资源单体之间，尽管有着一定的关联性，但是，两者并不是处于同一层面的，在开发时序上也不是齐头并进的。在整合、开发区域旅游资源时，一定要注意站在战略高度进行，这样对于准确把握区域旅游资源的整体特点、主导优势、内部差异与互补、周边环境状态、与他域之间的比较优势等是非常有利的，同时还要进行区域整合的整体运作，由此，才能够实现旅游资源经济、社会与环境效应的最大化。

2. 协调互补原则

在体育旅游资源的整合过程中遵循协调互补原则，实际上就是要求对同类旅游资源的错位开发与异类旅游资源的优势互补起到积极的促进作用，从而形成品种丰富、层次多样、功能完善、适应多种不同需求的旅游产品体系，提高区域旅游核心竞争力。

在对体育旅游资源进行整合时，一定要有全局观，并且以此为出发点，积极探索有被替代可能性的旅游资源的发展路径，从而使恶性竞争对区域旅游形象和利益的影响得到有效避免。

一般来说，体育旅游资源有着非常显著的天然的互补性特点，对此进行整合，实际上就是将不同类型旅游资源中的共同性找出来，然后根据得出的结论来进行相应主题的开发，并且将开发出的体育旅游资源按照一定的规律和特点衔接和串联起来，形成游客心目中整体的旅游形象，促进各旅游景区（点）高效互动，塑造区域旅游品牌，从而使区域旅游发展的良性循环得到有力保障。

3. 市场导向原则

市场导向原则所重视的，不仅仅是体育旅游资源整合过程中，随着市场需求的不断变化而对旅游资源各个方面的适当调整，还要尽可能提高旅游资源效用值，从而使游客的感受和需求都得到满足。

在对体育旅游资源进行整合开发之前，首先要进行客观、细致的市场调查，通过对市场动向的准确掌握，来为开发和整合工作的开展奠定坚实的理论基础。在整合和开发实施过程中，需要随时根据市场的变化来对具体的实施内容加以调整，从而使区域旅游竞争力得到保证。这就体现出了市场导向原则。

4. 以人为本原则

近年来，"以人为本"在越来越多的领域被提及，可见其重要性。"以人为本，和谐旅游"是旅游发展的重要宗旨，对于体育旅游资源整合来说，也要求以人为本，统筹兼顾、持续发展。因而，在整合体育旅游资源的过程中，要注意对各要素内在联系的把握的准确性，同时还要体现出旅游资源开发的地域组织规律；要统筹区域旅游的当前利益与长远利益，同时又要兼顾局部利益与全局利益；要使旅游者的旅游需求得到充分满足，同时又尊重社区居民的感受。

5. 政府主导原则

政府在体育旅游资源的开发过程中所起到的主导作用是自始至终的，且在各个方面都有所体现。体育旅游资源整合的主体包含着多方面,既有资源的所有者,也有管理者或经营者,但是,旅游资源的实际所有权仍然掌握在管理的各级地方政府手中。因此,这就要求行政区政府应在资源整合中,将自身的倡导者和组织者身份和作用充分发挥出来。

(三) 体育旅游资源整合的形式与内容

1.空间整合

按照行政区这一标准,可以将体育旅游资源的空间整合的空间尺度大致分为超国家尺度、国家尺度、省(市)尺度、市(县)尺度、乡镇尺度等。跨行政区共生旅游资源空间整合和旅游资源密集区空间整合是其中的两个主要内容。

(1) 跨行政区共生旅游资源空间整合

所谓的跨行政区共生的旅游资源,就是旅游资源所依托的地域被行政区划分到了不同的行政区,旅游资源为两个或两个以上行政区共有,由不同的行政区分别对各部分行使管理使用权和行政管辖权的旅游资源。

跨行政区共生旅游资源本身就是一种特殊的旅游资源,其显著特征主要包括地理位置相邻性、资源类型共同性、资源开发相互依赖性、利益主体复杂性等。目前,可以通过行政划拨重新配置、组建联合管理机构、构建区间旅游通道、重组区域旅游产品、旅游企业集约经营等途径来对跨行政区共生旅游资源加以整合。

(2) 旅游资源密集区空间整合

旅游资源密集区域往往具有丰富的旅游资源,其也会因此而得到政府和旅游开发商的青睐,优先得到发展,周围不断集聚为旅游服务的旅游企业群体,以及相应配套的其他旅游服务设施。但是,由于各个景区点的主管单位及开发商不同,难免形成各自为政、独立发展的混乱局面,又由于所处地缘相近、文化相亲,所以在开发上难免形象主题趋同,导致这些问题出现的根本性原则都在于开发过程中统筹整合的欠缺。

2.主题整合

所谓的主题整合,主要是指在某一个区域内,以旅游资源的总体特点和市场状况为主要依据,制定出旅游产业的发展方向和战略,并将区域旅游的主题和形象确定下来,借此来使区域内的旅游资源得以重组,使其能够与区域旅游的主题相适应、相结合,形成鲜明的旅游形象,打造最具市场竞争力的核心产品,形成有吸引力的旅游目的地。主题整合可以是一个主题框架下的系统整合,也可以是两个或多个主题的交叉整合。当前,较为热门的旅游主题的体育旅游资源整合内容主要有以下几个方面:

(1) 生态旅游资源整合

当前,关于生态旅游还没有形成统一的认知,但是,有几个方面是达成共识的。第一,旅游地主要为生态环境良好、文化气息浓郁的地区;第二,旅游者、当地居民、旅游经营管理者等的环境意识较强;第三,旅游对环境产生的负面影响较小;第四,旅游能在资金上为环境保护提供支持;第五,当地居民能参与旅游开发与管理并分享其经济利益，这对当地环境保护也是有所助益的；第六，生态旅游对旅游者和当地社区等能起到环境教育作用；第七，生态旅游是一种新型的、可持续的旅游活动。具体来说，生态旅游资源整合的内容主要包括：内容整合——去伪存真；空间整合——功能分区；机制整合——社区参与。

（2）节庆旅游资源整合

在一定区域范围内对旅游产生吸引力，经开发规划后成为吸引旅游者的动态文化吸引物的各种节事庆典活动的总和，就是所谓的节庆旅游资源。通常情况下，这些活动是规模不一的，在特定区域内定期或不定期举行，且围绕特定的主题开展丰富多彩的旅游项目，以其独特的节事活动吸引大量游客，从而提高旅游目的地的知名度，并产生效果不等的轰动效应。需要注意的是，由于对节庆活动的良好预期，我国各地的政府纷纷举办节庆活动，呈现出一片热闹景象。大多数的节事活动未能从战略高度和地域特色的角度定位，旅游节、美食节、服装节、文化节千篇一律，活动形式往往是大同小异，难以真正起到塑造和传播城市形象和影响的作用。鉴于这些情况，就需要运用整合的思维和手段来加以解决。一般来说，节庆旅游资源的整合内容主要包括：产品体系的主题化；时间安排的序列化；空间布局的协同化三个方面。

（3）水域旅游资源整合

水域旅游资源是相对于陆地旅游资源而言的，一般来说，江、河、湖、海、水库、渠道等类型旅游资源都属于水域旅游资源的范畴，从空间上来说，其主要包含水上、水下和沿岸三个部分。水域旅游资源具有显著的综合性和复杂性特点，因而，这就需要通过整合的理念和方法的运用，合理安排整体中的每一个局部，以求达到整体的优化。在整合过程中，需要对水域旅游资源的四大特性加以注意：即跨界流动性、空间敞开性、水陆关联性、构景多元性。

3.文化整合

旅游文化是满足旅游者求新、求知、求乐、求美欲望的综合文化现象。所谓的旅游文化，通常就是指能直接或间接为旅游服务的文化，它应纳入旅游文化范围的，是反映目的地独特形象的文化，特色旅游文化往往形成目的地核心竞争优势。其中，我国较为典型的当属上海的海派文化、山西的晋商文化、南京的民国文化、瑞金的红色文化、郴州的福地文化、武夷山的茶文化等。但是，不可忽视的是，邻近区域难免具有共同的文化大类，这就要求通过文化整合，在"大同"中求"小异"，从而达到有效规避资源同构，谋求区域共赢。

（四）体育旅游资源整合的机制与模式

1.体育旅游资源整合台机制

（1）旅游资源的空间共生性是整合的内动力

体育旅游资源是存在于一定的空间中的，而在其所在的一定地域范围内必然存在着其他体育旅游资源，可能是同类的体育旅游资源，也可能是异类的体育旅游资源。

同类的旅游资源通常以竞争的形态存在，需要整合协调、错位发展，避免恶性竞争。异类旅游资源，往往存在差异性，在内容上是天然互补的，但通常风格不一，主题各异。鉴于此，就要求对异类旅游资源进行整合，挖掘区域特色，形成区域整体形象。由此可见，一定区域范围内，不同旅游资源之间有一种天然的空间共生性，既相互竞争，又相互依附，不可分割。这种天然共生性具有互补效应和整体效应，在客观上决定了在进行旅游资源开发的过程中，必须有所取舍，必须协调整合，这样"整体大于部分之和"的优化效果才能得以实现。

（2）市场机制是旅游资源整合的外动力

市场效应是一个衡量旅游资源开发成功与否的重要衡量指标，旅游者在旅游的过程中对旅游景区（点）的组合串联有一个自然的选择过程。旅行社推出的旅游产品（线路）会接受市场的检验，不断的拆分、增减、重组各种旅游资源以满足市场的需要。同时，随着自助游、自驾游等新兴旅游形态的兴起，网络上出现了很多"驴友"提供的自助游/自驾游攻略、游记、贴士等内容丰富的旅游信息。这部分信息也在一定程度上将旅游者对旅游资源的个性化选择与整合反映了出来，当相似的信息不断的累积到一定数量，就会转变成市场的需求动向。旅游资源开发管理者会研究这些瞬息万变的市场信息，然后做出调整，或者重组旅游资源，或者在原有资源基础上开发新资源融入其中。应该说，是市场需求引发了旅游资源开发主体的整合行为，这对旅游资源整合的路径和方向产生一定的决定性影响。

（3）政府规制是整合的主导力

从理论上讲，市场是资源配置的最佳手段。但是市场所产生的作用是有限的，即使是在发达的市场经济国家，市场失灵的问题也仍然会存在，不会因为市场的调节而消失不见。更何况，社会主义市场经济体制在我国刚刚建立，尚不完善，存在着一定的弱点和不足，因此，单纯靠市场来进行旅游资源的配置是行不通的，这也就对旅游资源整合还应加强政府的主导行为起到了决定性的影响。可以说，实行政府主导，不仅是理性的，而且是必要的和迫切的。

具体来说，政府首先要对区域旅游资源整合重要性有所了解和认识，并且合理界定发挥主导作用的范围和方式，换句话说，就是要求政府在突出企业主导的基础上，建立政府主导和企业主导的协调平衡机制。

2.体育旅游资源整合模式

（1）旅游资源整合主体的组织模式

实际上，旅游资源的整合就是旅游产业主体的经济活动在区域空间上的表现，是利益相关者基于自身利益和达成共识后共同参与的一种经济活动。

由于旅游资源的区域性特征.以及其管理主体和经营主体的不同，使得在整合过程中往往涉及多个利益主体的多回合博弈。因此，这就要求体育旅游资源的整合必须有一个健全、合理、高效的组织机构或组织形态作为保证.这样整合的预期效果才有可能取得。目前，我国体育旅游资源整合主体的组织模式主要有临时联盟、契约合作、企业集团等这几种。

（2）旅游资源整合的空间模式

旅游资源整合的结果一定会在一定的外在空间形态上得到体现。各个区域在旅游资源开发的初始阶段，由于资源要素分布、交通设施条件、区域政策、发展阶段等因素方面存在着一定的差异性，往往呈现出离散的特点。由于这种离散态并不是最优的，所以在旅游资源空间共生性、市场机制、政府规制等驱动力下必然会发生旅游资源的整合优化。

用系统和发展的眼光看，整合的空间形态一般呈现出递进的特点，遵循"点轴状—圈层状—网络状"的演变规律，通过认识不同阶段与不同条件下的旅游资源空间形态，对采取针对性措施，优化整合效果是非常有帮助的。

一般来说，旅游资源整合的空间模式有很多种，其中较为主要的有点—轴状的空间模式、圈层结构空间模式、梯度网络空间模式这几种。

第二节　体育旅游资源管理与可持续发展

体育旅游资源是体育旅游发展的重要前提。只有开发和挖掘出一定的旅游资源，体育旅游才能在此基础上进行进一步的整合、管理，才能够在不断开发、整合、管理的过程中得到可持续发展。体育旅游资源的管理和可持续发展，是在体育旅游资源的开发和整合基础上进行的，这也是其最终目的所在。本章首先对体育旅游资源管理和可持续发展的基本理论进行了阐述，在此基础上，重点对体育旅游资源管理的实施和可持续发展进行了剖析和研究，由此，能够对体育旅游资源有更进一步的理解和掌握，对后面我国体育旅游的不同类型发展起到积极的指导作用。

一、体育旅游资源管理与可持续发展的理论基础

（一）体育旅游资源管理的基础理论

1.体育旅游资源管理的含义解析

要对体育旅游资源管理的含义进行解析，首先要了解体育管理，具体来说，就是具有一定的管理权力的组织和个人，科学、系统地计划、组织、协调、控制、监督体育系统的相关要素。其主要涉及人、财、物、信息、时间等方面的过程。

由此，将体育管理与体育旅游资源结合起来，就能引申出体育旅游资源管理的含义，具体来说，就是体育旅游资源相关的管理组织或个人，科学、系统地计划、组织、协调、控制、监督体育旅游系统的各个要素的过程。

体育旅游资源本身就具有显著的复杂性，因此，在进行这方面的管理时，就需要做多方面的工作，从而保证管理的全面性。在管理其内容的各个子系统进行时，一定

要与体育旅游资源管理的总目标结合起来，并且两者是一致的。在对各子系统进行管理时，要积极努力，从而积极促进体育管理总系统目标的达成。

2.体育旅游资源管理的基本要素

一般地，体育旅游资源管理的要素主要有两个方面：一个是管理对象，一个是管理手段。具体如下：

（1）管理对象

体育旅游资源管理的对象，所指的就是管理活动的承受者，具体来说，就是指人、财、物、时间和信息。

①人。

不管是什么样的活动，人都是参与的主体，对于体育旅游资源管理来说，亦是如此。体育旅游资源管理的操作者就是人，可以说，离开了人，体育旅游资源管理活动就无法进行。因此，可以认为人是体育管理系统中最重要、最核心的因素。

具体的，在体育旅游资源管理活动中，"人"实际上指的通常是体育旅游工作的操作者。人的重要性不仅体现在体育旅游资源管理组织机构组成和执行上，还体现在具体实施中的目标和计划的制订上。

②财。

资金的支持，是事物发展的一个重要助推力，甚至有的事物缺乏了资金的支持，是会制约甚至阻碍其发展的。这在体育旅游资源管理中也同样适用。可以说，财力是体育旅游事业顺利发展的重要物质基础和保证，同时也是体育事业创造良好经济价值、政治价值、精神价值和社会价值的重要保证。这里所说的"财"，就是指体育旅游资源管理经费，这就要求在体育旅游资源管理活动中，一定要对经费进行科学管理，合理规划和使用有限的经费，而尽可能达到最佳的发展体育旅游的效果。

③物。

必要的客观物质基础，是事物发展的重要前提条件，这对于体育旅游事业的发展也是如此。体育旅游中，需要管理的"物"主要是指体育设施、体育器械、体育仪器、体育服装等。可以说，对体育旅游资源中"物"的管理，能使物的使用率得到有效提升，从而积极推动体育旅游事业的发展。

④时间和信息。

时间和信息，也是体育旅游资源管理中非常重要的组成部分，并会影响到体育旅游事业的快速、稳定、可持续发展。在管理时间时，要在尽可能短的时间内办更多的事情，提高单位时间的办事效率；而在管理信息时，则要尽可能多地去搜集和整理信息，从而为管理工作提供相应的依据。

（2）管理手段

管理手段，实际上就是管理者为实现体育旅游资源管理的目标而采取的方法和措施的总称。可以说，体育旅游资源管理活动的进行，是需要依赖这些方法和措施才能得以实现的。具体来说，常用的主要有法规手段、行政手段、经济手段、宣传教育手段等这几种。

3.体育旅游资源管理的基本原理

关于体育旅游资源的管理，是具有一定的理论基础的，其与体育旅游管理是一致的，其中基本原理是最主要的方面。下面就对主要的几个相关原理加以剖析和阐述。

（1）系统原理

这里对系统原理的理解为，通过系统理论的运用，来对管理对象进行细致、系统的分析，以此来使现代科学管理的优化目标得以顺利实现的原理。

系统原理在以整体效应观为依据而形成的。具体表现在两个方面：一方面，能产生放大功能，即产生"1+1＞2"的效果，换言之，就是各要素在孤立状态之和是没有系统的整体功能之和大的；另一方面，整体功能的放大程度与系统的规模是成正比关系的，也就是说，系统越大、结构越复杂，那么其就会有越大的功能。

在系统原理的指导下，对体育旅游资源加以管理时，需要遵循的原则主要有三个方面，即"整—分—合"原则、优化组合原则、相对封闭原则。

（2）动态原理

对动态原理的理解主要为，在管理活动中，需要对管理对象的具体情况进行及时且准确的把握，并根据实际情况来适当调整各个环节。这里要强调的是，管理目标的实现是需要经过一个漫长的过程的，在这一过程中，包括人、财、物、时间、信息等在内的管理对象是不断发展和变化的，受此影响，计划、组织、控制、协调等各个环节也必须相应地进行变化，这样才能使管理目标的顺利实现得到保证。

在体育旅游资源管理过程中应用动态原理，需要遵循两个原则：一个是弹性原则，具体来说就是在管理过程中必须留有一定的余地，从而使其具有一定的弹性，不会太过死板和坚硬，这样就能与客观事物各种可能的变化相适应，从而使管理活动的正常进行得到保证；另一个是信息反馈原则，具体来说.就是通过信息的反馈，对未来行为进行有效控制，从而达到行为不断逼近管理目标，这一个过程就是所谓的信息反馈原则。

（3）人本原理

在管理过程中，要通过各种方式和途径将人的积极性充分调动起来，做到以人为根本，这就是人本原理的基本要求所在。人在管理过程中，所扮演的角色，既是管理的主体，也是管理客体中最主要的因素。同时，在运用各项管理措施和管理手段时，首先要注意遵循的一个重要原则，就是必须能对人产生一定的作用，这样才能将人在这方面的能动作用发挥出来，从而最终达到有效协调与其他管理要素的关系的目的。

在体育旅游资源管理中应用人本原理，就是要对在人本原理实践中如何体现以人为本的思想，使人性得到最完善的发展的问题加以分析和研究。将人本原理应用与体育旅游资源管理中，需要遵循行为原则、动力原则、能级对应原则。其中，后者是高能级办高能级的事，低能级办低能级的事，做到能级对应。

（4）效益原理

企业在管理过程中，往往都是以效益为中心的，而这里所说的效益主要包含社会效益和经济效益两个方面，通过科学地使用人力、物力、财力等方面的资源来将最大的效益创造出来。

从现代管理的角度来说，企业管理将创造最佳的社会经济效益作为主要目的，而效益原理的实质在于，不管什么样的管理，其目标都是取得一定的效益。因此，这一原理在体育旅游管理的全过程中都有所体现。

管理的根本目的就是效益，也就是说，管理就是对效益的不断追求。通过进一步分析，可以将管理的效益解析为以下几个方面：

第一，在效益的追求中应该追求长期稳定的高效益。

第二，追求局部效益与全局效益协调一致。

第三，要确定管理活动的效益观，即要以提高效益为核心。

第四，在实际工作中，管理效益的直接形态是通过经济效益而得到表现的。

第五，管理效益的影响因素很多，其中具有相当重要作用的是主题管理思想正确与否。

（5）责任原理

责任原理的主要目的有两个方面：一个是组织目标的实现，一个是人的潜能的挖掘。然后在合理分工的基础上，来将各个部门及个人必须完成的工作任务和必须承担的与此相适应的责任明确规定下来。

要强调的是，在体育旅游资源管理过程中，一定要对责任原理有深入且充分的理解和认识，并对其进行有效应用。具体来说，就是要在管理过程中做到职责明确、授权合理、奖惩分明和管理规范这几个方面的要求。

（6）竞争原理

在管理过程中应促进人与人之间的良性竞争，通过竞争来激发人们的工作热情和人的进取精神，就是所谓的竞争原理。另外，通过竞争，对人的潜能挖掘，人的能力提升都会起到积极的推进作用。

在体育旅游资源管理过程中应用竞争原理时，为了保证应用效果，需要注意以下几个问题：

第一，竞争的主要目的在于增进交流、互相提高。竞争过程
中的互相交流和互相提高，是竞争原理强调的重点所在。

第二，使投机取巧、不正之风得到尽可能地避免，在体育旅游资源管理过程中，不管在哪个环节中，都必须严格要求按章办事、依法办事，做到既不姑息又不失准，使其公信度得到保证。

第三，评价或制裁过程中一定要严格遵循公平、公正的原则进行。可以说，评价

或制裁制度本身是就一项管理制度，在竞争过程中，如果对工作人员的表现进行客观的有效评价，能更好地对其产生激励作用。

（二）体育旅游资源可持续发展的基础理论

1. 体育旅游资源可持续发展的内涵解析

当前，体育旅游已经成为社会发展中一个亮眼点，其是社会发展的结果，同时也是满足社会需求的一个重要突破口。从某种意义上来说，体育旅游的发展对经济发展起到积极的推动作用。

关于旅游可持续发展的概念，世界旅游组织在《旅游业可持续发展——地方规划指南》中将其界定为：在维持文化完整、保护生态环境的同时，满足人们对于经济、社会和审美的要求。

2. 体育旅游资源可持续发展的基本原则

体育旅游资源的可持续发展，就是为了保证体育旅游资源的完整性与延续性，而提出了科学合理管理各种旅游资源的要求，从而使生态环境的平衡得到保证。

体育旅游资源可持续发展，不仅要保持其良好的生命力，还要尽可能使人们在这方面的各种需求也都能得到有效满足。

（1）公平性原则

公平性原则在很多方面都有所体现，可以大致归纳为以下三个方面：

①体育旅游资源分配方面的公平性。

体育旅游资源的存在并不是笼统的，是需要在特定的区域内有所区别地存在的。其具有法律允许的开发相应的旅游资源的权利，但是同时，也要将不使开发活动危害其他人与地区环境的义务肩负起来。

②原住居民方面的公平性。

在对体育旅游资源进行开发和挖掘时，也要适当为当地的原住居民提供生存与发展的机会，这样，能够在使其享受到旅游资源开发的利益的同时，也做好体育旅游资源的开发工作，一举两得。除此之外，还要注意将原住居民把自己的发展纳入景区的持续经营之中，在发展机会公平的前提下，一定要将公平的责任、义务承担起来。

③代际间方面的公平性。

在进行体育旅游资源的开发时，不能只关注眼前利益，更要考虑长远利益，更不能剥夺后代人公平利用自然资源的权利。在体育旅游资源管理过程中，一定要妥善处理现代利益与继任者利益之前的冲突，用发展的眼光，将其长远的发展作为关注的重点。

（2）持续性原则

发展是要遵循可持续原则的，体育旅游发展所遵循的持续性原则，主要是指旅游资源开发和旅游业的发展要控制在生态系统的承载力范围内，以满足本代人的需求而掠夺性地开发旅游资源的行为与持续性发展是相悖的，是不允许的。

从旅游可持续发展理论的角度来说，其把人类赖以生存的地球看成是一个自然、社会、经济、文化诸多因子构成的复合系统，提出了人与自然和谐相处的主张。

一般地，要保证体育旅游资源管理的持续性，需要从两个方面着手：

一方面，体育旅游资源的可持续发展，必须对旅游在区域发展中的功能作用以及与相关子系统功能匹配这一要素加以考量，主要是超越客观条件的超前发展和人为限制旅游业发展的做法，不管具体是什么样的形式和内容，都会严重阻碍体育旅游资源可持续发展，是一定要严禁的。

另一方面，要首先对体育旅游资源的不同类别与属性差别加以了解和掌握，然后遵循针对性原则，协调资源开发、保护与人类旅游需求的关系，科学、合理地规划、开发与保护好珍贵的旅游资源，从而将其应有价值更加深入地挖掘出来，并尽可能地延长其使用寿命，对体育旅游资源的可持续利用起到促进作用。

（3）协调性原则

在旅游业发展过程中，旅游业与经济社会发展水平之间的关系也是需要考量的重要方面，除此之外，也不能将生态环境对旅游业发展规模、档次的承载能力忽略掉。

旅游资源的市场、等级和结构等情况也会对体育旅游资源发展产生影响，要进行深入分析和考量，从而积极促进体育旅游资源的健康、协调、可持续发展。生态、经济与社会的协调发展是可持续发展的前提，没有协调发展，体育旅游资源的可持续发展就不可能实现。

（4）共同性原则

旅游可持续发展的共同性，对人们提出了较高的要求，具体来说，就是要求在实现旅游可持续发展这一总目标时，一定要采取全球共同的联合行动。

大部分的资源和环境问题都具有全球性或区域性的特点。因此，只有将巩固的国际秩序和合作关系建立起来，全球的可持续发展这一目标才有可能实现。而这一目标的实现，是需要在建立普遍的合作关系的基础上才能进行的。这就要求在旅游业的可持续发展过程中，应果断摒弃狭隘的区域观念，同时，进一步加强国家间的交流与合作，用现代化的旅游发展的技术、信息与现代管理手段，使全球旅游业的繁荣和发展得以早日实现。

二、体育旅游资源管理的实施

（一）体育旅游资源的产权管理

1.体育旅游资源产权概述

（1）产权

在理解体育旅游资源产权之前，首先要对产权有所了解。

一般的，从经济学的角度上，可以将产权的概念界定为：物的存在及其使用所引起的人们之间相互认可的行为关系，并不是人与物之间的关系。

产权，从某种程度上将人与相对应的物的行为规范确定了下来，对于所有的人来说，都必须遵守相互之间的关系。由此得知，人与人之间的经济权利义务关系，确定了人相对于某一资源使用时的地位的经济和社会关系，就是所谓的产权。产权具有独特的属性，主要表现为排他性、有限性、可交易性等。

（2）体育旅游资源产权

通过对产权的理解，可以将体育旅游资源产权定义为：体育旅游资源在开发、管理、利用、保护等过程中，调节地区与部门之间以及法人、集团和国家之间使用旅游资源行为的一套规范的规则。

通过进一步的分析，可以对体育旅游资源产权的内容有更深入的了解。

①从狭义上来说，所有权，就是指旅游资源的终极性以及归属性特点

②使用权，其主要包括两方面：一个是消费性使用，一个是生产性使用。

③管理权，其对如何使用旅游资源的权利起到重要的决定性影响。

除了产权的一般属性之外，体育旅游资源产权还有其自身特有的属性，比如社会公益性、外部性、内生性等。

2.体育旅游资源产权管理相关理论

一般地，与体育旅游资源产权管理相关的理论主要有以下几个方面：

（1）公地悲剧理论

公地悲剧理论的主要观点为，当很多人对于一项共同的资源都有一定的使用权时，就会存在过度使用资源的激励，人人都有这种倾向，则人人都享受不到共同资源的好处。一般地，可以将公地悲剧理论的论证和解释归纳为三个方面：集体行动逻辑、哈丁牧场模型和囚犯困境博弈。

用公地悲剧理论来对体育旅游资源经营权问题进行解释，这里要强调的是，在资源开发和管理过程中，个人的理性选择造成了集体选择的非理性，使得资源的恶化和非持续发展，从而揭示出了集体利益受损的情况。

（2）外部性理论

经济学家对外部性理论的理解为，在生产和消费活动中，消费者和生产者的具体消费活动产生的各种利益和损害并不是消费者和生产者个人所获得或承担的，其将会对外部环境产生一定影响。

如果某项事物或活动对周围事物造成良好影响，同时还会使周围的人从中获益，但是行为人并未从周围取得额外的收益，这就是外部经济性。

而外部不经济性，所指的是某项事物或活动对周围事物造成不良影响，而行为人并未为此付出任何补偿费。

政府在进行体育旅游资源管理时，首先要做的是细致分析其外部经济性和不经济性，对其进行全面的协调管理。如果不能对经营所造成的外部不良影响进行控制，就会对整个社会造成不良的影响。因此，是非常有必要将避免经营造成的外部不经济性

行为的约束机制构建起来的。

（3）公共选择理论

公共选择理论的主要观点是，政府的行为具有显著的强制性特点，但是并不是任意和非理性的，其强制性权利来自于公共选择的结果，是人们为增进社会和经济福利需要而做出的选择。

一般地，政府对经营管理进行干预往往会借助于一定的方式，具体如下：

第一，直接行动。政府通过这种方式，能够将相应的企业建立起来，然后进行相应的生产活动，也可以从私营部门来将相应的产品购买进来。

第二，间接管理。政府借助于这种方式手段将经营权下放到相应的有关部门。

第三，行政命令。政府通过这种方式来要求私人部门采取政府希望的行动。

第四，综合运用以上各种手段。

3.体育旅游资源产权管理的路径

在进行体育旅游资源产权管理时，需要选用相应的路径来进行，具体可从以下几个方面着手进行：

（1）完善法律体系，采用一元化的垂直领导方式

在体育旅游资源的管理过程中，完善的立法是各种旅游资源管理模式取得相应成效的重要基础；而与此同时，采用一元化的领导管理方式能够进一步独立出管理权限，如此一来，就能使得领导管理能够在权威性的基础上使权限与责任的和谐统一得以实现。

（2）将管理权与经营权分离开来

政府将体育旅游资源的经营权限和管理权限分离开来，这一做法的好处在于能更合理地利用各种体育旅游资源，并有效提升体育旅游资源的管理水平。而且，这样做还能使体育旅游资源的经营部门在自身文化的开发上的专注力更强，不断提高经营的科学化程度，有效促进服务水平的增加。除此之外，政府通过采用授权运作的形式，能够在一定程度上为游客提供便利，使体育旅游资源的利用效率得到有效提升。

（3）政府资金支持的力度要进一步加大

从国家财政部门入手，增加对相应的部门的资金支持，降低相应的门票和价格，由此来积极促进体育旅游资源社会福利性的发展。但是需要强调的是，采用这一策略时，必须具有雄厚的经济实力。

（二）体育旅游资源的信息管理

1.体育旅游资源信息管理概述

（1）信息

信息，有广义和狭义之分。这里所说的信息，就是指广义上的信息，具体来说，是指人类社会传播的一切内容。它对客观存在的事物的状态和特征等方面进行描述，从而使人们对事物的存在方式和运动状态有更好的了解。

(2) 体育旅游资源信息管理

在体育旅游资源的管理过程中，信息管理只是其中的一个方面。体育旅游资源包含着丰富的信息内容，比如，其自身的各种信息，以及交通、娱乐、住宿等各方面的信息等。

体育旅游资源的信息是数量众多且种类繁多的，并且其信息的传播对象也具有显著的多样化特点，鉴于此，其所涉及的范畴比较广泛，可以说，与体育旅游相关的各种服务人员以及形形色色的游客都属于这一范畴。

与其他类型的资源信息相比较而言，体育旅游资源信息本身所具有的显著特点主要表现在海量性、不易传播性、综合性和层次性等方面。

体育旅游资源信息管理，某种意义上是对各种信息进行开发、规划、控制、集成、利用的一种战略管理。通过信息的管理，能够使管理者、经营者和消费者三方面对体育旅游资源信息的各方面需求得以顺利实现。

2.体育旅游资源信息管理系统

(1) 体育旅游资源信息管理系统的涵义解析

体育旅游资源的信息管理系统有着非常重要的功能，主要表现为对旅游资源及相关信息进行采集、储存、管理、分析、模拟和显示，为人们掌握旅游信息、进行决策和开展各种服务活动提供便利。但是，这些功能的实现是需要建立在由各种地图、文字、图像等信息构成的数据库的基础上的。

某种意义上来说，体育旅游资源信息管理系统是隶属于管理类信息系统的，其与传统的信息管理系统之间存在着较大差别。

与一般的信息系统对比来说，体育旅游资源的信息管理系统对数据的处理具有空间特征，利用地理信息系统的各种功能实现对具有空间特征的要素处理分析，如此一来，就能有效达到管理区域系统的目的。

(2) 体育旅游资源信息管理系统的结构与内容

体育旅游资源信息管理系统的总体框架结构主要分为系统层、数据层和用户层这三个方面，其都包含着各自的具体内容。

①系统层及其内容。

系统层的硬件方面：需根据系统要求选择配置较高、硬盘容量较大的电脑，此外还需配置数字化仪、扫描仪、打印机、数字通信传输设备等辅助设备。

系统层的软件方面：主要包括计算机操作软件、数据库软件、应用软件和网络软件。

②数据层。

第一，数据库结构。

在体育旅游信息资源管理系统中，数据库是处于核心位的，它的存在能够有效保证系统的各项功能的实现，而数据库的科学性和合理性则对工作的效率产生较大影响。数据库的建设应注重提高信息查询和处理系统的效率。数据库通常可以分为两种类型：一种是空间数据库，一种是属性数据库。

第二，功能模块结构。

旅游资源的信息管理系统的构成模块有很多，其中，用户管理模块、数据管理模块、数据录入模块等都属于该范畴，并且其都包含着各自具体的内容。

③用户层。

旅游资源信息管理系统面对的终端用户主要有旅游者和政府、旅游企业这两大类。对于旅游者而言，他们需要对旅游目的地旅游资源的详细情况进行全方位且真实的了解，这样才能将最佳的旅游线路制定出来；对于政府和旅游企业而言，需要准确的旅游资源统计、分析、预测信息，如此一来，才能为深层次的旅游开发、旅游管理提供决策依据。

3.体育旅游资源信息管理系统的应用

关于体育旅游资源信息管理系统的应用，可以大致分为以下三种情况：

（1）应用于旅游资源的普查、评价工作中

体育旅游信息管理系统在相应的普查和评价工作中得到广泛应用。在管理过程中，能够通过先进的现代化手段将手工劳动替代下来，收集、整理、整合分析相应的体育旅游信息，提高办事的效率，从而使体育旅游资源信息的利用得到有效保证。

（2）应用于有关部门对旅游业的管理、监控工作中

通过体育旅游资源的信息管理系统的应用，能够对体育旅游资源的利用状况进行动态的监控，并对其进行科学的评价，从而为相应的管理部门制定决策提供相应的依据。

（3）实现旅游资源信息共享

体育旅游资源信息能够为多个相关部门提供其所需要的相关数据和资料，这主要包括政府、开发规划部门，以及各学校、科研机构等，这对于体育旅游资源的研究来说，有着重要的依据和支持作用。与此同时，还能为旅行社以及旅游业相关部门甚至旅游者提供各种信息，从而使体育旅游资源信息共享得以实现，积极促进体育旅游业的全面发展。

（三）体育旅游资源的质量管理

1.体育旅游资源质量管理概述

（1）质量

质量，是质量管理工作中最基本也是最重要的概念之一。从另一角度上，也可以将质量理解为其在使用过程中顾客的满足程度。

（2）质量管理概念

质量管理与科学技术和生产力发展水平是密切联系的。一般的，可以将质量管理的发展过程大致分为产品质量检验阶段、统计质量管理阶段和全面质量管理阶段。

质量管理是"指挥和控制组织与质量有关的彼此协调的活动"。质量管理所包含的活动内容主要有以下几个方面：

第一，制定质量方针。

第二，制定质量目标。

第三，制定质量策划。

第四，进行质量控制。

第五，质量保证和改进。

（3）体育旅游资源质量

"旅游资源个体或组合体固有特性满足需要的程度"，就是所谓的体育旅游资源质量。体育旅游资源质量与一般意义的工业产品质量之间是有所差别的。具体来说，体育旅游资源在生产过程中是不需要经过化学、物理作用发生形态、结构和功能的变化的，只要适当改变其外部条件就可以供旅游者进行游览并进行质量评价。

旅游资源质量主要有三个要素组成，即旅游资源类型特色、结构规模和价值功能，具体可以分解为诸如完整度、审美度、奇特度、价值度、组合度、规模度等方面。

（4）体育旅游资源质量管理

作为旅游质量管理的核心，旅游资源质量管理的内容主要有对旅游资源的保护和开发利用等，其中对旅游资源的质量要素、质量特性和质量等级，以及对旅游资源开发利用的过程（或程序）分析等，都将系统工程的复杂性体现了出来。而且，旅游资源管理要突破旅游资源这一局限性，要从更加广阔的角度上来对旅游环境加以考虑。

2.体育旅游资源标准质量管理

（1）标准

标准是对重复性事物与概念所做的统一规定，要综合考虑科学、技术和实践经验等各方面因素。

（2）体育旅游资源标准

体育旅游资源的开发、服务的提供等方面标准的建立，主要目的在于积极促进体育旅游业的健康发展。通常，为了更加深入、直观地理解这一方面，可以将这个过程分为四个阶段：旅游资源及其环境与开发条件的调查、旅游区规划、旅游产品开发和旅游景区运营。这几个阶段之间并不是相互独立的，而是相互衔接的。

为了旅游资源的有效保护和开发效益最大化，在建立各阶段的工作标准的基础上，还需要将各阶段的管理标准建立起来。目前，我国在这方面的国家标准有很多种，都对相应的标准进行了相应的说明。

3.体育旅游资源全面质量管理

关于体育旅游资源的全面质量管理，所涉及的内容主要有以下几个方面：

（1）质量规划

体育旅游资源的质量规划隶属于旅游总体规划，能够为旅游业发展提供重要的导向作用。旅游资源开发和利用是在旅游规划的基础上进行的，质量规划则会直接影响到产品和服务的质量。

在规划旅游质量时，要积极借助先进的技术手段，对体育旅游资源进行监管和控制，根据其不断发展变化来积极修编旅游资源与环境的规划，实现旅游资源的动态管理。体育旅游资源管理组织一定要对旅游规划加以重视，并以此为起点，形成质量的持续改进。

（2）质量管理

为了实现对于质量的科学管理，要将相应的质量管理责任制建立起来并不断完善，从而充分发挥出组织管理的应有功效。旅游资源的管理组织结构具有显著的复杂性特点，要将各部门和员工的责任和权限作出明确规定，这样才能使其管理的科学性得到保证。在管理过程中，应做到人人有专责，并完善对于工作的检查、监督体制。

具体来说，在进行体育旅游资源的质量管理时，要从不同层面出发，采取相应的管理措施。

第一，从社会层面上来说，有关新闻机构、社会公益组织需要通过宣传教育活动，来使公民提升自身保护环境和文明旅游的意识，从而使他们养成自觉保护旅游资源与旅游环境的良好习惯。

第二，从行业管理层面上来说，有关行业协会组织和国家业务主管部门要通过各种方式和手段，制定相应的管理措施，来积极推动旅游资源的标准化管理，而政府特别是地方政府要注意因地制宜形成旅游资源管理政策。

第三，从景区管理层面上来说，要以国家的相应政策、法规、行业标准等为依据，来有效推进制度化管理的实施。

（3）质量保障

在体育旅游资源的质量管理过程中，旅游资源的立法、执法与司法保护，能够为其质量管理提供必要的保障。

具体而言，我国在这方面的法律法规主要包括以下几方面：

①旅游环境管理法规。

②文物资源管理法规与历史文化名城管理法规。

③爱国主义教育基地和革命烈士纪念地（物）管理法规。

④宗教活动场所管理法规。

⑤风景名胜区管理法规。

⑥森林和草原管理法规。

⑦自然保护区管理法规。

⑧动植物资源管理法规。

⑨旅游度假区、游乐园（场）管理法规。

三、体育旅游资源的可持续发展

（一）体育旅游资源可持续发展的必要性

在旅游业发展过程中，一些开发者往往只看中经济效益，而忽视了对资源的保护，环境污染、人为破坏等各种各样的问题不断出现。这些问题都会对体育旅游产业的健康发展产生非常大的影响，亟需妥善解决。这也是要进行体育旅游资源可持续发展的重要原因所在。

体育旅游资源遭到破坏的原因是多方面的，下面就对其加以分析，为采取相应的管理和保护措施提供必要的依据。

1.自然力破坏

在自然环境下，风吹日晒，雨打霜冻等自然现象会在一定程度上破坏体育旅游资源。而地震、洪水、泥石流等频发的自然灾害，更会导致体育旅游资源的灾难性破坏。除此之外，还有一些自然动物，如鸟类、白蚁等，也都在一定程度上威胁着体育旅游资源的安全。

2.人为性损害

（1）建设性破坏

当前，在体育旅游资源开发的过程中，要想照顾全面、做好整体规划是很难的。对于大多数的旅游地建设来说，体育项目与旅游资源在总体开发上不协调，景观和文物开发、利用多有失误的现象仍然普遍存在。

我国地域广阔，尽管交通便利、经济发达地区的体育旅游资源占据了绝大部分，但是，仍有很多体育旅游资源存在于偏僻的地方，需要进行人为的建设和开发。由于经济、技术、人员等方面的局限性，许多自然的体育旅游资源在开发过程中就会遭到严重的破坏，从而导致一个风景区尚未建设好，却已被破坏得非常严重。不仅如此，对体育旅游资源开发的统一规划上仍然存在着不足之处，正是因为如此，在开发的过程中，一些原本具有较高价值的体育旅游资源遭到严重程度的破坏，这也使其旅游价值大打折扣，达不到预期的效果。

（2）游客破坏

游客破坏是体育旅游资源人为性破坏的主要形式，具体包含以下三方面内容：

第一，当地人对林木的乱砍滥伐，开山挖石，偷猎贩卖稀有动物，盗掘破坏古墓、文物。

第二，部分旅游者在文物上乱写乱画、涂抹，乱扔、乱放垃圾。

第三，体育旅游企业的开发与管理不到位，接待游客密度过大而造成过度消耗和磨损。

体育旅游资源在遭受破坏时，人所产生的影响力是最大的，甚至造成的破坏是毁灭性的。因此，这就要求加强对体育旅游资源的管理，尽可能避免管理中失误的产生,通过借助媒体等媒介来大力宣传环境保护的重要性以及旅游资源的价值,并且进行正确价值观的引导,从根源上避免游客破坏行为的产生。

(3)过度开发

体育旅游资源遭受破坏的另一个原因是对体育旅游资源的过度开发。对于一些世界文化和自然遗产的旅游景区来说,由于宾馆、商店、交通索道、人造景观等非遗产建筑物或构筑物的大量兴建,导致了这些景区的人工化、商品化和城市化,从而使资源的真实性和完整性都遭到了严重的破坏。可以说,杜绝过度开发,是体育旅游资源的可持续发展的一个基本要求。

(二)体育旅游资源管理与保护的主要措施

1. 做好区域旅游规划

要对某一事物加强保护,防患于未然的预防是首先要采取的重要举措。对于体育旅游资源管理与保护来说,这是处于基础地位的,在开发体育旅游资源前,要对体育旅游资源的各方面进行细致的可行性分析,不可盲目进行。

在对体育旅游资源进行相关规划时,需要综合考虑相关因素,具体有以下几个方面:

①体育旅游活动会对自然旅游资源的破坏性程度及产生的直接影响。

②通过什么样的管理和保护,能够使破坏程度有所降低,或者得到有效避免。

③体育旅游活动项目与整个景区的景观是否协调一致。

④对当地现有的水陆交通工具和运输量,宾馆、项目等各方面进行详细的分析和预测,并制定出开发的计划和应对破坏的具体方案。

2. 端正态度并加强保护

对体育旅游资源的保护应坚守以"防"为主,以"治"为辅,将"防"与"治"有机结合起来,综合利用法律、行政、经济和技术等手段,进一步提升体育旅游资源的管理和保护力度。

在管理过程中,要积极采取相应的技术措施,来有效预防因自然原因而可能带来的危害。对于因条件限制不易采取类似措施的旅游资源,则应经常检查,对发现的问题及时进行治理,尽量将破坏程度降到最低。

3. 做好人为破坏的防范工作

人为破坏,会对体育旅游资源的健康有序发展产生重要影响。在对体育旅游资源进行开发管理保护时,要对以下几方面的问题加以注意:

一方面,旅游参与者的旅游资源保护意识要注重培养,加强相应知识的宣传,使旅游者的基本素质得到全方位的提升。

另一方面,对于体育旅游管理者和旅游地居民来讲,对开发和建设的决策者,旅游业的经营者,或是普通的旅游者与当地居民都非常重要,只有大众对体育旅游资源的重要性有了充分的认识,并且意识到这是千百万年自然造化与人类文化遗产的精髓，了解人类生存与自然的关系，才能从根本上达到保护体育旅游资源的目的。

我国先后颁布了关于旅游资源保护的法律法规，加大执法力度，对损害和破坏旅游资源的单位和个人给予行政处罚和经济处罚，对造成严重破坏者，追究有关人员的法律责任。这能够对体育旅游资源的保护提供制度上的保障。

另外需要强调的是，在实践过程中，相应的法律法规的贯彻和执行也是需要关注的重点。

户外体育旅游资源包含的内容非常多，山地户外体育旅游资源是其中一个典型代表。我国地域辽阔，地形种类繁多，有着丰富的体育旅游资源。山地，是我国众多地形中非常突出的一种地形，这就为山地户外体育旅游的发展创造了良好的条件。本章首先对山地户外体育旅游的起源与发展、相关理论、发展状况进行分析和阐述，使人们能够对我国山地体育旅游有一个全面且深入的了解和认识；同时在此基础上，对比较具有代表性的几个山地户外体育旅游资源进行研究，从而从具体意义上来为有效整合相关的体育旅游资源提供理论指导。

第六章 体育旅游市场开发的过程及其系统分析

第一节 体育旅游市场细分

一、体育旅游市场细分的概念

市场细分，又称市场分割，是市场经营主体——企业，辨别具有不同消费需求和欲望的消费者，并结合不同消费者采取相应市场活动的过程。

体育旅游市场细分，是指体育旅游企业对体育旅游消费者进行分析，将属于某一整体客源市场的旅游者，按一种或几种因素进行分类并形成不同特点的各个子市场的活动。

在体育旅游市场的发展过程中，细分体育旅游市场，是不以体育旅游市场企业的经营、管理者的个人意志为转移的，体育旅游各个细分市场是客观存在的，企业的各种经营、管理决策和行为要以细分市场的消费者需求为依据开展，由此可见体育旅游企业的市场细分的重要性。

体育旅游企业的市场细分包括以下三方面的含义。

（一）不同细分市场的消费特征不同

在市场经济中，不同的产品和服务具有不同的细分市场，不同细分市场具有不同的消费特征，体育旅游业的细分市场也不例外，市场不同消费特征也不同。

就体育旅游业不同的细分市场来说，不同的细分市场代表不同的体育旅游消费者组群，消费者组群之所以不同，是因为不同类型的消费者的消费需求不同，如此，才形成了不同类型的消费者群体，进而形成了不同类型的消费者市场。

在体育旅游市场中，企业对市场进行细分，是因为不同消费者对旅游产品质量、价格的要求不同，故而需要对产品、价格进行差异化区分，如此才能占据更多市场，提高竞争力。

(二) 同一细分市场的消费特征相同

市场细分，这里的"分"，即是对市场的差异化进行划分，也是对市场的相同进行划分，一个细分市场包括许多类似的消费者，同时与其他细分市场的消费者有着区别。

在一个具体的细分市场中，消费者群体具有相类似的消费喜好、消费需求、消费条件等，尽管每一个消费者的具体消费喜好、需求、条件不同，但是，体育旅游市场企业依然可以对同一个细分市场的消费者设计相同的产品与服务，实施相同的营销策略，以满足消费者需求。

(三) 市场细分是分解与聚合的统一

体育旅游企业对市场进行细分，不是简单地分解客源市场，而是对市场的分解与聚合。

具体来说，体育旅游企业结合市场细分因素，将客源市场上的不同消费需求的旅游者群体归类，实现对体育旅游市场的分解。然后，体育旅游企业再对体育旅游市场上对本企业的产品和服务有积极反应的消费者群体进行集合分类，归纳这些消费群体的特点，并有针对性地设计产品和服务、实施营销，以实现自身的体育旅游市场规模的不断扩大，完成对体育旅游市场的整合。

二、体育旅游市场细分的作用

(一) 便于确定经营总方针

在商品市场竞争中，经营总方针的确定，对于企业的生存和发展是非常重要的。企业经营总方针主要考虑以下问题，即企业提供什么产品或服务？企业的服务标准和重点是什么？企业的市场发展目标和方向是什么？

对于体育旅游市场中的企业来说，总的经营方针和策略是其经营战略与策略决策的集中体现，是当前和未来所有经营决策和行为的基础。体育旅游市场中的企业的产品生产和服务方向的确定，是接下来进行科学市场细分的重要基础。

(二) 有利于寻找市场机会

体育旅游业是一个新兴产业，市场发展前景广阔，市场竞争激烈，每一个积极入市的企业都想要在市场竞争中站稳脚跟并不断扩大市场。对此，必须要做好市场细分，如此才能为市场竞争决策提供依据，才能更好地把握市场机会，抢占市场竞争优势。科学的市场细分可以帮助体育旅游业从众多的市场机会中，选择适应本企业资源潜力的最佳市场机会。

在体育旅游市场中，对于企业来说，其所面对的整个体育旅游市场环境、细分市场特征和规模等，并不是一成不变的，而是处于动态的发展变化中。具体来说，消费者的需求是不断变化的，在不同的时期会表现出不同的特点，对于企业来说，能够准确地预知消费者未来市场需求，就能提前把握市场竞争机会。

从我国体育旅游市场发展来说，我国体育旅游消费者的需求变化就是我国体育旅游市场中的各企业在进行市场细分中必须要考虑的因素，如果企业能及早发现体育旅游市场方向的变化，就能在体育旅游市场竞争中，提前准备好相应的体育旅游产品和服务，并做好体育旅游市场宣传，与体育旅游消费者的需求"一拍即合"，从而赢得更多的消费者市场，也就自然能提高体育旅游产业的市场竞争优势。

需要特别指出的是，某一方面的相对优势，并不一定是绝对优势。体育旅游市场中的市场机会众多，这些市场机会是不是对本企业有利，需要做好市场判断，不能盲目入市，发现市场机会并不意味着就能抓住市场机会，能否抓住市场机会，还与企业的资源的潜力、市场的适应性和市场的选择性等诸多因素有关。

（三）有利于制订市场策略

现阶段，体育旅游市场已经从卖方市场转为买方市场，对于这种转变，体育旅游企业要证实自己在市场竞争中的优势和劣势，以细分市场为导向，科学决策。

当前，在体育旅游产业发展的买方市场的背景下，体育旅游市场竞争激烈。在这种市场环境下，体育旅游业通过市场细分可发现目标群体的需求特点，从而依据目标市场需求调整产品和服务的内容、结构、方向等，以满足细分市场需求，同时提高经营效益。

三、体育旅游市场细分的要求

（一）可衡量性

进行体育旅游市场细分时，用于细分市场的标准和各个因素必须是可以衡量的，换句话说，在体育旅游市场细分的过程中，企业必须充分了解和认识到，体育旅游者对体育旅游产品的需求偏好具有明显的特征，这些特征是可测定的。

（二）适度规模

对体育旅游市场进行细分之后，体育旅游经营企业应找准自己企业的细分市场，并着手进行细分市场的开发，那么这一细分市场是否具有开发价值，需要慎重思考。

一个细分市场是否具有经营价值，主要取决于这个市场的规模、消费水平以及体育旅游业的经营能力。在当前我国体育旅游市场环境稳定、体育旅游消费者消费水平稳定的情况下，在体育旅游市场中，对于企业而言，一个细分市场是否具有开发价值与该细分市场的规模有关。细分市场不能过大，也不能过小。细分市场规模过大，企业可能无法有效地集中营销力量，开展经营活动；细分市场规模过小，企业可能发挥不出资源优势，扩大经营规模。

在体育旅游市场细分过程中，企业要根据自身的实际情况和能力确定细分市场规模。

(三) 发展潜力

市场竞争中，企业要想得到发展，必须要将眼前利益和长远利益结合起来，体育旅游市场竞争企业的生存和发展也要充分考虑眼前利益和长期利益。

因此，体育旅游业在市场细分时，必须考虑所选择的细分市场的状态以及需求发展阶段。如果所选细分市场已发展成熟，不具有长期发展潜力，那么，选择该细分市场后企业的经营风险将会增加，是不利于企业长期发展的。

四、体育旅游市场细分的程序

(一) 确定企业的市场经营范围

一个企业在市场竞争中要站稳脚跟，首先要确定企业的经营领域与经营战略目标，之后，就要结合企业的经营领域和目标确定市场经营范围。

企业经营范围，具体是指企业的产品和服务所服务的消费者群体范围，在体育旅游市场竞争中，体育旅游经营企业经营的市场范围是体育旅游市场细分的基础和前提。在进行体育旅游市场细分时，体育旅游企业可围绕自身经营的市场范围进行市场细分，分析消费者的消费特点与动向，以整体相应资源开展经营。

(二) 确定市场细分因素与标准

科学确定细分的因素与细分标准，是体育旅游市场细分的关键环节。具体来说，体育旅游市场细分因素与细分标准的确定，是企业进行细分市场划分的前提。

在确定体育旅游市场细分因素与标准时，企业应通过分析不同的体育旅游需求特征，进一步确定市场细分标准。

(三) 确定所选细分市场的名称

体育旅游企业进行市场细分，可根据各个细分市场体育旅游需求的典型特征，利用形象化的语言确定细分市场名称，以便于在日后经营决策中，能始终抓住细分市场主要特点，并结合细分市场特点科学决策和实施经营策略。

(四) 分析细分市场的经营机会

根据细分因素与细分标准对市场进行细分之后，体育旅游企业要分析所有细分市场的经营机会。这样做的目的就是判断细分市场是否具有经营价值，能否为企业发展创造利益。

通常来说，细分市场的经营机会与其需求规模呈正比例关系、与竞争强度呈反比例关系，即需求规模越大，经营机会越大；竞争强度越弱，经营机会越好。应综合考虑。

五、体育旅游市场细分的标准

进行体育旅游市场细分，要准确把握体育旅游消费者的体育旅游需求的差异性，这就需要企业要明确体育旅游消费者的需求的差异性具体按什么标准细分。

当前，体育旅游市场细分的标准有地理标准、人口标准与心理行为标准共三类。各不同的体育旅游企业可根据自身经营目标、经营市场范围、经营规模等来确定细分的标准。

（一）地理标准

体育旅游市场细分中，地理标准是最常用的一个标准，具体是指体育旅游相关经营企业根据地理因素对客源市场进行细分，将目标消费者和潜在消费者根据地理区域进行划分。

自然条件、政治、经济和文化会直接影响区域内的消费习惯、方式、需求等的差异化。来自不同地理区域的体育旅游消费者的自然地理环境、经济水平、文化状况等会使体育旅游消费者表现出明显的地区差异。

因此，对于规模较大的体育旅游企业来说，其接待的来自全国或者世界各地的体育旅游消费者众多，因此，在体育旅游市场中，根据体育旅游者的国别、地区和城市，对消费者进行地理位置的区分是非常常见的，具有以下优点：

第一，有助于体育旅游企业最快速地把握不同区域的体育旅游消费者的特征与习惯。

第二，有助于体育旅游企业研究不同区域的体育旅游消费者的需求特点、需求总量、需求水平和需求方向。

第三，有利于体育旅游企业针对不同区域的体育旅游消费者的特点经营、营销。

根据地理标准进行体育旅游市场细分，应充分考虑市场密度，明确细分市场的区域总人口、经济发展水平、体育文化等。

（二）人口标准

体育旅游市场的消费者是人，人是构成体育旅游市场的基本因素，因此人口的特征研究对于体育旅游企业的市场细分来说也具有重要的参考价值，根据人口特征对体育旅游市场进行细分，就是体育旅游市场细分的人口标准。

根据人口标准对体育旅游市场进行细分，应考虑人口的以下因素：总人口（研究特定区域内的总人口）；人口自然状态（人口的地理分布、年龄结构、性别结构、家庭结构）；人口社会构成（人口的民族、教育、职业、阶层、经济、收入构成等）。

不同自然状态和社会构成下的人的体育旅游需求的具体规模、时间、地区投向、体育运动内容倾向、消费水平高低等方面会有明显的差异，因此按照人口标准进行体育旅游市场细分是非常必要的，有助于体育旅游经营企业结合消费者需求差异，根据企业的特点和优势，准确选择目标市场。

(三) 心理行为标准

当前社会，体育旅游消费者诸多，针对同一地理因素、相似人口因素的体育消费群体，可以结合不同体育旅游消费者的心理行为标准进行体育旅游市场细分。

具体来说，不同的体育旅游消费者的体育旅游动机、生活方式和个性特征不同，因此，他们对于体育旅游产品（或服务）的爱好以及态度也不同，可能形成不同的体育旅游市场。

以城市居民的体育旅游心理分析来看，影响城乡居民体育旅游的两个重要因素是旅游兴趣、旅游安全考虑。城乡居民并非对体育旅游有兴趣，而且在一定程度上体育旅游项目的危险性也不能成为影响他们参与体育旅游的主要客观因素。因此从总体上看，影响城乡居民参与体育旅游的诸多客观因素中，不了解、经济限制和时间有限是最主要的因素，而兴趣和项目的危险性也对人们的体育旅游行为造成了一定程度的限制与制约。因此，结合城市居民特点，体育旅游经营企业在扩大市场过程中，应重视城镇居民的体育旅游兴趣激发，加大热点、品牌、差异性宣传，针对具有危险性的体育活动内容应及时为体育旅游消费者提供安全信息，消除体育旅游消费者对体育旅游的安全顾虑。

体育旅游经营企业根据消费者的心理行为标准细分市场，可以从人们心理活动所形成的旅游的动机、类型、方式、频率、价格喜好、品牌选择等，确定各细分市场的营销策略。

第二节 体育旅游目标市场的选择

一、体育旅游目标市场的选择依据

(一) 市场规模

市场规模是影响体育旅游企业选择目标市场的重要因素，体育旅游市场规模，是对体育旅游的每个细分市场的现实客源量与未来客源量的判定。体育旅游业目标市场的客源规模大小，会直接影响体育旅游业企业的经营效益。

在这里必须充分强调的是，重视目标市场的规模，并不是一味强调它的"绝对规模"，而是强调目标市场是否具有"适度规模"，"适度规模"是一个相对概念，即相对于体育旅游业资源与经营能力的市场规模。

在当前体育旅游市场激烈的竞争中，有些体育旅游企业急于在体育旅游市场中分得"一杯羹"，常常在选择目标市场时，不考虑本企业的资源条件与经营能力，重视规模大的客源市场，忽视规模小的客源市场，形成众多体育旅游企业在同一细分市场经营的局面。这样会增加市场竞争的强度和企业经营风险。

（二）市场结构

所谓市场结构，具体是指体育旅游业与市场的关系特征与形式。在体育旅游市场竞争中，企业主要面临着三个方面的市场竞争和压力，即行业内的竞争者、潜在竞争者、旅游中间商的经营威胁。因此，企业必须认真分析自己所面临的市场结构，以便在选择目标市场时趋利避害，提高市场竞争优势。

1. 市场存量

当市场已经存在一定数量的竞争者时，市场会接近饱和，进而失去经营吸引力。体育旅游市场也不例外。

在市场结构分析中，应充分考虑目标市场上体育旅游业的供应能力，针对某个目标市场，体育旅游业要想坚守，就要加大促销力度，提高产品质量，并运用价格手段参与市场竞争，这样就必须大幅度降低自身经营利润。因此，企业在选择目标市场过程中，应考虑目标市场竞争者的存量，选择竞争对手较少的细分市场作为自己的目标市场。

2. 入市难度

如果体育旅游企业已经确定目标市场，应充分考虑进入该目标市场的标准和难易程度，一个目标市场对本企业有吸引力，也可能吸引一定数量的新的竞争者进入，那么，当新入市者与本企业实力相当时，该市场就会失去经营吸引力。

因此，在目标市场选择的过程中，体育旅游企业应考虑目标市场上潜在竞争者进入的难易程度，选择那些潜在竞争对手难以进入的细分市场作为自己的目标市场。

3. 市场干扰

在体育旅游市场中，作为体育旅游经营主体的企业与消费者之间并非是直接的接触和交易，还可能涉及许多中间其他市场主体，这部分中间环节的市场经营者也想获得利益，所以对体育旅游企业的经营会产生一定的影响。

在确定目标市场的过程中，当体育旅游企业选定的目标市场中，负责提供客源的中间商具有较强的砍价能力时，中间商会要求体育旅游企业压低产品价格，提高产品质量，增加产品项目等，这会增加体育旅游企业的经营成本，该目标市场对体育旅游企业的经营吸引力就会相对降低。

因此，在选择目标市场的过程中，体育旅游企业应考虑目标市场中间商的砍价能力，应选择中间商砍价能力较弱的细分市场作为自己的目标市场。

（三）市场发展潜力

发展潜力对体育旅游业经营效益具有重大影响，因此，在体育旅游企业的目标市场选择中，仅仅具有较大的市场规模是不够的，如果市场规模过小，发展潜力不大，即使体育旅游市场占有率很高，也不会为体育旅游业带来较高的利润。

在体育旅游市场发展过程中，企业选择目标市场，应充分考虑该市场能不能为企业当前经营创造利益，能不能为企业和整个体育旅游业的未来发展创造利益。因此，细分市场不但要相对稳定，还要有发展潜力。

（四）经营目标与资源

体育旅游企业在选择目标市场时，除考虑上述因素，还要充分考虑体育旅游业的经营目标以及资源，以便确保体育旅游业的目标市场与企业的经营目标及资源状况相适应。

二、体育旅游目标市场的选择过程

（一）分析细分市场

分析细分市场是体育旅游企业选择体育旅游目标市场的第一步，应广泛收集各种资料和数据，根据确定的市场细分因素及细分标准，全面研究以下内容。

①对市场进行细分，了解各细分市场的特点和发展空间，找出企业客源市场。

②研究原有客源市场的行业市场占有率，以便确定本单位的主要客源市场占有率及行业位置。如果体育旅游业主要客源市场在本行业内处于优势地位，且能充分发挥体育旅游企业潜在经营优势，则这个市场就是理想的目标市场。

③研究各类细分市场的发展潜力。企业应明确，所选目标市场经过体育旅游业的经营开发以后，该市场在一定时间内所能达到的需求规模，能否满足企业利益需求。

④研究各类细分市场发展的影响，如客源市场、市场结构、市场政策等。

体育旅游目标市场的选择，是一个动态过程，对目标市场的科学评估应考虑多个因素。

（二）评估目标市场

体育旅游目标市场的评估是选择目标市场的第二个重要环节，评估内容和步骤具体如下。

1. 评估各类细分市场的经营业绩

对细分市场进行经营管理分析，通过了解细分市场的经营特点和经营水平，与企业的经营目标进行匹配，确定二者的匹配度，并据此进行进一步的市场细分。

2. 判断各细分市场的经营吸引力

细分市场的吸引力会直接影响市场规模、企业竞争地位，因此需要重点分析和评估。

在体育旅游市场竞争中，如果客源不足，必然会形成各企业的价格竞争，造成企业利润降低。同时，即使市场需求大，如果企业在市场竞争中处于劣势地位，则该市场对体育旅游企业的经营吸引力也是较小的。

（三）确定主要竞争对手

在选择目标市场时，体育旅游企业应确定其在目标市场中的主要竞争对手和竞争对手的经营目标。

1.确定主要竞争对手的特性

一般来说,体育旅游企业的主要竞争对手和其自身往往具有以下共同特点:

①体育旅游产品(或服务)价格相同或相似。

②体育旅游消费者群体相同或类似。

2.了解竞争对手的经营目标

经营目标对企业的经营具有重要影响,经营目标不同,则经营方向、经营重点、经营策略也会有所不同,最终企业的经营行为就会不同。对此,体育旅游企业要有充分的认识。

在对竞争对手的经营目标进行分析的过程中,要充分结合本企业的市场竞争实力进行分析,评估本企业、竞争对手在目标市场中各自的优势与劣势。分析与自己有主要竞争关系的其他旅游企业的实力,分析其能否在目标市场达到其经营目标。对本企业和竞争对手的市场竞争实力分析应涉及市场知名度、产品(服务)质量,营销能力、营销网络、市场占有率等内容。

第三节 体育旅游市场的开发与规划

一、我国体育旅游市场开发的宏观环境分析

(一)良好的发展态势

我国体育旅游市场的发展是伴随着我国社会经济的发展而逐渐发展和成熟起来的。

改革开放以后,我国经济发展迅速,人民生活水平大幅提高,社会与经济的快速发展,以及人民对高质量生活水平的追求和体育观念、健康观念、消费观念等的改变,使得我国体育旅游市场迎来了良好的发展前景。

21世纪以来,国民消费观念的巨大变化和对健康生活发展的重视,促进了体育旅游消费的增长,我国每年从事体育消费的人越来越多,体育消费市场不断扩大。

现阶段,我国体育旅游市场发展态势良好,具体表现如下。

①体育旅游项目越来越多,各体育项目表现出了良好的体育旅游发展后劲。

②体育旅游基础设施不断完善。

③体育旅游人口持续增多。

④体育旅游市场需求不断加大。

⑤体育旅游消费水平逐渐提高,为国民经济收入的增加做出了重要贡献。体育旅游成为新的经济增长点。

⑥体育旅游发展政策环境良好。

(二) 市场发展的预测

和国外经济发达国家比，我国体育旅游起步晚，但发展迅速，已经形成了良好的体育文化氛围、体育经济氛围，体育旅游市场发展前景广阔。

目前，全球的体育旅游产业的年均增速在15%左右，是旅游产业中增长最快的细分市场；根据国家旅游局的公开数据，中国体育旅游市场正在以30%～40%的速度快速增长，远远高于全球体育旅游市场的平均增速。

近两年，随着我国对体育事业发展的重视，体育旅游的政策环境越来越好，体育旅游市场规模和需求不断扩大，再加上我国体育旅游产业的投资力度不断增加，我国体育旅游行业投资增速要远远高于其他产业。

随着居民收入水平的提高，消费升级趋势的确立，体育旅游由于具备了赛事活动观看、明星粉丝经济、社群活动参与、休闲体验等多种高粘性及强目的性的出行因素，被旅游业界认定为是未来一片广阔的蓝海，并且发展迅速。

二、体育旅游市场产品开发类型

经过我国对体育旅游发展的不断重视与推动，现阶段，我国各个地区的体育旅游产品已经非常丰富，我国的体育旅游产品体系已经基本建立起来并趋于完善，这对于我国体育旅游市场的进一步规范发展和市场开拓是非常有利的。目前，我国各地体育旅游产品体系共包括三大类产品。

新的体育旅游市场产品开发，应从以下几方面入手：

(一) 绿色产品开发

我国向来重视环保，体育旅游与环境保护方面具有非常密切的关系，体育旅游的很多产品和场所都是在户外，尤其是在大自然环境中的体育旅游更能丰富旅游者的旅游消费体验，我国的广大地域、丰富的地貌特点和不同地区的丰富体育资源类型为各种形式的体育旅游产品开发提供了良好的条件。但无论哪个地区，开发何种形式的旅游产品，如雪上运动、水上运动、山地探险运动等，都应重视旅游地周边自然环境的保护。

(二) 民族产品开发

我国少数民族众多，民族传统体育资源丰富，如内蒙古骑马，藏族摔跤、朝鲜族跳板、土家族的摆手舞、龙舟赛等。这些民族活动都有着深厚的文化底蕴和悠久的历史。其独特的魅力，在国内和国际体育旅游市场，具有较强的消费吸引力，应将具有民族特色的资源合理利用起来，重点开发。

(三) 创新产品开发

体育旅游市场开发需要创新，创新是体育旅游产品开发的重要环节。体育旅游事业的吸引力与其旅游产品、旅游线路、旅游形式的不断创新密切相关。

在体育市场产品开发过程中,要想使得本企业的体育旅游产品在体育旅游市场中众多的体育旅游产品中脱颖而出,就必须在体育旅游产品的特色设计中多下功夫,突出体育旅游产品的地区特色、文化特色、挑战难度等级等,新的体育旅游产品的推出,要让消费者看到该体育旅游产品与其他体育旅游产品的不同之处,由此才有可能吸引消费者。体育旅游产品创新应充分考虑体育消费者的需求,结合消费者需求市场进行创新。

(四) 地方旅游活动的开展

1.国内地方特殊旅游活动的开展

开发体育旅游市场,必须依靠现有的资源进行部署,应根据地方性特点开发体育旅游市场。具体市场操作如下:

(1) 体育旅游经营与地方节庆充分融合

我国地域广泛、民族众多,各种与民族体育文化相关的体育旅游文化节每年都会吸引大批的游客前来,欣赏民族风情、观看和参与民族特色体育运动,是一种良好的体育旅游体验。

(2) 体育旅游经营与自然环境、文化资源融合

我国物产丰富,基于自然环境发展起来的冰雪体育旅游、水上体育旅游都实现了体育旅游开发与环境资源开发的有机结合,同时也表现出不同的体育运动文化特色。体育旅游经营主体应结合具体资源创建新型资源,利用宣传效应、设计风格独特的专项旅游产品,如海滨城市发展潜水、冲浪等水上项目体育旅游。

2.中国特殊旅游活动的开展

我国历史悠久、民族众多,特殊体育旅游资源丰富,这些都吸引了诸多国外游客来中国旅游。据调查,我国入境旅游者中,首选旅游资源为山水风光和文物古迹,其次为民俗风情和饮食烹调。对此,可结合我国特色自然山水资源、文物古迹、民族民俗风情,以此为依托来设计产品形象,开展特色体育旅游。

三、体育旅游市场新产品开发步骤

(一) 构思

构思是新产品研发的第一步,具体应做好以下工作。

①了解体育消费者需要什么样的产品。
②分析相类似的产品另外还需要有什么用处。
③分析体育经营组织人员、技术创新途径和方法。
④思考如何调整优化体育经营组织管理。

(二) 筛选

①广泛收集信息并整理和分析,对构思进行筛选,新产品的构思应该与企业的长

远发展相协调。

②考虑构思的可行性与可操作性。

③筛选时，综合考虑多方面的因素，包括竞争情况、市场需求情况和企业自身的情况等。

（三）产品概念成形

确定产品概念时，应对细分市场、性能、价格、价值等进行详细阐释、对比分析，最终确定最佳产品的概念。

（四）产品开发分析

1.确立市场定位

我国体育旅游的开发，不能盲目进行，必须确立好自身的市场定位（表6-1）。

表6-1 体育旅游目标市场定位

专项旅游类别	目标市场类型
大众性体育旅游	国内外所有市场类型
专业性体育旅游	国内外专业运动员、竞技爱好者
刺激性体育旅游	国内外中、青少年市场
民族性体育旅游	国内外所有市场类型

2.根据市场细分进行产品开发

不同消费者消费特点和需求不同，就性别来看，女性偏爱观赏、娱乐、有美感的体育旅游活动；男性偏爱体育参与性活动；就年龄来看，青年人喜欢冒险，老人喜欢养生。结合市场细分开发体育专项产品，具体可参考表6-2。

表6-2 体育旅游产品开发设计

体育专项旅游产品	目标市场	产品开发作用	市场空间跨度
银发健身旅游产品	中老年人	养生、康复	国内、国际市场
健美健身旅游产品	妇女和青年	减肥、健美	国内市场
休闲度假健身产品	都市居民	回归自然、休闲	国内、国际市场
探险体育旅游产品	中青少年	超越、挑战自我	国内、国际市场
自助体育旅游产品	白领职员	生存训练、团队协作	国内、国际市场
民族体育旅游产品	国外游客	展现中华民族体育文化	国际市场
体育观战旅游产品	体育迷	弘扬体育竞技精神、体验激情	国内、国际市场
节庆体育旅游产品	异地居民	异地文化、体验	国内、国际市场
家庭赛事体育旅游产品	单个家庭	增进沟通、加强合作	国内市场
儿童竞技体育旅游产品	少年儿童	增知益智、意志培养	国内、国际市场

（五）商业分析

确定产品概念后，在整合、分析各种资料的基础上，对产品上市进行评估，分析所开发的产品的销售额、成本、利润等，综合评定之后，如果可行，则进行下一阶段的工作。

（六）市场试销

小范围地在市场上对新产品进行实验、论证，可找一些消费者进行实验，在真实的市场环境下检验产品是否符合消费者的需求，收集意见和建议，改进产品和服务，或果断放弃。

（七）产品上市

新产品试销成功之后，接下来进行全面的市场推广工作。进行批量生产，然后，选择相应的投放时机和营销策略。

第四节　体育旅游市场的营销

体育旅游市场的科学营销能为体育旅游市场主体——体育旅游经营企业带来良好的经济效益、社会效益、文化效益等，是体育旅游经营企业非常关注的一个重要问题。因此，各体育旅游经营企业都非常注重体育旅游市场的营销方案的制订和科学化实施。本节主要从企业的角度出发，对体育旅游市场的科学营销进行系统分析。

一、市场营销与营销策划

（一）市场营销

市场营销（Marketing），是指营销人员针对市场开展经营活动、销售行为的过程。通过市场营销，实现商品在市场中的购买和销售。在市场经济规律下，实现供需平衡，促进资源、产品、资金、信息等在市场上的自由流通。

体育旅游市场主体进行体育旅游市场营销，应从消费者的市场需求出发，营销观念从供应市场向需求市场转变，充分结合消费者需求选择制订市场营销策略，促使消费者落实消费行为，实现商品和服务的交换，企业获得社会和经济效益。

（二）市场营销策划

市场营销活动是由一系列有组织的人员来进行的，它的成功离不开有效的市场营销策划。市场营销策划是全面性的，并不是单纯的与体育有关的广告与产品的销售策划活动，它还包括实现既定目标的方法、途径，以及各项资源的配置。

市场营销策划的意义表现在以下几方面：

①为企业的发展提供路线图。

②指导和促进企业战略的实现，促进管理的科学化。
③提高人财物资源的利用，促进人际的协调。
④帮助企业认识到发展中的问题，更好地把握和应对机遇与挑战。

二、我国体育旅游市场营销主体

目前，我国体育旅游市场营销主体（体育旅游产品的分销渠道）主要有两个：体育旅游公司和旅行社。

近年来，随着我国体育旅游市场规模的不断扩大，越来越多的体育市场主体进入市场，都想要在体育旅游市场中分得"一杯羹"，当前在体育旅游市场中具有较强竞争力的市场主体主要是一些大型旅行社以及部分体育经纪公司，如国旅、康辉、青旅。其他一些小的体育旅游公司、旅行社也在不断增多。

三、体育旅游目标市场营销模式

（一）无差异目标市场营销

无差异目标市场策略，具体是指把整个客源市场作为目标市场开展经营的营销策略。该策略使企业向市场提供标准化产品，优势在于成本低，适用于以下情况。
①整个客源市场需求虽有差别，但相似度更大。
②客源市场需求有本质区别，但各需求差别群体的经济规模较小，不具有市场细分价值。
③业内竞争程度较低，客源市场需求高。

（二）差异性目标市场营销

差异性目标市场策略，具体是指根据不同细分市场，设计不同的经营方案的营销策略。该策略针对性强，满足市场需求度高，为不同细分市场提供不同产品，建立不同的销售网络，企业经营成本高，适用以下情况：
①客源市场的需求差异大。
②各类细分市场都具有一定的经营价值。
③企业规模大，产品经营能力强，已占领更多的细分市场。

（三）密集性目标市场营销

密集性目标市场策略，具体是指选择少数（一两个）细分市场作为经营目标，制订营销策略。该营销模式综合了上述两个营销模式的优点，适用以下情况。
①细分市场具有明显的实质性的需求差异。
②企业规模较小，经营能力有限。

四、体育旅游市场具体营销策略

促销，是营销的一种具体操作方式方法，是营销者向消费者传递有关企业及产品信息，说服或吸引消费者消费，以扩大销售量、占领市场份额。

（一）针对目标市场促销

体育旅游的市场目标不同，其设计产品和促销产品的方式也不同。针对目标市场促销，是差异性目标市场营销模式的具体营销策略实施。这种方式的营销策略针对性强，要求针对需求的不同对体育旅游产品进行分类标价的促销，以更好地满足人们的不同需要。

就年龄因素分析来看，不同年龄阶段体育消费者对体育旅游消费的产品和服务需求不同，可形成不同的消费市场。例如，就不同年龄阶段的消费者进行体育旅游市场细分，经调查，我国入境体育旅游游客中，老年人停留时间最长、青少年次之，因此，应多针对这两个人群开发体育旅游产品。

（二）利用节假日促销

节假日是人们参与体育旅游活动，集中进行体育旅游消费的重要时间阶段，对此，应充分利用节假日，开展体育旅游活动，推出具有节假日气氛和特色的体育旅游产品与服务。

在节假日实施体育旅游产品和服务营销，应结合具体节庆假日特色、时间长短刺激消费，充分考虑游客在有效时间内的可达性和市场空间定位。

（三）综合资源，组合促销

体育旅游具有多元功能和价值，在体育旅游市场营销过程中，应整合多种体育旅游资源，满足消费者的多元消费需求，将度假、观光与体育运动三者完美结合，综合满足人们的心理需求、身体需求、个性发展和健康恢复，满足体育旅游消费者花一分钱体验多重服务的心理，以增强体育旅游产品（服务）对体育旅游消费者的吸引力。

第七章 乡村振兴背景下体育旅游生态环境发展

第一节 体育旅游与生态环境

一、生态环境的概念

有学者认为,"生态"与"环境"是两个完全不一样的概念,"生态环境"是"生态"与"环境"这个新概念的融合,是一种新的概念。

生态环境是指影响人类生存与发展的水资源、土地资源、生物资源以及气候资源数量与质量的总称,是关系到社会和经济持续发展的复合生态系统。

在人类长期的生存与发展过程中,从大自然获取了很多的资源,同时给予自然的却是各种环境问题,这种对自然的无限索取使得人类社会现在面临着越来越多的环境问题。

从生态系统的整体来看,人是其中最积极、最活跃的因素。

人对整个生态系统的影响力是非常大的,而且深远,随着人口的不断增长,人类对生态环境的影响也在加剧。20世纪中期以后的人口急增和科学技术的快速发展,人类的创造能力与生产能力水平大大提高,但也带来了巨大的破坏力。人类的大规模生产加快了对自然资源的挖掘速度和力度,导致自然生态失去平衡,引发了一系列灾害。因此,环境问题如今已成为全球所关注的热点话题。当今世界,不论是在发达国家,还是在发展中国家,生态环境问题均已成为制约经济和社会发展的重大问题。

二、保护生态环境的意义与原则

(一)保护生态环境的意义

保护生态环境就是研究出因人类生活、生产建设活动使自然环境遭到破坏的解决方案,进而对环境污染和破坏的各类因素进行控制、治理与消除,使生态环境得到改善，这对于人类社会的可持续发展具有十分重要的意义。

环保，是人类社会可持续发展必须重视的一个问题，对于人类的健康发展来说，良好的环境能为人类生活提供一个良好的居住环境，这对于人的个人健康发展有利，同时也有助于为子孙后代构建一个适宜居住的良好自然生态环境。现阶段，人类社会的发展问题已经与环境保护密切地联系在一起，必须采取有效措施保护当前人类的生态环境，防止环境恶化，控制环境污染，使人类与环境协调发展，从而保护人类健康，提高生活质量。总体来看，这是一件功在当代，利在千秋的大事。

人生存在这个地球上，就不可避免地与自然环境接触。随着人口的迅速增长、科学技术的不断进步以及生产力的快速发展，人们在生活及生产中制造了各种各样的垃圾，这些垃圾严重影响了自然环境，人类生态环境受到了严重的污染，自然生态平衡受到了严重威胁，多项资源遭到破坏，这对人类的生存环境有着直接或间接的负面影响。

（二）保护生态环境的原则

1. 生态环境保护与生态环境建设同时进行

很多地区在进行环境保护工作的同时依然没有停止环境破坏行为。因此，在大力推进生态环境建设的基础上，树立保护优先、预防为主、防治结合的策略，彻底改变某些地区边建设边破坏的情况。

2. 污染防治与生态环境保护并重

在环境保护的工作中，要充分重视人类所生存的社区环境与自然生态环境的有机结合，促进二者的和谐发展，构建适宜人类居住的美好生活家园。

3. 统筹兼顾，综合决策，合理开发

环境保护与环境开发，二者并不矛盾，要正确处理好两者的关系，做到在保护中开发、在开发中保护。

现阶段，很多人和企业在生产发展中只看重经济利益，忽视社会效益、忽视环境效益，这种发展观念显然是一种鼠目寸光的表现，是非可持续性的发展，最终将会面临各种生存环境问题，而这些问题的产生将直接制约个人与企业的进一步持续发展。

4. 明确生态环境保护的权利与责任

树立"谁开发谁保护，谁破坏谁恢复，谁使用谁付费"的原则，充分利用法律、经济、行政和技术手段保护生态环境。

三、生态环境保护措施

（一）强化宣传教育，提高生态环境保护意识

现阶段，要强化大众生态环境的保护意识，应充分发挥政府部门，大众媒体，教育系统的教育、宣传作用。

首先，政府应加强官方的生态环境保护宣传。各组织和部门应建立起生态环境的

保护意识和责任。领导者应定期或不定期开展环境保护培训，组织各级人员学习有关生态环境保护的理论，使各级领导干部形成可持续发展意识，提高生态环境保护决策能力；基层干部应注意从我做起，在人民群众中起到模范带头的作用，并积极地对本部门的工作人员进行环境保护方面的培训，使工作人员能深入人民群众中进行生态环境保护方面的法律法规、环境标志、清洁生产等方面的宣传。

其次，对于大众媒体来说，应积极发挥传播作用，充分利用多种媒介，如互联网、电视、广播等媒介，广泛开展多渠道、多形式的宣传活动，提高广大人民群众的环保意识和增强环境保护的责任感。

最后，学校作为重要的教育场所，应开设环境教育课，在学校加强生态环境保护的专业教育，促进学生群体树立生态环境保护意识，促进他们影响身边更多的人树立环保观念、参与环保行为。

（二）加强领导，建立生态环境保护综合机制

在市场经济下，各种市场主体的经营行为具有自发性和利益驱动性，破坏生态环境的行为不可避免，因此，必须建立健全生态环境保护综合机制，促进社会经济的良性发展、促进生态环境资源科学有度的开发。

政府在加强领导、建立生态环境综合机制方面有不可推卸的责任，同时，也具有最大的决策与管理权力。

从宏观角度来说，政府应加强对生态环境保护综合决策的宏观调控，把握好生态环境保护的总体发展方向。具体做好以下几方面的工作：

①建立环境质量行政领导负责的相关制度，层层推进各级政府环境保护的目标责任制。

②各级政府要与本地的农业、林业、水利、土地和畜牧等部门签订环保责任状，各部门要负起责任。

③各级政府的相关项目开发中，要明确落实生态环境保护责任人。

④各级政府应结合本地区情况建立并不断完善资源开发生态环境保护与开发机制。

⑤各级政府形成切实有效的管理体系，在重大经济与发展规划的决策上必须考虑环境因素。

⑥派遣环保专业人士和代表对政府各部门的生态环境保护的执行情况进行监督和考察，建立奖惩制度。

⑦鼓励人民群众就生态环境保护问题积极献言献策。

（三）加大执法力度，依法保护生态环境

环境法制建设与依法行政是加快生态环境保护工作进程的保证。在相关项目的开发中，必须严格执行环境保护和资源管理的相关法律法规，如果开发建设项目破坏环境则要坚决禁止。对于破坏生态环境的违法行为要严厉打击。

加快环境立法，抓紧制定生态环境保护的法律法规，逐步完善地方生态环境保护法规体系，做到有法可依、有法必依、违法必究。

加大生态环境保护的执法力度，依法执行环境影响评价制度，规范生态环境管理，对于没有进行环境保护、造成重大生态环境破坏的项目，按照法规严肃处理。加强对重点区域生态环境保护与治理恢复的监督力度，使项目资源开发与生态环境保护走向法制化。

（四）建立生态环境保护监管体系

市场经济发展是追求利益的，而环境保护必须在遵循自然规律的基础上，合理地保护是体育旅游项目的生存根本。此外，体育旅游资源也有其生命周期，一般可划分为初创期、成长期、成熟期、衰退期。这个生命周期的长短受多方面的影响。在体育旅游资源的开发过程中，一定要做到开发与保护并重。面对追求经济利益对资源的无限索取，仅靠个人和企业自觉是无法实现的，必须建立健全生态环境保护监管体系。

各级人民政府应做好以下工作：

①调查本地生态环境，制定出本地生态功能区划和生态环境保护规划。

②合理布局本地资源开发和产业发展，推动经济社会与生态环境保护协调发展。

③土地、草原、矿产等重要资源开发和重大项目建设，严格进行环境影响评价，工程建设与生态环境保护及恢复措施同时设计、同时实施、同时检查验收。

④落实资源开发与项目建设环保追责。

各级专业部门，农、林、水利等部门结合自身情况，建立生态环境保护监管体系，履行各自职责，做好规划与管理。具体应做好如下工作：

①将生态环境治理和恢复作为工作重点。

②防止土地荒漠化和水土流失。

③做好水资源开发，确保群众生态用水。

④禁止破坏草场、植被。

⑤发展一批生态保护区。

⑥加强基础设施建设和生态环境保护监督管理。

体育旅游部门应在生态环境保护中做好以下工作：

第一，制定体育旅游自然生态环境保护条例，促进人与自然的和谐发展。

第二，在体育旅游业的各个开发环节，都应该重视规范化操作，严格遵守环保法律法规要求进行资源开发和项目建设作业。

（五）增加生态保护投入，加大科研支持能力

不管是什么项目、什么资源的开发，必须建立在保护生态环境的基础上。在项目资源开发上必须制订生态保护计划，确保生态环境保护的资金到位，如果没有专项资金的不予批准，已经开工的责令其暂停。

新时期，应加强生态环境保护的科学研究及对环境友好的新技术的应用，利用科

学技术完善体育旅游项目的开发与建设，进而保障生态环境保护的科技支持能力。

宏观方面，各级政府与部门应鼓励各企业和组织进行先进科学技术的研发与使用，尽量避免对自然生态资源开发利用过程中的环境破坏。

微观方面，企业自身应增强科技创新意识，加强对科学技术的研发，提高科学技术自主研发和创新能力，使现代技术与体育旅游资源的开发结合起来，充分保障各地区资源的原生性，在某些旅游产品中运用现代科技是非常必要的。例如，开展登山运动时，可借助现代测量技术选择适宜登山路线，以免对自然风景区造成破坏。需要特别提出的是，各技术研发创新企业应树立全局观，企业应对生态环境保护的科研成果大力宣传推广，提高生态环境保护的科技水平。

（六）分类指导，实现生态环境保护的分区推进

我国地域辽阔，环境复杂多样，有着超过十几亿的人口，因此生态环境相对脆弱，在经济建设中面临着很大的压力，导致我国生态环境保护工作面临种种挑战。在这种形势下，我国的生态环境保护工作要进行多方面的思考与创新。要紧紧围绕重点地区的生态环境问题，制定生态环境保护规划，实行分类指导，实现生态环境保护的分区推进，以此来带动和推进全区的生态环境保护工作。

各地区首先要全面调查本地的生态环境，全面分析生态环境的现状，重点抓好以下三种类型区域的生态环境保护工作。

①重要生态功能退化区：制定具体保护规划，进行抢救性保护。停止一切破坏性建设活动。

②重点自然资源开发区：强制性保护。制定生态环境保护办法，建立环保评价体系，加强生态环境保护监管，坚持项目开发与生态环境保护同步规划、实施、检查验收。

③生态良好地区：积极引导和经验总结，制定相关政策措施，不断深化生态示范区建设，建立一批经济、社会和环境协调发展的范例。

我国地域广阔，各地区的生态环境保护与体育旅游资源开发情况不同，面临的各种问题也不同，实践证明，我国各地区进行生态环境保护必须进行跨地区的相互学习、借鉴，并结合各地区的特点，走一条适宜本地区体育旅游开发和生态环境保护的创新之路。

另外，体育旅游主题公园的建设、体育旅行社信息网络管理等都需要现代科技的大规模投入，才能充分发挥出各地区体育旅游产品的竞争优势。

（七）积极开展国际环境保护交流与合作

作为联合国安全理事会常任理事国之一，我国对生态环境保护有着义不容辞的责任与义务。

事实也证明，我国在环境资源保护方面所做的工作是非常多的，而且取得了良好的环境保护效果，目前我国已签订了多项生物多样性保护和生态保护的国际公约，并

公开公约内容，切实承担相关国际义务，为全球生态环境保护做出了贡献。

全球化发展进程中，进行国际交流是为了做好我国生态环境保护和建设的重点工作。

四、生态环境保护与体育旅游发展

生态环境是人类生存和发展的所有外界条件的总和。市场经济条件下，体育旅游的发展是可以实现与生态环境保护的相互促进的。应在体育旅游业和生态环境保护的共同角度上看待可能出现的各种发展性问题，要想使体育旅游健康发展，就要对生态环境进行保护。另外，生态环境保护需要得到体育旅游产业发展所带来的经济效益的有力支持。

生活在城市中的人们每天都面对着很多污染，如雾霾、噪声、沙尘暴等，人们一直对良好环境有着与生俱来的渴望。对于游客来说，肯定不希望去一个有环境污染的地方旅游。开发好体育旅游资源，就必须投入一定的资金来改善环境，优美的环境能吸引更多游客前来，体育旅游的发展离不开游客产生的经济效益。

体育旅游活动是一种积极、健康、向上的活动，它和一般的旅游活动不同，体育旅游中有很多体育运动项目，让游客亲自参与进来，体验到体育运动带来的刺激感与成就感。通过体育旅游，不仅游山玩水，还能锻炼身体，释放日常生活中的压力，是现代人娱乐休闲的一种新选择。体育旅游中的民风民俗的表演也是招揽游客的好手段，是地域文化的一道亮丽风景线，体育旅游能够让一个地区更加美丽，创造更多价值。

为了保护体育旅游地区的生态环境，就要采取一定的举措。比如很多景区对每日游客量的限制就是一种环保措施。

五、体育旅游生态环境的研究进展

（一）体育旅游造成环境污染的相关研究

体育旅游的生存和发展既对生态环境有很大依赖，同时又对生态环境产生破坏。体育旅游倡导可持续发展，相关学者认为体育旅游与可持续发展之间存在一种天然的耦合关系。体育旅游作为旅游业的一大分支，作为旅游业中的新业态，不可避免地对生态环境产生影响，受到生态环境的制约，这种破坏与影响打破了人与自然的和谐，值得关注。

1.对大气环境的影响

很多体育赛事被作为一种体育旅游产品进行商业操作，这其中无形中对大气造成相当严重的污染。如F1赛车、世界汽车拉力赛、摩托车赛、卡丁车赛、摩托艇赛等都是大功率、高噪声、重污染的运动机械竞赛项目，这些机器排出的大量废气给当地的空气造成不同程度的污染。前来观赛的观众从四面八方赶来，大量流动人口对本地交通提出了更高要求。再如，热气球、跳伞等运动对旅游工具的依赖都在一定程度上加剧了空气污染。另外，体育旅游活动所产生的噪声给当地居民的日常生活带来了极大的不便。

2.对水资源的污染

有很多体育旅游活动项目需要利用到水资源。像钓鱼、赛艇、漂流、划船、游泳、潜水、冲浪、摩托艇等与水有关的运动会直接或间接地污染水环境。一些开展水上项目的河流、湖泊、海滩上随处可见乱扔的垃圾、机油、清洁剂和其他残留物，这些都对周围的水域环境造成了严重污染。青海湖湖水盐化、水面下降，湖区生态恶化；九寨沟和黄龙景区森林面积缩小，湖泊退化等。

体育旅游活动虽然不像工业"三废"直接危害人的健康，但它对生态环境所带来的破坏和污染也是非常大的。因此，重视生态环境的保护，科学指导和规划（如新技术采用、废品排放、场地选址和建设、产品包装等），在体育旅游业发展的每一个过程中都增强环保意识、落实环保行为，才能真正促进我国体育旅游产业、体育旅游文化、自然生态环境的可和谐共生。

新时期，在环保理念下，我国很多地区在发展体育旅游业的过程中，兴建了大批被称为"绿色环保"的体育旅游项目，这些项目为我国的体育旅游发展进程中的环境保护建立了榜样和模仿，值得各地区学习借鉴。

3.对地质地貌的污染和破坏

虽然体育旅游产业的发展、体育旅游产品的开发一再强调倡导开发与保护相结合，但有些体育旅游环境和体育旅游设施对土地的地质和地貌产生无法挽回的影响，将原本丰富的自然生态系统打破，使体育旅游资源不得不承受着游客对环境的破坏。

如此看来，环境的时间、空间和承载能力成为体育旅游发展与生态环境保护之间的矛盾焦点。要想实现体育旅游的可持续发展，必须从环境保护与生态平衡的角度入手，对体育旅游与生态环境之间的关系进行深入研究。

（二）体育旅游与生态环境保护的相关研究

1.可持续发展理论内涵为实现体育旅游可持续发展提供了外部环境

随着生态的失衡，人们开始重视环境保护，并提出了可持续发展的理念方针。在可持续发展的研究上，各种概念、模式的提出极大地丰富了可持续发展的内涵，也使旅游业的发展具有新的理念。澳大利亚学者提出了从环境适应性来探讨旅游发展规划的设想，将环境规划和旅游规划同步进行，这体现出可持续发展的思想。

2.生态学的基本原理和方法为体育旅游的发展提供理论基础

当前，体育旅游发展问题与生态环境保护问题已经成为全世界都面临的重要课题，这一课题也促进了很多学者的积极研究，尝试通过理论论证和方法指导解决体育旅游与生态环境之间的矛盾，从旅游与环境的相互联系的角度探索可持续发展之路。

代表性观点有如下几种：

①在不危害生态持续性、旅游地居民利益的基础上，实现旅游业的长期稳定和良性发展。

②建立生态体育旅游可持续发展模式，有效避免对环境的破坏。

③通过保护旅游资源和地域文化完整性，平衡经济利益，实现公平、互利互惠与共享。

④深入研究体育旅游的承载力，控制生态容量，保护生态环境，确保资源长期、稳定利用。

⑤研究新的环境下对濒危动物的保护方法和对水资源、大气环境的保护措施与方法。

第二节 体育旅游生态环境评价体系与预警管理

一、体育旅游生态环境评价体系的建设

（一）体育旅游生态环境评价原则

1. 突出生态旅游开发价值

体育旅游生态环境评价是为体育旅游的开发与发展服务的，必须突出体育旅游的开发价值。首先，进行评价的重点在于评判体育旅游是否符合生态环境保护的含义，而不在于传统意义上对旅游价值的评定。其次，评价可以从产品和市场的开发入手，但要注意的是在资源环境保护的前提之下进行。

2. 寻求多种方法论的统一

体育旅游生态环境是一个十分复杂的环境系统，要想对体育旅游生态环境做出一个客观全面的评价，就应该综合运用多种方法论指导评价过程，当前用于体育旅游生态环境评价的方法论主要有经验主义、结构主义、实证主义、人文主义、社会生态等方法，它们各有特色，但也有不足，因此应取长补短，多种方法结合。

现阶段，我国针对体育旅游生态环境评价的相关实践经验还不够丰富，还需要更多的方法论进行科学指导，并需要进行案例研究来不断充实。通过实证检验和改进，以使得对体育旅游生态环境的评价更具科学性。

3. 采用定量与定性相结合的方式

在针对体育旅游生态环境进行评价的过程中，评价体系中的很多方法都可以使得评价者有多种选择，哪一种评价方法更能反映体育旅游生态环境的整体状况，需要评价者进行综合考虑与选择。

根据评价方法进行分类，最常见的分类是定量评价与定性评价，这两种评价方法各有特点与侧重，为了使得体育旅游生态评价更加科学，应综合使用这两种评价方法。

（二）体育旅游生态环境评价程序

1.体育旅游生态环境调查

调查的目的是为评价提供基本依据，因此评价过程必须由专业人员负责。开展体育旅游生态环境评价调查，通过不断查阅资料和讨论研究，最终确定主要项目。

2.体育旅游生态环境评价

全面调查了体育旅游生态环境的整体状况和各种细节之后，结合评价人员的实地考察，共同组成体育旅游生态环境评价，评价的具体方式包括专家评价、游客评价。

专家评价应该包括各个方面的专家，如地理、经济、文化、社会等领域的专家，通过综合性的学术评估，以确保体育旅游生态环境评价的全面性。

游客评价中，由于游客的年龄、性别、教育水平、经济基础等存在较大差距，而且不可能在短时间内对体育旅游生态环境进行专业详细的描述，因此可以通过制订量表，向游客发放调查问卷的形式，让游客能在几分钟的时间内完成环境评价。

综合专家和游客的评价，最后对体育旅游生态环境做出专业、客观、详尽的评价。

3.体育旅游生态环境评价的因素指标

由于生态旅游资源评价尚属新生事物，必须进行资源开发后的适宜性验证。验证时要排除因不按照资源评价所提示开发方向而随意开发的后果对资源评价的干扰。开发后验证可以修正资源评价标准体系。

（三）体育旅游生态环境评价标准

1.定性评价标准

定性评价是一种宏观性的评价，是对评价对象做出的整体评价，具体包括品位和特色两方面。

体育旅游生态环境的品位，表现在其资源定位程度上，如"国内特有""省内唯一"等。

体育旅游生态环境的特色表现在其资源特殊性上。如"北京奥运会主体育场""世界杯决赛赛场"等。

2.定量评价标准

定量评价是利用可量化的标准对评价对象进行层次与等级的明确划分，对于体育旅游生态环境评价的定量标准体系的确立，具体方法如下：

①调查并筛选评价因素，综合专家意见、游客意见，并进行实践检验。

②构建层次分明的评价体系。

③对评价体系进行赋值，用比较矩阵确定分值。

④确定综合分值计算方法。

二、体育旅游生态环境的预警管理

体育旅游生态安全是生态安全理论在体育旅游方面的应用,是体育旅游可持续发展的核心和基础;体育旅游生态环境预警是衡量体育旅游生态环境触及警戒标准并发出预警信号的过程,是一种问题监测和预防手段。

(一) 体育旅游生态环境预警评价方法

1.PSR模型与AHP分析法

体育旅游生态环境预警的评价方法中,通用方法为压力—状态—响应模型(PSR)和层次分析法模型(AHP)。

PSR模型多考虑自然、社会、经济等多方面因素。

AHP分析法的区域生态环境预警研究,可赋予指标不同的权重。AHP分析法构建的预警指标体系,可结合SPSS和MATLAB软件对风景区进行实证分析。

2.综合指数法

综合指数法,可有效涉及整个旅游生态环境的各个自然关键因子,属于多因子小综合评价法。具体应用如下

①分析旅游地生态安全变化规律。
②建立表征各生态安全因子特性的指标体系。
③确定评价标准,建立评价函数曲线
④根据因子的相对重要性,赋予权重。
⑤综合各因子的变化值,得到生态安全测度值。

3.模糊评价法

模糊评价法以模糊隶属度理论为基础,将定性指标科学合理的定量化,从而有效解决了现有评价方法中评价指标单一、评价过程不合理的问题。模糊评价法将定性与定量相结合,具有很高的综合化程度,已在资源与环境条件评价、生态评价、区域可持续发展评价等各方面广泛运用。

(二) 体育旅游生态环境预警模型构建

1.单一化预警模型

单一化预测模型包括单一指标和多指标两种,具体来说就是确定某一指标或不同指标的预警值,通过指标数据与预警值的对比,了解旅游景区所处的预警区域。

在单一指标的预警模型中,杨永丰运用拐点理论对旅游地生命周期预警效应的研究很有代表性,通过由拐点测算的单一数值,将预警分为理想、良好、停滞、衰退及恶化五个等级标准。

2.系统化预警模型

系统化预警模型是发展了的单一化预警模型,从预警的"事前—事后—事中"的研究逻辑进一步发展,逐渐向动态、开放、信息化发展。

3.信息化预警模型

当前社会已经进入信息科技高度发达的社会,随着信息科技的不断发展与进步,现阶段,互联网技术、GIS（地理信息系统）技术、网络系统、BP网络模型等,各种信息技术的应用日益广泛,这些技术也被应用到了体育旅游生态建设领域,并为更科学地构建旅游生态预警模型提供了技术指导。

总体来看,信息化预警模型具有方便、快捷的优点,但在选择相应的函数、设计层级结构等基础条件需要具体情况具体分析。

第三节 乡村振兴背景下农村生态体育旅游环境融合发展

体育旅游是一种结合地区体育资源而打造出来的绿色健康旅游方式,这种独具广阔发展前景的生态旅游模式备受青睐,对广大农村地区生态文明建设与旅游产业发展起到了推波助澜的作用。在乡村振兴背景下转变农村生态经济发展方式,从全方位和多角度实现农村体育旅游的综合效益。分析生态文明理念和乡村振兴背景下的农村生态体育旅游环境融合发展现状,探究相应的生态体育旅游发展模式,融合民族传统体育与农村生态旅游资源的体育旅游战略,是实现我国农村地区产业兴旺和生活富裕的根本。充分发挥农村传统体育与旅游资源优势,将两者有效融合起来进一步促进农村传统体育旅游产业发展,通过加强政府管理和引导农民依托优美的农村生态环境、地理资源、传统体育资源和乡土文化资源,创新发展农村体育旅游事业,对加快农村体育事业发展和强国复兴之梦都有不可小觑的意义。我国快速发展的经济为促进农村生态环境体育旅游业奠定了基础,挖掘广大农村体育旅游资源潜力,增加资金投入完善配套设施,利用农村丰富旅游资源融合体育开创一种新颖的生活旅游方式,可以吸引大量国内外喜爱体育运动者参观旅游;还要研究农村特色民俗体育文化与旅游产业相融合发展的策略,充分开发农村特色的民俗体育文化,以多元化发展和有效配置各种资源进行体育旅游格局的优化。

体育旅游作为我国一门新学科和一项新兴的旅游产品,是一种体育与旅游相结合的健身方式,由于我国人民消费观念和消费方式的转变,使得运动休闲成为时下人们追求的一种健康运动方式。如城市旅游、农业旅游、生态旅游、体育旅游和探险旅游等现代旅游产品,成为中国旅游市场的主要发展趋势。其次,论述了体育旅游者的特征和体育旅游产品的类型。具体阐述了体育旅游的分类和类型,以及运动休闲旅游的分类和体育旅游者特征。由于中国各个阶层经济收入的差异,带来了旅游市场需求的变化,使得旅游产品向休闲和运动等方向发展,旅游者开始注重自身参与到旅游项目中以体验身心愉悦,导致人们从传统观赏型旅游向参与体验型旅游发展。为促进旅客身体健康需求,需要调整休闲泛化和休闲结构,体育产业泛化为运动与休闲旅游结合发展提供了可能。第三,论述了体育旅游目的地建设,如体育旅游城市、体育旅游小镇和特色体育旅游聚集区等建设。打造体育旅游目的地旨在为广大人民群众提供体育旅游的理想场所去处，重在提升和创新这些体育旅游目的地的吃、住、行、购、娱等配套设施，以体育旅游产品作为重点。在原有的旅游空间结构和现有旅游景区基础上进一步提升和整合体育旅游资源，让人在休闲娱乐中得到体育健身锻炼。根据不断变化的体育旅游市场需求开发新兴体育旅游产品和打造新颖的体育旅游方式，体育旅游配套设施的提升重在现有旅游配套设施基础上，不断完善和构建人性化的体育旅游配套产业，以保障游客身心得到锻炼和愉悦的目的，为其提供一些特色的地域性、文化性和民族性的体育旅游服务。第四，论述了体育旅游运营问题，具体阐述了体育旅游赛事运作企业、户外运动经营企业、体育旅行社和体育旅游俱乐部等。加强体育与旅游一体化建设，打造一流的旅游服务信息系统、城市体育旅游服务设施、体育旅游安全保障体系等公共服务体系。面对越来越多的散客市场创建完善的"自助游"体育旅游服务体系。还可以打造体育旅游目的地的景观系统，形成兼具功能性、美观性和体育文化性的可游赏系统，为体育旅游者提供赏心悦目的环境。第五，论述了体育旅游标准化建设。具体阐述了体育产业标准化、旅游产业标准化和户外体育旅游标准化，以及我国出台的体育旅游标准。还论述了体育旅游的整体政策法规和专项体育旅游政策法规。

农村生态体育旅游产业极具增长潜力，是振兴农村经济的朝阳产业。大力推进农村生态环境旅游与体育文化的融合发展，发挥农村生态体育旅游产业的综合效应和拉动作用，可以大大推动我国广大农村生态体育旅游产业的发展。发展人民群众的健身休闲项目，大力支持和发展健身跑、健步走、自行车、水上运动和极限运动等群众喜闻乐见的健身旅游项目，鼓励农村根据当地自然和人文资源，发展一些有地方特色的体育产业，比如武术、龙舟、舞龙和舞狮等传统体育项目；大力开发适合中老年人的休闲运动项目，通过加强健身休闲与旅游活动的融合发展，积极开展体育旅游和服务；通过建成一批具有影响力的农村生态体育旅游目的地和示范基地，以促进旅游与体育融合发展；还可以通过培育具有市场竞争力的体育旅游企业品牌，开展一些娱乐体育旅游活动项目。从宏观层面上制定农村生态环境体育旅游发展纲要，实施农村生态体育旅游示范工程；开辟一批体育旅游示范基地，从微观层面上拓展农村生态环境体育旅游项目，开发一批农村健身休闲项目和体育赛事活动的旅游路线。

乡村振兴背景下发展农村生态体育旅游产业，首先，要把农村传统体育文化与旅游资源进行融合发展研究。在互联网时代背景下调查农村传统文化资源，大力推动农村文化创新和因地制宜地发展农村体育，初步建成农村传统体育文化传承机制，大力扶持舞龙、舞狮子、荡秋千、打花棍、赛龙舟、板凳舞、陀螺、游泳、武术等传统体育活动项目，全力提升传统体育项目的大众参与度、观赏性和娱乐性。还可以利用农村民俗传统节日中的体育运动项目吸引观光旅游者的喜爱和参与，利用旅游和民族传统体育文化交融所产生的特殊美娱乐体育旅游者。当前我国农村传统体育文化与旅游融合发展还存在很多问题，如体育旅游中民族传统体育文化内容少而单一，没能突出地区民族体育文化的创造性和发展性特色。传统体育旅游文化宣传力度不够，宣传平台过于局限和宣传渠道狭窄，区域限制较为严重，民俗体育旅游项目普及率低，农村体育旅游配套设施不健全。也缺少导游、教练员、裁判员和经营管理者等相关专业人才，长期相关专业人才匮乏严重阻碍了农村传统体育文化旅游的发展。因此，要加强农村传统体育文化在旅游产业中的比重和突出地域特色，加强互联网对农村传统体育文化的宣传力度，打破区域限制以提高体育旅游产业的融合力度，加强体育与旅游配套设施以提高农村体育旅游业的物质基础，完善相关专业人才培养的计划和制度，积极探索农村传统体育文化与旅游产业融合发展的新路子。

其次，在产业融合视域下，加强农村生态体育旅游发展机制和路径研究。加强农村生态体育旅游产业融合与开发，可以增强农村地区经济文化软实力和促进区域经济发展。在开发农村体育旅游资源过程中还要做到统一规划，加大对体育无形资产的开发与保护力度，不能只顾追求眼前经济利益而破坏了体育环境，要把自然与人文旅游资源有机结合起来。农村产业融合是产业发展的现实选择和未来发展趋势，当下我国体育旅游迎来了战略发展黄金期，为农村体育旅游发展和产业融合提供了更多机会。产业融合不仅整合了农村旅游与传统体育资源，也实现了农村传统体育与旅游要素的协同发展和地方资源优化组合，从而形成农村经济规模和提高农村体育旅游产业的辐射力，也有利于打造农村体育旅游经济生态和地区体育旅游生态协同发展，因此，要加强体育旅游产业融合途径与措施研究。利用信息技术推动农村传统体育产业渗透融合旅游，优化农村传统体育旅游产业结构以推动体育旅游进步；通过扶持特色体育小镇发展农村经济产业，以交叉融合体育旅游产业，把体育小镇作为发展农村传统体育产业载体，以满足人们休闲旅行需求和深度体验休闲体育与健身的愉悦。还通过农村传统体育旅游产业重组来提高农村地区经济质量，通过优化农村经济结构，解决农村经济结构中不平衡和不协调问题。还要依托创新提升农村传统体育旅游资源自身品质，科学整合农村传统体育旅游资源，多方式宣传农村传统体育旅游，最大程度提升农村传统体育旅游的品牌知名度，抓住国家"精准扶贫"战略机遇，充分发挥农村自然资源自身优势，从而实现农村传统体育旅游、传统文化和经济的共同发展。

最后，把具有地方特色的民俗体育文化与旅游产业进行融合发展。把各具地方特色的原生态民俗、文化和体育结合起来，打造农村民俗文化体育旅游产业。通过认真梳理各地农村特色民俗体育项目，认真调查和分析当前农村民俗体育文化与旅游产业融合发展现状，并找实际问题，以提出农村民俗体育文化产业与旅游产业融合发展思路和对策。民俗体育资源作为农村传统体育资源的重要组成部分也是一种人文资源，主要以节庆、岁时和祭祀等活动为传承载体，以其独特的民俗文化魅力吸引越来越多的游客。农村民俗体育文化与旅游产业的融合发展可以提升人们的生活品质，让人们在游山玩水的同时还通过民俗文化体验农村风土人情。当前，我国农村民俗文化与体育旅游业融合程度不高，缺乏完整开发规划和经营管理，分布分散的民俗体育旅游资源缺乏完整性开发，民俗体育旅游平台建设与渠道打造缺少创新，民俗体育旅游规划理念相似且项目雷同，以及专业人才的匮乏，导致经营与管理缺乏体系和系统。现代旅游商业化开发严重破坏了传统民俗旅游资源和原生态文化，过度游客承载量和原生态文化过度开发破坏了许多民俗传统规则，从而使得民俗传统体育文化失真，导致游客无法体验到真实的民俗传统体育项目。通过农村民俗体育旅游产业融合，可以增加民族凝聚力和提升民族文化自豪感。通过因地制宜和完善政策让民俗体育旅游文化充分展现自身功能价值。

第八章 乡村振兴背景下体育旅游安全及保障体系建设

第一节 体育旅游安全制约因素分析

一、体育旅游安全的重要性

我国体育旅游热度正在上升，体育旅游市场逐步扩大。爬山、跑马拉松、徒步等户外活动，是受到大众普遍欢迎的体育旅游项目。另一方面，参与户外体育旅游活动，可能存在安全风险，需要具备安全知识、做好安全保障。

体育旅游的日渐火爆，对于整个旅游市场以及旅游从业者来说，无疑也是一个巨大的商机。一些景区结合当地的自然条件、旅游资源积极开展体育旅游项目，包括沙漠徒步、雨林探险、行走高原、穿越无人区等等。这些体育旅游项目的推出，可以有效延长游客在当地的居留时间，增加过夜游客的数量，从而在拉动旅游消费、壮大旅游经济方面，发挥积极的作用。当一些地方政府以及景区景点也看到了体育旅游的价值所在而纷纷出台政策、推出措施予以引导和支持，整个体育旅游市场自然开始变得火爆异常。

这是值得高兴的事情，然而组织和参与体育旅游项目可能存在的安全风险，却需要引起我们足够的重视。毕竟不管是旅游还是体育，安全都是最重要的，没有了安全方面的保障，体育旅游的发展前景将被蒙上一层阴影。

从地方政府、职能部门的角度来看，要完善体育旅游项目的标准，只有标准先行，才有安全保障。其次很重要的一点，就是大力培养和引进体育旅游的专业人才，健全人才培养体系，尤其要引导和鼓励体育旅游企业做大做强，培育一批明星企业，能够为体育旅游的高端人才提供有吸引力的酬薪待遇和岗位，这样才能留住人才。

站在公众的角度，尤其是站在喜欢体育和旅游者的角度来看，则一定要对体育旅游当中蕴藏的各种风险有一个客观、理性的认知，既不要凭冲动行事，也不要盲目跟风。因为每个人的身体条件、对风险的应对能力不一样,所以在各种未知风险面前的安全系数也不一样,但量力而行,做好充分的准备,尽最大限度降低可能遭遇的各种风险,保障自己和身边伙伴的安全,应该是参与体育旅游的底线,同时也是体育旅游是否能够健康和长远发展的关键。

体育旅游属于高危旅游形式,体育旅游的安全问题一直制约着体育旅游的健康与持续发展,同时也给社会的和谐安定造成了威胁。鉴于我国体育旅游发展时间短、安全问题多且影响因素复杂,所以有必要深入探讨体育旅游的安全问题,提出安全策略,促进体育旅游安全健康发展。

二、体育旅游安全的制约因素

体育旅游安全的制约因素包括人为、设备、环境与组织管理四个方面,这与户外运动安全的影响因素相似。

(一)人为因素

人为因素主要是体育旅游者个人的因素,如安全意识薄弱安全防患知识储备少,没有丰富的户外运动经验,各方面准备不到位,忽略了活动中的潜在危险,几乎不参加专业培训。在活动中感觉不舒服时不及时反馈,自己隐忍,在遇到困难时不求助,有时单独一个人行动,缺乏与队友的沟通,对组织者的指挥也不服从。有时只是受了小伤,只要及时处理便可以无大碍,但因为缺乏急救常识,耽误处理的最佳时间,从而造成严重的损伤。这些都是体育旅游中容易造成安全事故的个人因素。

(二)设备因素

体育旅游中安全事故的发生与设备因素也有一定的关系,主要表现在以下几方面:

①设备数量有限。
②设备本身有安全隐患。
③户外运动装备为假冒劣质产品。
④设备选用不当。
⑤安装设备出现错误。
⑥设备操作不当。
⑦设备没有及时维修保养。
⑧设备不适合用于特殊参与者。
⑨设备出现机械故障等。

许多初级"驴友"在参与探险性体育旅游活动时,因为专业知识和户外经验缺乏,很容易犯设备使用错误这样的低级错误,从而造成伤亡事故,如夜间行进中坠崖、扎营位置不合理而被山洪冲走等。

（三）环境因素

在体育旅游中，受自然环境的影响，容易遇到的洪水暴发、山体滑坡、雪崩、暴风雪、泥石流等自然灾害，这些灾害会带来严重的危害。此外，体育旅游者如果不小心与有毒动植物接触，或被野生动物袭击，或遭遇动乱、流行性疾病等，也会有人身危险。

在体育旅游安全事故的发生原因中，迷路是主要原因之一。有些山地地势复杂，如北京箭扣长城、四川四姑娘山、陕西子午峪等，不熟悉地形的旅游者很容易迷路，从而引发安全事故。

（四）组织管理因素

体育旅游活动的组织者与管理者是体育旅游过程中非常重要的角色，他们的组织管理水平直接决定体育旅游活动能否按计划顺利进行，能否给旅游者带来良好的旅游体验，使旅游者的需求得到满足。当前，我国开展体育旅游业务的组织机构普遍规模较小，且专业水平较低，没有权威性，管理也落后，同时缺乏高水平的组织与管理人才。

有些旅游活动只是旅游爱好者自发组织的，经验丰富的旅游者担任领队，但体育旅游是危险性旅游活动，旅游过程中很多事情的发生都在意料之外，提前没有预测到，再加上没有切实可行的旅游计划，所以即使领队经验丰富，也不可能处理好旅游过程中的所有意外事件。而且自发组织的体育旅游活动的领队大都也没有接受专业培训，在组织与管理上缺乏技巧，没有掌握专业方法，旅游者对其可能不信任或不服从，而且旅游者之间也可能不团结、不统一，各自行动，这样很容易造成危险事件的发生。

制订体育旅游的计划和应急预案是体育旅游活动组织与管理中非常重要的环节，但这些很多时候都被忽视了，因此在遇到紧急事件时，处理方法不当，容易使伤者因得不到及时救治而更加严重甚至丧失生命。因此，为预防体育旅游中的风险，应提前制订风险管理计划。

体育旅游管理离不开旅游与体育部门、当地行政机关的相互协调，但现实中，以上部门并没有按照流程管理，而是互相推脱，没有达到一管到底的效果。我国体育旅游开发管理多为政府行为，社会参与比例小。行政管理与市场缺乏紧密结合，而且也没有深刻分析国内外的体育旅游现状，这在我国体育旅游发展不成熟的情况下，对体育旅游的安全管理造成了严重影响。

第二节 体育旅游中常见伤害事故及处理

一、中暑

（一）概念

在高温和热辐射的长时间作用下，机体体温调节障碍，水、电解质代谢紊乱及神经系统功能损害的症状总称中暑。

（二）处理方法

发生中暑时，可采取下列急救方法。
①迅速从高温环境撤离，在阴凉通风的地方休息。
②多饮用含盐分的清凉饮料
③服用人丹、十滴水、藿香正气水等中药。
④把清凉油、风油精等涂抹在额部、颞部。

二、溺水

（一）概念

人淹没在水中，水及水中杂质将其呼吸道阻塞，使其喉头、气管发生反射性痉挛，从而引起窒息和缺氧的过程就是溺水。

如果意外落水，附近无人救助，首先应保持镇静，不要乱蹬手脚挣扎，这样只会让身体更快下沉。

（二）处理方法

1.自救
①及时屏吸，快速将脚上的鞋踢走，放松肢体，等待浮出水面。
②感觉开始上浮时，保持仰位，头部后仰。不胡乱挣扎，以免失去平衡。
③浮出水面后迅速呼吸、大声呼救。

2.救人
①不会游泳的人不可冒失下水，应高声呼叫，同时就近找救生圈、木块等漂浮物，抛给落水者。
②如没有找到漂浮物，也可找长竹竿、长绳抛给落水者拉他上岸。
③如果周围没有可借助的长条状救生物，将长裤作为救生品，脱下后浸湿，将裤管扎紧充气再将裤腰扎紧，抛给水里的人，告知落水者用手抓住，借以将头浮出水面呼吸。

三、毒虫咬伤

(一) 常见毒虫咬伤的情况

1. 蝎子咬伤

蝎子又称"全虫",被它蜇伤后,局部红肿,有烧灼痛,轻者一般无症状。如严重中毒,会出现头痛、头晕、流涎、恶心呕吐、肌肉痉挛、大汗淋漓等症状。

2. 蜈蚣咬伤

蜈蚣俗称"百足虫",蜈蚣咬伤后,会出现局部红肿、热、痛症状;严重者有高热、眩晕、恶心呕吐、全身发麻等症状。

3. 蚂蟥咬伤

蚂蟥叮咬人后,会出现伤口麻醉、流血不止,血管扩张及皮肤水肿性丘疹、疼痛等症状。

4. 毒蜘蛛咬伤

被毒蜘蛛咬伤后,会发生肿胀、肤色变白,痛感剧烈等症状。严重者全身无力、恶心呕吐、发烧、腹部痉挛,甚至危及生命。

5. 蜂蜇伤

被蜜蜂蜇伤后,轻者局部红肿,局部淋巴结肿大,重者发热、头晕、头痛、恶心、昏厥等。对蜂毒过敏者,会有生命危险。

(二) 处理方法

1. 蝎子咬伤的处理

①迅速拔出残留的毒刺,用止血带或布带扎紧咬伤处上端,每15分钟放松1~2分钟。

②用吸奶器、拔火罐将含有毒素的血液吸出来。

③用5%小苏打溶液、3%氨水、0.1%高锰酸钾溶液等任何一种对伤口进行清洗。

2. 蜈蚣咬伤的处理

用3%氨水、5%~10%小苏打溶液、肥皂水等任何一种对伤口进行冲洗。

3. 蚂蟥咬伤的处理

①轻拍被叮咬部位的上方,使蚂蟥从身上掉落。

②若伤口流血不止,用纱布压迫止血,持续大约2分钟后,再用5%小苏打溶液清洗,将碘酊涂抹。

③倘若依然有出血症状,则敷一些云南白药粉。

4. 毒蜘蛛咬伤的处理

①用止血带将伤口上方紧扎,每隔15分钟左右放松1分钟。

②对伤口作"十"字形切口,用力向外挤出毒液。

③用石炭酸烧灼伤口,将止血带放松。

④用2%碘酊局部涂抹。

5.蜂蜇伤的处理

（1）先将螯针拔出。

①先将螯针拔出。

②用3%氨水、肥皂水、食盐水、5%小苏打溶液等任何一种对伤口进行冲洗。

③用季德胜蛇药或六神丸研末外敷患处。

四、食物中毒

（一）概念

食物中的有毒物质会使进食者身体出现不良反应，这就是食物中毒，细菌性、真菌性、动植物性及化学性食物都可能造成人的食物中毒。

食物中毒来势凶猛，多发生在夏秋季。食物中毒的症状是恶心、呕吐、腹痛、腹泻，有的会发烧。严重的会有休克、昏迷等症状。

（二）处理方法

进食后若有强烈的不良反应，立即催吐，及时就医。

五、体育旅游者的安全准备

（一）基本物资准备

1.帐篷

参与户外体育旅游活动时，人们喜欢体验住帐篷的感觉，这能够给旅游者带来家的感觉，遮风又挡雨，安全又舒适。

我们经常看到各种不同的帐篷，如形状不同、花色不同、用途不同，在户外常见的帐篷有"人"字形、蒙古包式屋形、六角形、拱形等。

帐篷的类型很多，在选用帐篷时要多加留意，重点考虑以下几个问题。

①考虑旅游目的地的气候，如果多雨，要选择防水性好的帐篷。

②如果参加登山和探险活动，选择结实耐用的帐篷，不易折弯。

③如果在夏天出行，选择单层帐篷，如果是在其他季节出行，适合选择双层帐篷。

④最好选用暖色调的帐篷，如黄色、橙色、红色等，识别起来比较容易。

⑤如果没有特殊情况，最好选用双人帐篷，这样更容易架设。

⑥注意对帐篷的保养，延长其使用时间。

⑦不可以在帐篷内野炊，以免引起火灾。

2.睡袋

睡袋的主要作用是保暖，睡袋是被和褥的结合，保暖效果很好。

睡袋种类较多，以形状为依据，有信封式睡袋和木乃伊式睡袋两种类型。

木乃伊式睡袋类似于人体形状，带有头套，侧面有拉链，保暖性能好

信封式睡袋携带方便，使用舒适，价格较低，家中也可使用。

体育旅游者选择睡袋时，要着重注意睡袋的轻便性、温暖性、舒适性与易挤压性等，并考虑不同睡袋的温标、防水功能等。

3.炉具

外出参加体育旅游活动，除了解决晚上休息睡觉的问题，还要考虑吃饭的问题，若有野炊的打算，就必须带炉具，市面上的炉具非常多，选择时，考虑因素主要有安全性能、获取燃料的难易度及热效率。

选好炉具后，也要带上防风气体打火机、灯笼、蜡烛，不仅可以做饭用，还能在天气转凉时取暖，在夜晚行路时照明。

（二）基本技能准备

1.明确方向

徒手辨别方向的方法如下：

（1）借助金属丝判定方向

在头发或化学纤维上放一个细的金属丝，然后朝同一个方向摩擦，悬挂金属丝，其指向的方向是南北方向。

（2）根据植物定向

学会根据植物的趋光性、形状、喜阴植物等对方向进行判定。

2.识别天气

可以观雾识天气，也可以看云识天气，看云识别天气时，方法如下：

（1）"朝霞不出门，晚霞行千里"

早上天空中出现彩霞，可能是一个坏天气，不适宜远行；如果傍晚出现了彩霞，说明天气不错，可以出门远游。

（2）"早起乌云现东方，无雨也有风"

夏季早晨，东方天空中出现乌云，会有大风或会下雨。

（3）"红云变黑云，必是大雨淋"

太阳升起时，天空中有红云，如果红云变成了黑云，会有大雨。

（4）"日落火烧云，明朝晒死人"

日落后，如果空中出现红云，第二天天气会很好。

3.安全技能——结绳

在体育旅游中可能遇到冲坠或滑倒的危险，因此要利用好主绳，下面简单介绍几种常见的结绳方式。

（1）单结绳环

用绳圈打一个单结，紧紧拉这个结。

（2）单结

打一个平结，然后两端各打一个结，形成编式8字结，最后再打单结以进一步固定。

（3）双单结

用两条一起打单结，将绳子紧紧拉成一条直线，使绳结牢固。

（4）巴克曼结

绳环向主绳后的钩环扣进，向上拉绳环，从主绳及钩环后面绕3~5次。

（5）渔人结

将两条绳端并列，相互绕过打单结，紧紧拉这个结。

第三节　体育旅游者的安全救援与保障体系建设

一、体育旅游安全救援体系建设

（一）我国体育旅游安全救援的问题分析

我国体育旅游安全救援的问题具体表现在以下几个方面：

1.救援队伍装备不足，能力低

实践证明，各种救援技术和装备的配置在很大程度上决定了旅游事故处置工作能否成功。但目前，体育旅游救援技术装备少，救援队伍整体水平较低与旅游事故频发，导致体育旅游中的救援需要难以得到满足。虽然政府公共救援机构在救援上发挥主要作用，完成了很多救援工作，但应急装备和器材不足，救援队伍专业化程度低的问题依然存在，面对紧急事故配备针对性强、特殊专用的先进救援装备更是谈不上。

2.法制建设滞后

在体育旅游安全保障系统中，体育旅游安全救援法律法规是基础，其指导着体育旅游安全预警系统、救援系统、保险系统等系统的建立，而且具有规范这些系统的作用。目前，各个层次的安全管理法律和制度已经在日本、美国等发达国家建立，安全管理机构的组织权限、职责和任务得到了非常明确的规定。我国与这些国家相比，完善的救援法律法规严重缺乏，现有的法律法规还没有将各类灾害及灾害预防、预警、救灾、灾后重建等环节全部涵盖进来。整个旅游工作因为高层次法律的缺乏而显得很被动，混乱无序，效率很低，无法保障救援的高效性和及时性。

体育旅游救援法律法规作为体育旅游安全保障体系的基础，对其的建设至关重要，但我国相对于日本、美国等发达国家而言，这方面的法律法规相对不足。目前，我国有《旅游法》这一旅游业的基本大法，但体育旅游与一般的旅游毕竟有区别，体育旅游比较特殊，具有很强的危险性，虽然可以参考《旅游法》，但其中与体育旅游有关的内容很少，而且不成系统，零星分布在不同部分，参考起来有一定的难度，所以不能完全依赖这部法律来解决体育旅游中的问题,针对这一特殊的旅游领域制定专门的法律很有必要。同时,我国旅游综合协调部门在体育旅游的安全救援中也没有发挥应有的作用,临时组建领导小组来应急的方式很容易耽误救援时间,而且该部门在法律机制上也有明显的缺失。近年来,民间救援组织虽然有所增加,但因为专业水平较低,不具备权威性,所以社会认可度较差。

3.救援体系不完整

我国旅游救援主要包括以下几种类型:

(1)政府公共救援

目前,我国旅游救援的主要力量是政府公共救援,救援费用主要来源于政府拨款。关于遇险者对被救援费用应如何承担,目前我国还没有明文条例规定,救援环境往往很险恶,对人力、物力及财力等资源消耗大,而且救援队伍也有很大的危险,这对政府公共资源配置与救援队伍都是很大的考验。如果在救援中一味动用大量的公共救助资源,甚至不惜以牺牲救援者为代价,也是不合理的,这也反映了旅游救援体系的不合理、不完善。

(2)商业救援

商业救援也是一个比较重要的救援力量,但这类救援组织主要针对境外游客提供救援,受众十分有限,在国内游客发生危险时,这一救援力量所起的作用比较小。

(3)民间救援

社会上还有一类不可忽视的救援力量,即民间专业救援,救援队伍一般由志愿者或"驴友"组成。他们来自不同单位,都有自己的社会工作,专业背景不同,而且团队人员不固定,这就造成了救援工作的不协调。

此外,每次救援中,救援队员也会遇到安全风险,由于救援时间紧,从保险公司买保险也很紧张,这就无法保障救援志愿者自身的安全。长此以往,民间救援组织很难发展壮大。

4.旅游保险与旅游救援脱节

在体育旅游发展中,旅游保险是安全阀,可以对旅游经济发展风险进行有效化解,使游客的合法权益得到最大限度的保障,使旅游企业的经营风险成功转移。目前,我国旅游安全救援市场中已有国际知名救援公司介入,这些公司通过与我国知名保险公司合作,将紧急救援服务提供给我国购买境外旅游意外险的游客。近年来,我国旅游保险业的发展比较稳定,而且各方面与之前相比有了明显的进步,相比之下,体育旅游保险业的发展不如意,旅游保险与旅游救援脱节,救援费用的承担成为一大难题

(二)我国体育旅游安全救援体系建设的基本思路

20世纪70年代开始,国际上众多学者及旅游业界就开始关注旅游安全问题了。在许多国家,政府积极发挥主导作用,社会企业广泛参与,旅游安全保障体系已经形

成而且较为完善。在我国,作为公共权力行使者、公共产品提供者、公共利益代表者、公共事务管理者、公共秩序维护者的政府,在体育旅游突发事件管理中,扮演着"守夜人"的角色,是体育旅游安全管理的必然主体和法定责任者,维护着旅游者的安全。因此,面对多样且复杂的旅游安全救援对象,我国应由政府牵头,组织建立全方位、立体化、多层次的综合性体育旅游救援体系。

下面为我国构建体育旅游安全救援体系整理一些基本思路。

1.对体育旅游安全救援体系的特点要有充分的了解

体育旅游安全救援不同于一般突发事件的救援,救援对象身处异地,所以要针对体育旅游的特殊性来提供相应的应急救援和医疗救助,此外,在救助金承担和善后等方面也要区别于一般突发事件。体育旅游安全救援的特殊性对政府的宏观调控提出了一定的要求,面对特殊的体育旅游安全救援,从政府层面设立联动机制非常重要,政府部门应统筹规划,有关部门各自履行好自身职责,同时加强协调,从而有序地善始善终地处理体育旅游中的安全问题,提高安全救援的效率,尽可能减少各方面的损失。

设立安全管理部门对各级旅游行政部门来说也是很有必要的,旅游行政部门只有做好安全规划,完善安全救援体系,才能为旅游者提供安全保障,赢得旅游者和社会各界的信任。

2.加强对多层次救援队伍的培养

在市场经济条件下,政府独立完成所有应急救援管理任务是不可能的,因为缺乏足够的资源,而且也没有太多的能力。面对频发的且多样的旅游事故,只靠政府投入巨额的救援经费和完成救援任务是远远不够的。而且针对某些旅游事故,武警、公安等救援队伍的救援技术和力量可能还不如专业的山地救援队伍、水面救援队伍等。所以,在发挥政府作用的同时,要加强对多层次救援队伍的培养。

3.加强救援与保险的结合,构建救援基金

要促进救援服务的发展,就必须加大资金支持力度,加强与保险业的结合,人们只有获得旅游救助保险上的保障和救援计划保障,外出旅游的担忧才会减轻。在我国专业体育旅游救援服务的发展中,本应该是由保险公司分担救援成本,因此要对以往由政府承担所有救援费用的局面进行改善,根据实际情况适当设立旅游救助基金。

我国应积极构建"政府+救援机构+保险及救援基金"的体育旅游安全救援模式,各有关部门充分发挥自己的力量,共同做好体育旅游安全救援工作。

二、体育旅游安全保障体系建设

体育旅游具有惊险性、刺激性和挑战性,参与者为了从中获得满足和愉悦,不断挑战自我和超越自我。但是,刺激往往带有风险,发展体育旅游,我们面临的最大问题是安全问题,所以,必须对良好的体育旅游安全保障体系进行构建。

（一）体育旅游安全保障体系的子体系及各体系建设

构建体育旅游安全保障体系，在体系构成上可参考户外运动安全保障体系。但作为社会系统工程的体育旅游安全保障体系又有自身的独特性，由于旅游者身处异地，因此在监控上落实起来有较大难度，就目前而言，应主要从以下五个方面构建体育旅游安全保障体系。

1. 安全预警体系

体育旅游安全管理的第一步是事前预警，这也是体育旅游安全管理的关键。做好安全预警，能够使体育旅游安全事故发生的概率明显降低。构建安全预警体系需注意以下几点：

第一，积极转换思维，提高安全意识，对体育旅游的危险性要从思想上有高度的认识。

第二，及时捕捉异常信号，认真观察和分析，做好预防工作，尽可能避免发生危险或最大化地降低危险事件造成的损失。

第三，提高体育旅游相关部门及从业者的专业水平与服务质量，加强培训和模拟演习。

2. 政策法规体系

体育旅游政策法规对体育旅游保障体系中的预警、控制、施救行为等具有指导与规范作用，同时也有为体育旅游安全管理提供法律依据的作用。它能够从政策法律的权威性和强制性的角度对体育旅游从业人员的行为进行规范和控制，促进体育旅游从业人员安全意识和防控意识的提高。

我国现有的体育旅游法律法规还不够完善，体育旅游活动类型多样，而现在只有关于漂流活动的法律，如《漂流旅游安全管理暂行办法》，其他项目的管理办法基本是空白状态。所以，为了保障体育旅游的健康发展，政府部门需制定更多项目的法律法规。在这方面我国应对国外相关体育旅游安全保障法律体系予以参考。

此外，需要注意的是，发展体育旅游不只与旅游方面的法律法规有直接的关系，还与体育方面的法律法规有关，这就需要旅游部门与体育部门相互协调、相互配合。

3. 安全救援体系

体育旅游安全救援是一项社会性工作，情况复杂，涉及面广，且具有多样性，对救援队伍的要求较高，因此我国应加强政府指导，对多层次的救援队伍进行培养，这方面可借鉴发达国家在体育旅游安全事故紧急救援方面的成功经验。

体育旅游安全救援体系的建设可从以下几方面着手：

（1）建立体育旅游安全救援指挥中心

体育旅游安全救援指挥中心隶属于该地应急救援指挥中心，应由旅游和体育行政管理部门牵头，将公安部门、武警部队、消防部门等相关机构联合起来，促进现有职能组成的拓展。

体育旅游安全救援指挥中心的职责主要体现在开展、统筹、协调整个体育旅游安全救援工作。一旦有应急问题发生，安全救援网络立即启动，各部门协调配合，将事态发展控制好。

（2）扶持民间救援组织

目前，统一的体育旅游安全事故救援系统在我国还没有建立，多由公安、消防、医院等部门履行救援任务，救援过程中多人联动参与，参与搜索和救援的有数十人甚至上百人。但这些部门人员的户外运动经验同样不足，不熟悉地形，因此搜索花费的时间长，甚至有生命危险，因此需借助民间救援组织的力量来完成救援。

现在，北京蓝天救援队、河南户外救援联盟、新疆山友户外运动救援队、辽宁"我行我宿"户外俱乐部救援队等民间救援组织在体育旅游业内有一定的影响。面对突发事件，这些民间救援组织有自身的优势，具体体现在以下几方面：

①不依靠政府来维持正常的运营。

②队员分散各地，在需要时迅速集结。

③户外运动经验丰富，有较专业的救援技能等。

（3）培养专业救援队员和志愿者

这里所说的救援队员和志愿者也包括体育旅游目的地居民。在他们的日常生活、工作中，与到当地参加体育旅游活动的旅游者相遇、接触的机会较多。在旅游者遇到危险时，当地居民熟悉环境，能够及时有效地帮助处于突发事故中的体育旅游者。

（4）做好应急救援工作

体育旅游安全的应急救援工作涉及很多部门与社会力量，开展这方面的工作。

4.安全保险体系

我国体育旅游人数近年来快速增长，但安全事故的发生率也在上升，体育旅游者的保险保障问题已成为影响体育旅游的重大因素。体育旅游者在陌生环境中，遇到自然灾害、意外伤害、突发疾病等，主要通过购买保险转移风险。

5.教育体系

通过体育旅游教育，可以使体育旅游者树立预防意识，对避险、自救的基本知识和技能加以掌握。

体育旅游教育有专业教育和大众教育两种类型。构建体育旅游教育体系可从这两方面展开。

（1）专业教育

在体育旅游专业教育中，可通过高等院校和户外运动俱乐部开设固定课程和定期培训，开展体育旅游专业知识系列培训，促进体育旅游者理论和实践水平的提高。

（2）大众教育

面向体育旅游活动的自发组织者展开安全教育，利用媒体资源对体育旅游活动及时跟踪报道，对体育旅游安全常规知识进行介绍，追踪报道发生的体育旅游安全事故问题，增强其安全风险意识。

大众教育应从青少年教育抓起，联系学校定期为青少年开展公益性安全知识讲座和培训，促进其野外生存能力的提高，使其形成正确的安全观念，掌握较好的技能技术，避免在体育旅游中发生安全事故。

当体育旅游者真正树立了正确的安全理念，在出行前就会充分准备，在出现事故时也会采用积极有效的方法来应对。

(二) 有关方面协调建设体育旅游安全保障体系的措施

构建体育旅游安全保障体系，与旅游行政组织、体育旅游行业组织、体育旅游企业、体育旅游者、目的地居民以及相关政府部门等息息相关，需要这些方面共同努力，共同发挥自己的优势与力量来构建安全保障体系，促进体育旅游的健康发展。

下面主要从体育旅游企业、体育旅游者及旅游目的地居民三方面来探讨具体措施。

1.体育旅游企业

作为体育旅游服务的直接提供者，体育旅游企业的经营管理与体育旅游者的安全有直接关系。体育旅游企业应从以下几方面来保障体育旅游者的安全：

（1）提高安全意识，遵守安全法律法规

设立安全机构，推行安全责任制，制订安全保护预案，完善急救措施。

（2）在企业内部建立安全预警机制

①与旅行社签订合同，落实安全防范保险工作。

②警示体育旅游者，旅游者欲报名时，应向他们说明旅游目的地基本情况。

（3）加强对企业员工的安全教育

提高员工的安全意识，加强安全措施培训和高质量服务培训，使其为体育旅游者提供更好的服务，并保障其安全。

（4）对体育旅游者进行安全教育

使体育旅游者发挥主观能动性来保护自身安全，在出行前和旅途中，找机会对其进行安全教育，提高其安全意识，并将基本的安全自救办法传授给他们。

2.体育旅游者

（1）出行前做好安全预防工作

体育旅游者在出行前，要对天气情况、旅游目的地地质情况、治安情况等进行了解，清楚是否会发生泥石流、山洪、滑坡等灾害，并将必要的设备和物品携带在身。

（2）具备必要的自救知识与技术

体育旅游者掌握自救知识与技能是维护自身安全的基本保障，否则不应该贸然行动。

（3）配合体育旅游企业

体育旅游者在旅游过程中应遵守安全规定，听从导游人员、技术指导人员的指导，不要不听劝阻擅自行动。

3.旅游目的地居民

旅游目的地居民是当地常住居民，当地居民可以利用自己熟悉本地环境的优势帮助体育旅游者度过危机。当地政府要大力培育居民的救助意识与能力。

第九章 乡村振兴背景下体育旅游发展策略

第一节 乡村振兴战略下体育旅游产业发展创新驱动路径

体育旅游产业发展需要依托创新驱动。我国体育旅游产业已经由传统粗放发展迈入高质量发展阶段,在乡村振兴战略下,创新对体育旅游发展驱动已成为产业发展重大需求。通过剖析体育旅游产业创新内涵、产业创新理论基础、体育旅游创新与乡村振兴的内在逻辑,认为体育旅游深度创新驱动是产业健康发展的重要保障,乡村振兴战略为体育旅游创新发展提供了政策基础。针对当前乡村体育旅游产业存在再生产创新不足、行业创新同质、创新激励匮乏等瓶颈问题,构建了"技术-资金-人才-协同"创新机制,提出了技术创新、资金创新、人才创新与协同创新驱动路径,为体育旅游产业高质量发展提供理论支持。

随着乡村振兴战略持续推进,我国乡村产业逐步融入市场化浪潮,体育旅游在实现乡村产业融合发展方面发挥着更加重要的作用。创新是体育旅游产业发展的首要推动力,在体育旅游产业发展由量的扩张转向质的提升过程中,需创新驱动发展。如何通过体育旅游创新实现产业高质量发展,进而实现乡村振兴是亟须决的问题。然而,已有的相关研究主要集中在产业发展的现实困境、战略价值及实现路径方面,或从体育旅游的单一要素视角探讨发展路径,鲜有乡村体育旅游产业创新驱动的相关研究。

一、体育旅游产业及产业创新内涵

界定体育旅游产业概念前,需探讨体育旅游概念的本质属性。综合前人研究成果,将体育旅游的种差特性归纳为:第一,异地属性:参与者需离开常规生活居所,改变原有生活状态;第二,体育活动属性:活动参与形式与体育活动密切相关,可观赏或参与体育活动;第三,休闲体验属性:参与者通过活动获得休闲娱乐的心灵体验。根据以往研究,体育旅游可定义为:活动参与者离开日常居住场所后,通过观赏或参与体育活动，获得休闲娱乐的心灵体验的一种社会、经济与文化现象。体育旅游产业是社会、经济与文化共同衍生出的融合产业，是体育与旅游协同发展，相互融合的产物。包含健身娱乐、体育用品制造、竞赛表演等体育产业要素，同时也包含住、行、娱、购等旅游产业的相关要素。

奥地利经济学家熊彼特（Schumpeter）首先提出产业创新理论后，产业创新思想逐步发展。此后，又提出了技术创新、产品创新、流程创新、管理创新、市场创新等产业创新五要素，并提出国家创新理论，指出产业创新是国家创新的核心。通过企业技术创新理论对产业创新进行界定，认为产业创新是以企业创新为基础，在产业层面研究技术创新能力，通过竞争和技术扩散实现从企业到产业的创新；从产业创新主体、范围及表现视角对产业创新进行界定，认为产业创新是创新主体通过技术、产品与市场组合创新改变当前产业结构的过程。

综合以上观点，体育旅游产业创新是具有体育旅游特色的产业创新，具体应为：融合体育与旅游产业的社会、经济与文化要素，通过技术、市场与政策创新等组合创新，更新体育旅游新兴产业或产业结构的过程。

二、体育旅游创新与乡村振兴的内在逻辑

农业产业兴旺与产业结构的优化是乡村振兴的重要驱动力。在诸多产业要素中，乡村体育旅游产业是重要的乡村产业支柱之一，是乡村振兴战略的重要抓手之一。体育旅游核心要素为体育活动或体育运动，以娱乐休闲的心灵体验为主要目的，其活动形式包含观赛、运动体验等体育元素，也包含景观游览等旅游元素。作为活动供给的体育旅游企业为大众提供了健身休闲、竞赛休闲、设施建设、装备制造等多种产业形态的体育旅游产品与服务。体育旅游融合创新激发了产业结构的转型升级，为经济发展提供了新动能，带动了体育旅游产业的高质量发展。体育旅游深度创新为产业持续发展提供了内在驱动保障，推动人才、技术、资本与管理向乡村区域流动，促进乡村多产业融合发展。我国广袤丰富的乡村旅游空间、多元化的乡村文化传统以及相对完整的体育产业链为乡村体育旅游高质量发展打下了物质基础。产业链与创新链相互依存，相互促进，通过产业链部署创新链、利用创新链布局产业链，只有创新链高效服务于产业链，才能真正实现体育旅游产业结构转型升级，创新成果才会高效转化为市场产品，并得到快速推广。产业的发展需要不断创新，持续的创新推动了产业的高质量发展，体育旅游产业发展和创新驱动共同推进着乡村振兴的实现。

体育旅游发展的最终目标是为了实现乡村振兴，而乡村振兴战略也为体育旅游发展提供了广阔的发展蓝图，为建设现代化乡村体育旅游产业经济体系提供了重要保障。体育旅游产业发展需要高质量的创新驱动，实现乡村体育旅游产业高质量发展应以乡村振兴为目标，以乡村体育旅游产业发展为抓手，推动农业农村农民现代化，最终促成农业强、农村美、农民富愿景的实现。

三、体育旅游产业创新理论基础

(一) 技术创新理论

奥地利经济学家熊彼特（Schumpeter）首先提出了技术创新理论。奥地利经济学家熊彼特（Schumpeter）认为创新就是在生产体系中加入新的生产要素和生产条件，通过企业的创新行为实现产业创新，特别是有创新精神的企业家和掌握先进技术和生产能力的垄断企业。技术创新理论认为劳动力与资本上获取的经济增长从长期来看是稳定的，技术进步才是体育旅游产业增长的重要来源，技术创新是体育旅游产业研究的核心内容。

(二) 制度创新理论

新制度学派将创新研究深入到制度层面，关注制度创新问题。运用奥地利经济学家熊彼特（Schumpeter）的创新理论来考察制度变迁现象，首次提出了制度创新的概念，建立了制度创新理论。制度创新是变革现有的制度使创新者获得更大利益，要使创新的预期收益大于预期成本，只有通过创新者主观消除现存制度中的阻碍才会获取预期收益。体育旅游经济增长的关键在于产业制度的创新，体育旅游产业制度创新会受到市场、技术、组织或个人收入预期变更的影响。

(三) 国家创新系统理论

知识经济、信息经济等概念的提出，使人们认识到社会整体的互动性在不断增强，知识转移被视为国家创新系统的主要功能，创新被认为是各种社会活动的有机整体。提出国家在技术创新中的重要作用，通过将政府功能与技术创新相结合，形成了国家创新系统理论，其基本思想是强调国家在推动技术创新中的重要作用，认为只有建立起将技术创新转化为产业创新的能力才能在国家竞争中占据优势。

四、乡村体育旅游产业发展创新驱动机制

体育旅游产业创新驱动以市场导向为核心，合理配置市场资源，将传统产业发展要素转变为技术、人才、资金、制度等创新要素，利用市场有效配置驱动产业创新，实现产业高质量发展。

(一) 创新驱动能量源：技术

体育旅游创新的核心动力就是新技术在产业中的应用，尤其在体育旅游特色资源有限的情况下，新技术的使用可提升体育旅游产品及服务的质量。创新技术是社会效率提升的能量源，在体育旅游产业创新要素中居于核心的地位。技术创新是体育旅游产业结构优化升级，培育新产业和新业态，激发产业新的增长极与消费需求的重要保障。通过技术创新可提升体育旅游产品及服务质量，使产业系统呈现新业态与新发展模式，可推动体育旅游产业向合理化与高级化发展。另外，通过技术创新成果互动，

实现相关产业间深度协同发展。从微观角度看，技术创新可通过生产要素重组或革新，提高生产效率，升级体育旅游企业生产模式，改变单一依靠自然资源景观为消费点的局面；从宏观视角看，技术创新对整个产业的资源配置具有调控作用，可以提高整个体育旅游产业的资源配置效率。

（二）创新驱动执行者：人才

人才是创新的核心驱动要素，也是科研创新、技术扩散与成果应用的执行者。人力资本是创新环节中最活跃的因素。资源开发以人才开发为前提，资源整合同样围绕人才展开，人才创新驱动着高效的资源利用。体育旅游产业创新需结合文化、体育、旅游等人才团队协同创新，科研团队需创新人才，从产品的理论设计与验证到技术成果的推广与应用全过程都需要创新人才积极参与。从宏观视角看，体育旅游产业高质量发展依托于产业创新人才队伍的优化、人力资源的建设。从微观视角看，创新成果是由创新人才研发产生，劳动生产率的提升以劳动素质提升为基础。体育旅游产业的自主创新能力与核心竞争力的提升都需要人才的持续创新驱动。宏观与微观的协同作用使人才成为体育旅游产业发展最为核心的要素。

（三）创新驱动保障力：资金

资金是体育旅游产业创新驱动的重要保障。创新驱动不只是看资金投入数量，还要看创新投入与产出效率的关系，高质量的创新投入才会实现有效的创新驱动。另外，企业创新投入在政府政策制定与企业绩效促进中发挥着重要的中介功能，同时投入产出质量和效益转化具有直接联系，产出绩效是创新投入质量评判的重要依据，也是创新投入与产出效率最为直接的评价指标之一。政策保障促使企业进行创新投入，合理的创新投入将产生适应时代价值的创新产品，进而提升企业绩效。创新资金可促进并推动企业项目的顺利实施与高质量技术成果的转化，激发企业自主创新的积极性，提升企业的发展动力。体育旅游产业在发展初期难以获得金融机构相关资金，但可通过创新基金的贴息贷款、无偿资助等形式化解体育旅游企业创新能力不强和技术成果难以转化的问题。

（四）创新驱动凝聚力：协同

政府、企业、研究机构作为创新主体，三者的协同体现出体育旅游产业创新驱动的凝聚力，关系到体育旅游产业能否实现高质量发展。创新要素合理配置于创新主体，才能实现创新过程的有效衔接。如何将技术、人才、资金等创新要素准确高效地配置于创新主体，是创新驱动体育旅游产业高质量发展的关键问题。市场既具有有效配置资源的宏观作用，同时也具备降低成本、节约能耗的微观作用。市场通过将需求侧与供给侧的有效衔接，使政府、企业、研究机构等创新驱动主体能够根据市场有效配置社会产品与资源。改革开放以来，我国经济政策一直致力于强化市场作用以及探讨如何发挥市场作用。政府、企业、研究机构有效协同能实现产品和资源的优化配置和产业融合发展，极大提升创新发展效率，推动体育旅游产业整体升级。

五、体育旅游产业发展创新驱动路径

（一）技术创新驱动

技术创新涵盖再生产各要素的创新，尤其注重体育旅游产业核心技术要素的创新。体育旅游产业高质量发展需企业社会责任理念融入文化创新中，发挥文化创新对技术创新的驱动作用，实现技术创新对文化创新的渗透作用。智能化时代需重点打造智能创新体系，伴随5G时代的到来，数字技术的深度应用可拓展体育旅游产业的发展空间并推动传统体育旅游向智慧体育与智慧旅游融合发展。信息技术可用于体育旅游企业后台运营，通过信息技术更新，提高客户关系管理效率，通过清洁技术及节能技术的应用，实现企业环保经营。通过信息技术创新，加强游客间沟通、增强旅游地吸引力及体验性，盘活旅游特色地区体育资源，并转化为产业优势，通过与时俱进地整合技术革新成果，建设可持续推进的创新体系。

（二）人才创新驱动

结合国家创新理论，构建人才强国的宏伟蓝图，首先应从思想上树立"大人才观"，开发人尽其才的机会平台，在重视人才发展规律的基础上，科学制定人才评价标准，激发人才的创新活力。营造"双创"发展环境，强化对体育旅游产业创新发展支持，有效促进乡村体育旅游产业高质量发展。根据市场配置需求与教育规律，加强体育旅游多元创新人才培养，包含旅游管理、体育指导员、导游、市场营销等体育旅游服务人才。数字经济时代的人才创新需人才具备新知识获取与跨学科研究能力。由于数字经济的全球化、智能化与网络化特征，不仅需要创新人才掌握传统体育旅游中的管理与市场营销等基本知识，更要掌握人工智能、云计算、区块链、大数据等跨学科知识的分析与应用能力，尤其应重视对研究机构体育旅游人才的智慧创新意识与能力的培养。对创新人才的培养不仅要结合综合实训、研学旅游等实践活动，还应积极推动体育旅游项目对接实习环节，形成产教研深度融合的实践模式，推动体育旅游产业创新人才健康发展。

（三）资金创新驱动

体育旅游产业发展的创新资金保障需考虑资金投入使用率、投入协调性、宏观统筹协调、科技资源配置、整体运行效率、科研经费应用等环节。首先，要精细化体育旅游产业服务供给，致力于体育旅游企业产品的创新投入，以保障衍生服务的附加值。其次，优化结构合理、运营高效的金融生态环境，以缓解企业融资压力，规避企业与金融机构的信息误差，为体育旅游产业发展提供资金保障。还需构建多元化资金保障机制，通过政府、企业、社会及个人投资者筹集创新项目基金，通过企业创新后的成果向生产力转化，反哺资金供应部门，实现多元资本共赢，形成良性创新基金循环链,最终通过创新实现体育旅游产业的生态效益、社会效益与经济效益共同推进。体育旅游产业创新需要企业获得足够的创新资金投入,同时企业应将创新资金的市场与社会价值最大化,从政府层面应加强对科技项目的立项审核和过程监管,提高政府投入资金的利用效率;从企业层面,应增强企业抗风险能力,做强做大体育旅游企业,提高企业抗风险能力,最终提高企业获取创新资金的能力。

(四)协同创新驱动

政府、企业与研究机构的协同创新共同推进了体育旅游产业的发展。在此过程中,应加强对关键技术的协同创新,通过创建协同创新基地与协同创新平台,研究机构应根据政府与市场引导进行创新驱动,形成政府-企业-研究机构螺旋协同创新机制。与此同时,还应积极利用国家出台的创新政策促进体育旅游产业创新。跨产业融合、跨区域合作为体育旅游产业发展的常态,这是由旅游产业的异地性特征决定的,通过区域合作进行的产业跨区域协同创新,通过体育、旅游、文化等相关企业资源整合,促进体育旅游产品与市场的融合。当前,通过政府、企业与研究机构协同创新虽有成果,但多为论文或专利,应重视协同创新的实际应用价值。总之,协同创新制度的制定、创新内容的执行、创新区域合作、创新产业的融合将合力保证体育旅游产业协同创新的实现。

体育旅游产业高质量发展以产业创新为主要驱动力。技术、人才、贸易等创新要素通过市场配置,作用于政府、企业与研究机构等创新主体,推进乡村体育旅游产业质量提升。随着我国体育旅游产业发展逐步迈入深海领域,对产业创新也提出了新的需求。只有牢牢把握科技前沿发展动态,充分满足市场需求,紧扣国家相关创新创业政策,依托政府-企业-科研机构耦合创新机制,才能扎实推进新时代体育旅游产业发展。通过技术创新、人才创新、资金创新与协同创新共同驱动,最大程度激发体育旅游产业创新驱动活力,才能更好推进我国体育旅游产业健康发展。

六、全面提升体育旅游产业竞争力的策略

(一)创建特色体育旅游品牌

创建特色体育旅游品牌有利于让体育旅游资源的竞争优势得以凸显。为此,应该在全部的区域内对体育旅游的总数量、规模以及质量等进行详细的调查和统计。通过与以上数据的分析,对相关方面进行综合的评定,并根据分析的结果制定与当地相符合的发展模式。同时还需要根据以上分析,对本区域内的体育旅游核心地带做出划分,有计划性的进行发展,让体育旅游资源、品牌以及效益等,都可以得到协调发展。发展体育旅游,基础设设施是必不可少的,因此需要有计划性的对现代化的体育设施进行规划,例如建设、维护和保养等,便于让该地区有更强的能力和竞争力,对大型的体育赛事进行承办。在这个过程中,需要将当地的文化进行结合,如人文文化、历史文化等。不同地区的文化是不一样的,并且还具有鲜明的当地特色,所以将

当地的文化与体育旅游进行良好的融合，可以打造具有鲜明特色的体育旅游品牌．提升体育旅游的竞争力，还可以对体育旅游资源进行更好的整合。

(二) 对旅游企业的核心竞争力进行增强

提升体育旅游产业的竞争力，就必定要让旅游企业的竞争力得到增强。随着个性化消费时代的到来，规模较小的与体育旅游相关的旅行社所运用的管理模式也已经逐渐与实际情况不行适应了。遵循竞争优势理论，旅行社需要扬长避短。政府部门在这个时候需要伸以援手，推动旅游企业改制的进程，对大型的体育旅游企业进行组建，促进大型企业之间相互合作，增强竞争力，更好的对体育旅游市场进行开发。不仅如此，还需要对体育旅游的专项旅行社进行培育，如此才能在日益激烈的市场竞争中从容应对，占据一席之地。另外政府部门还应该加快建设体育旅游产业的信息化，增强本地区体育旅游的宣传，通过视频、广告或者电影、综艺植入等，扩大宣传渠道，不同的宣传渠道面对的受众是不一样的，唯有扩大宣传渠道，才可以吸引更多不同的群体关注。最后，还需要积极对先进的体育旅游市场营销知识以及现代化体育管理知识等进行引进。体育旅游企业的人才结构的改进也非常重要，人才结构的改进，有利于对旅游企业的管理模式由传统向现代过渡，为企业的转型提供更好的智力支持和技术支持。

第二节 乡村振兴战略下体育特色小镇建设发展对策

一、体育特色小镇的内涵阐释

(一) 体育小镇的内涵

体育小镇是一种以体育产业、旅游产业及其他相关产业的整合为支持，以大量就业人口及体育休闲消费的聚集为动力机制，以配套设施及服务的配置为基础依托，以就业人口的居住建设与旅游人口的度假居住建设为居住配套，以管理、金融、运营的创新为相关保障，以提高人们生活质量与幸福指数为目标的产城融合发展模式。体育小镇是指以体育产业为核心，以项目为载体，围绕体育、健康、旅游、休闲、文化、养老等多种产业，集健身、娱乐等多种功能于一体，集聚创新资源，转化创新成果，实现生产、生活、生态深度融合，具有独特精神气质与文化风貌的特定经济区域。体育小镇涵盖了体育特色小镇、运动休闲特色小镇、体育健康特色小镇等多种类型，完善的体育设施和配套服务是体育小镇发展的基础。

在产业开发上，体育小镇应以体育产业链的整合为主，发展"体育+"，打造赛事、体育休闲项目等吸引点，融合高科技元素，强化服务，推动体育用品的供应，最终将体育与制造业、科技、文化、旅游等有机结合，形成以体育产业为核心，以体育旅游、体育影视等为特色，以体育产业服务为有效延伸的产业发展体系。

综上所述，体育小镇建设是以体育产业为特色，以发挥体育产业对其他产业的辐射作用，促进产业间融合发展为手段，以体育休闲消费人群及就业人口的聚集为目的，以配套设施及全面服务为依托，以提高小镇居民获得感和幸福指数为落脚点的产城融合式开发模式。

（二）体育特色小镇的内涵

1.体育特色小镇概念

体育健康特色小镇是以体育健康为主题和特色，体育、健康、旅游、休闲、养老、文化、宜居等多种功能叠加的空间区域和发展平台。体育特色小镇作为一种具有明确产业定位和文化内涵及一定社区功能的发展空间平台，在满足现代人休闲旅游和娱乐需求上发挥了巨大作用。

伴随着中国科学技术的进步和人民生活水平的显著提升，我国现在的社会矛盾也发生了变化，人民对美好生活的追求越来越高，对休闲娱乐有需求的人也越来越多，开始花费更多的时间进行娱乐、健身等，在此背景下，建设体育特色小镇非常有必要。体育特色小镇不仅能够吸引群众，带动当地经济发展，还能够促进全民健身，提高全民身体素质，是我国体育休闲健康产业发展的新载体。

从产业发展的视角来剖析体育特色小镇，不难发现它是集体育产业、旅游产业和新型城镇化发展于一体的结合体，能够根据本地的地域特色、景观特点和气候等条件开发建设不同体育特色的小镇，进而带动体育产业、城镇的特色化发展。

2.体育特色小镇的特征

（1）小镇体育产业特色鲜明，有完整的支撑体系

体育特色小镇以特色体育产业引领，融合健康、休闲、文化、金融、互联网等元素，形成严密而完整的发展体系。体育特色产业、旅游产业、智慧化与互联网三引擎相互协调，体育产业链整合、旅游目的地、新型城镇化三架构共同支撑。

（2）小镇建设规模小，形态美

与大型城镇不同，体育特色小镇通常规模并不大，并且小镇各个景点和项目相对集中，这些区域内的自然景色优美、文化特色显著，在此基础上增加体育项目并进行适当改造，既可以起到突出体育特色的作用，又能够贯彻可持续发展的方针政策。

（3）小镇功能聚合度高，专业性强

体育特色小镇注重生产、生活、生态的"三生融合"，坚持"产、城、人、文"四位一体，发挥"产业+文化+旅游+社区"的特有功能，实施"体育+旅游"双核驱动战略，助推经济社会健康可持续发展。

（4）小镇特有的运营和开发机制，敏捷灵活

由于体育特色小镇本身和其他普通城镇的发展有本质的不同，因此在对其进行开发、运营和管理时，运行的机制与方法也不同，其有更明显的市场化特征，并且具有很强的包容性，能够接纳多种产业发展，促进了市场的多元化。

(三) 体育特色小镇的多维审视

1. 社会治理视角

要加快推进社会领域制度创新，推进基本公共服务均等化，加快形成科学有效的社会治理体系，推进国家治理体系和治理能力现代化。社会治理理念的正式提出表明我国更加注重政治、经济、文化和社会领域的协调可持续发展。社会治理相对于传统的治理而言更加强调权威来源的多元化、治理主体的多元化，政府不再扮演全能型角色。就当前而言，我国的社会治理是在"党委领导、政府负责、社会协同、公众参与、法治保障"的总体格局下运行的中国特色社会主义社会管理。要构建全民共建共享的社会治理格局，就是要在全球治理体系与中国特色的国家治理体系和治理能力现代化进程中，坚持创新、协调、绿色、开放、共享的发展理念，实现全民参与社会建设、全民共享发展成果的小康社会，进一步强化了社会治理理念。打造共建、共治、共享的社会治理格局，加强社会治理制度建设，这是我国当前社会治理领域最重要的指导原则和创新方向。党中央对社会治理体系建设提出的更高标准推动着体育社会治理体系的发展与完善，积极推进社会治理体系改革探索中国特色社会主义的发展道路。

在我国全面进入深化改革的关键时期，社会转型和城市化进程给经济社会带来了巨大活力，同时社会结构不断变化，社会矛盾集中涌现，传统的社会管理模式已不能满足社会需求，主要表现为以下三个方面。第一，在经济体制层面，我国的经济体制逐渐由单一的公有制经济发展转化为以公有制为主体，多种所有制经济共同发展的所有制结构，市场发挥着决定性作用，以前的计划经济时代的政府管理方式无法为经济发展注入活力。第二，在政治体制层面，我国的政治结构由集权型转化为民主法治型，强制性的行政管理不适合当前的发展环境。第三，在文化体制层面，文化体制改革不断深入，传统政府统包统揽的管理方式束缚了文化事业与文化产业的发展。在经济新常态背景下，社会治理的特征愈加突出，主要表现为政府主导、多元参与的治理方式；综合化、现代化、科技化、网络化的治理手段；人民利益、社会稳定、百姓安康的治理目标。从社会管理到社会建设，再向社会治理转变，就是要坚持在中国共产党的领导下，改变以政府为主导的传统治理结构，形成政府、社会、市场和公民之间的良性关系，在法治框架内化解社会矛盾，解决社会问题，促进社会公平，推动社会有序发展，实现公共利益最大化。

目前，体育产业和全民健身已经上升到国家战略层面，这为体育特色小镇建设提供了很好的发展机遇。体育特色小镇一般选择在城乡接合的区域，一方面可以促进城乡体育一体化发展，另一方面可以有效解决"城市病"问题。建设体育特色小镇，不仅刺激了体育产业、旅游、健康、房地产、基础设施、文化及服务业等多个产业发展，也在一定程度上拓展了社会治理空间。体育特色小镇作为社会治理领域多元融合跨界发展的特色产业，依据小城镇地理基础和生态环境，因地制宜充分利用地区资源，整合各种社会资源，最大限度地增进公共利益，为社会提供更丰富、更有效的公共服务，是对社会转型期间凸显的社会问题的积极回应与解决。体育特色小镇的社会治理是创新国家社会治理的一个重要组成部分，是社会治理精细化的具体体现。建设体育特色小镇，应发挥市场机制，通过运用精准治理模式，发展社会力量和组织，推进体育治理体系和治理能力现代化。

2.产业融合视角

在我国综合实力不断增强，国际影响力越来越大的今天，我国对体育产业的重视程度越来越高，体育产业取得了飞速的发展与创新，体育产业的发展层次更深，发展方向更加多元化。可以说，体育锻炼已经与人们的日常生活相融合，并与多种产业文化相互渗透，以体育产业为基础的综合产业发展越来越多，如体育休闲业、体育表演业等，这些综合产业的发展进一步反映了我国体育业态的发展进程，彰显出新型体育业的特色。在与其他产业进行融合的过程中，体育产业从业者应用先进的科学技术和市场融合发展等理论，遵循合作共赢的原则与发展理念，不断对管理机制、运营方式以及市场服务等进行创新，积极借助政府、社会、企业等多方力量，促进体育产业和其他产业的有效整合。

为了深入贯彻相关文件和政策，我国在此方面也作出了诸多努力，到现阶段，体育产业跨界融合，尤其是与旅游产业的融合已经形成了鲜明的特色，并且随着社会文明程度的提高，我国在养老方面的投入也逐渐增多，体育产业与健康养老产业的融合也有了新的进展。但是需要注意的是，产业融合发展要扎实有效，不能形同虚设，要注意各产业之间的匹配度。体育特色小镇作为体育产业发展的新途径，应当做好产业链的自然延伸，尽可能满足市场的需求。体育特色小镇与传统的产业边界明显的市场有着明显的不同，由于其是将体育产业渗透到其他诸如文化、旅游、健康等产业中，因此边界较为模糊。由此也可以看出，体育特色小镇具有产业融合性、经济带动性等特征，对多个产业的发展和城镇的繁荣都起到了重要的推动作用。

3.新型城镇化视角

我国城镇化自改革开放以来得到迅速发展，它是历史自然选择的合理结果，也是经济社会的物质推动结果。当前，中国城镇化发展已经进入中期阶段，传统城镇化发展模式是以经济发展为中心目标、以地方政府为主导、以外向型工业化为推动力、以土地开发利用为主要内容、以规模扩张为发展方式以大量的物质资本投入为驱动要素，这种发展模式违背了可持续发展的规律。传统城镇化发展所带来的问题愈演愈烈，主要表现为城镇区域发展、产业布局、人口分布不均衡；城镇建设和发展规划不科学、不合理；社会发展成本增加，社会问题突出。总之，在我国传统城镇化发展过程中，地理多样性和城乡二元分割的体制造成了区域发展的不均衡，特别是产业布局和人口分布差别较大，在发展和建设规划方面也缺乏特色。

城镇化是人类社会发展的客观趋势，也是实现国家现代化的重要标志，推动新型城镇化对我国经济社会发展以及社会主义现代化建设具有重大的推动作用。要保护乡村特色资源，坚持与新型城镇化相结合，因地制宜发展特色鲜明、充满魅力的特色小镇，以完善城乡结构，推动城乡一体化发展。与传统的二元结构城乡发展相比，特色小镇有了更突出的特点，其不仅坚持创新、绿色和共享的发展理念，还更加注重各个产业的协调发展，对于城镇发展与建设有着重要的作用，能够更好地对城镇产业要素进行合理调节，对地区文化进行更好的传播与传承。在新型城镇化建设的道路上，我国涌现出了多种创新发展方式，特色小镇是其中较为突出的一种，是新一轮城镇化的"综合实验区"和乡村振兴的重要结合点。特色小镇的打造，能够为居民提供更舒适的生活环境，为群众健身休闲、享受多种娱乐活动提供了更多的选择。除此之外，体育特色小镇的建设还可以有效推动我国体育产业供给侧结构性的改革。要深入贯彻落实新型城镇化建设，就需要将特色小镇的建设与发展作为重要手段，如合肥市包河区大圩镇利用承办国际马拉松赛为抓手，立足于良好的基础设施和生态环境，结合景区优势，兴建体育休闲广场、体育公园等，积极打造安徽省乃至全国有名的体育特色小镇；无锡江阴市新桥镇以海澜国际马术俱乐部为抓手建造具有国际标准的马术综合训练馆、马术比赛馆、马术表演馆和马术三项赛场地，逐步建成江苏省乃至全国有名的体育特色小镇。

4.全民健身视角

近年来，随着国民经济的快速发展和人民群众健身需求的日益提高，健身休闲产业正在成为带动消费升级、促进体育产业发展和促进相关产业迅速增长的重要动力。休闲时代的来临，使全民健身在国家发展中的战略地位不断提升，体育产业作为运营和构建积极健康生活方式的生产经营性活动，成为推动全民健身战略实施的中流砥柱。全民健身对于增强人民体质，推广积极健康的生活方式起着保障性作用，而国民健康的体质是国家富强的物质基础，是实现民族振兴的重要途径，是实现人民美好生活的根本途径。全民健身强调在"健体"的基础上实现"健心"，培育良好的健身运动休闲方式，而结合了"体育+养生""体育+旅游"等诸多突出强身健体特色的体育特色小镇旨在多层次、全方位地满足消费者的需求，达到"健体""健心"的效果。体育特色小镇是发展健身休闲产业的绝佳载体，蕴藏着无限市场潜力和发展空间，正面临着重大发展机遇。

二、体育特色小镇建设的发展理念及思路

（一）体育特色小镇建设概述

1.体育特色小镇建设的原则

（1）坚持规划为先

建设体育小镇的规划必须处于优先的战略地位，关注体育小镇的长远发展，引领体育特色小镇的发展方向，并确保体育特色小镇建设稳步推进。科学分析体育特色小

镇现有资源，准确定位，合理规划，完善城镇布局，提出清晰的发展蓝图，有利于吸引社会资本，促进体育特色小镇的和谐发展。

（2）坚持生态为基

保护和建设好生态环境，实现可持续发展，是我国现代化建设必须始终坚持的一项基本方针。体育特色小镇的建设与发展必须贯彻以生态为基础的原则，依托地方特色，遵循"生态第一、生活第二、生产第三"的发展顺序，利用自然资源，精细化建设，绿色发展，打造宜居、宜商、宜游的生态体育特色小镇。

（3）坚持产业为根

我们必须将体育产业视为体育特色小镇建设的动力源，使体育产业带动体育特色小镇发展，将体育产业的资源禀赋、区位条件与当地产业基础紧密结合，促成体育小镇特色产业。以体育产业为核心，促进产业多元化融合，形成产业区域集聚，可以有效增加就业机会，带动体育特色小镇的可持续发展。

（4）坚持民生为重

体育特色小镇的建设必须坚持以人为本的发展理念，顺应健康中国和全民健身国家战略要求，始终把保障和改善民生作为一切工作的出发点和落脚点。

目前，我国各地认真落实《全民健身计划纲要》，加快体育公共服务体系建设，因地制宜，重点推进一批体育民生幸福工程，着力化解人民日益增长的体育参与需求与体育场地设施不足的矛盾。同时，我国各地要紧密结合美丽宜居乡村、运动休闲特色小镇建设，鼓励创建休闲健身区、功能区和田园景区，探索发展乡村健身休闲产业，建设运动休闲特色乡村。所以，各级政府在建设体育特色小镇过程中，要兼顾体育特色小镇的经济效益和社会效益，注重集体利益与个人利益的统一，既保持社会资本投资的积极性，又为当地民众创造更多的就业机会，积极构建民众与社会资本利益共同体。

2.体育特色小镇建设应坚持的发展理念

（1）创新发展

创新是推动体育特色小镇自我发展的强大驱动力。建设体育特色小镇应深入贯彻创新发展理念，把创新当作城镇建设的核心，积极推进管理服务、建设模式、城乡一体化的发展创新。同时，我们应完善创新环境，制定创新激励政策，充分调动体育特色小镇企业创新积极性，把握互联网时代带来的巨大时空变化，使体育特色小镇这个体育发展新模式蓬勃发展。

（2）协调发展

协调性是体育特色小镇可持续健康发展的内在要求。体育特色小镇的建设应注意协调发展，不断提高体育特色小镇的协同作用，促进体育产业和地方产业的均衡发展，重视现代体育和民间体育的有机结合，协调城市政府、企业、人民三方关系，促进体育特色小镇的经济、社会和文化的全面发展。

（3）绿色发展

良好的生态环境是体育特色小镇发展的基本条件。体育特色小镇是体育产业与旅游产业相结合、共同发展的小镇。体育特色小镇的建设应充分保持体育产业、旅游产业的绿色低碳优势，坚持节约资源、保护环境。在小镇建设中，我们应始终坚守绿水青山的底线，倡导运动健康的生活方式，把体育特色小镇建设成美丽宜居的家园，提高人们的生活质量，倡导节能节约型体育特色小镇的建设和运营，充分发挥体育在建设资源节约型、环境友好型小镇中的潜力。

（4）开放发展

拓宽体育特色小镇市场，应紧紧抓住加快改革开放与发展这一主旋律。小镇的建设与发展需要吸引社会力量共同参与，引进各种生产要素，加强对外交流，构建一个开放的平台，进而利用小镇上的实体产品和服务产品，吸引来自省内外以至国内外的消费者进入体育特色小镇，构建体育特色小镇广泛的利益共同体，给予小镇一个广阔的发展空间。

（5）共享发展

共享是中国特色社会主义的本质要求。体育特色小镇的建设应遵循以人为本的发展思想，将改善居民生活环境、提高体育基本公共服务水平、增加居民参与体育活动的机会融入体育特色小镇建设过程中；鼓励当地民众积极开展形式多样的经营活动，多渠道提高体育特色小镇内民众的收入，提升居民生活幸福感，推动产、城、人、文互促互融新发展，增强发展动力，团结居民齐心协力建设小镇。

3.体育特色小镇建设的目标

全国需建成众多体育特征鲜明、文化气息浓厚、产业集聚融合、生态环境良好、惠及人民健康的体育小镇；带动小镇所在区域体育、健康及相关产业发展，打造各具特色的运动休闲与体育产业集聚区，形成与当地经济社会相适应、良性互动的体育产业和全民健身发展格局；推动中西部贫困落后地区在整体上提升公共体育服务供给和社会经济发展水平，增加就业岗位和居民收入，助力脱贫攻坚工作。

我国需将全民健身场地设施纳入各级政府经济社会发展规划和各级国土空间规划，统筹考虑全民健身场地设施、体育用地需求，制定社区全民健身场地设施配建标准和评价制度。各地方应研究完善建设用地标准，在国家土地政策允许范围内，保障重要公益性体育设施和体育产业设施、项目必要用地，并依法依规办理用地手续。

我们需将体育场地建设与各类建设结合起来，促进体育场所与生活场景的融合，让"体育"渗透到生活、商业、娱乐的各个方面，扩大体育消费范围，借此壮大体育产业。具体如加强城市绿道、健身步道、自行车道、全民健身中心、体育健身公园、社区文体广场以及足球、冰雪运动等场地设施建设，与住宅、商业、文化、娱乐等建设项目综合开发和改造相结合，合理利用城市空置场所、地下空间、公园绿地、建筑屋顶、权属单位物业附属空间等。

我们要紧密结合美丽宜居乡村、运动休闲特色小镇建设，鼓励创建休闲健身区、功能区和田园景区，探索发展乡村健身休闲产业，稳步推进既定目标达成。

依据上述建设目标，体育特色小镇要具有以下明显的特征：

①特色鲜明的体育产业形态。聚焦运动休闲、体育健康、体育用品制造、体育赛事等主题，形成体育竞赛表演、体育健身休闲、体育场馆服务、体育培训与教育、体育传媒与信息服务、体育用品制造等产业形态。

②深厚浓郁的体育文化氛围。具备成熟的体育赛事组织运营经验，经常开展具有特色的全民健身品牌赛事和活动，以独具特色的运动项目文化或民族民间民俗传统体育文化为引领，形成运动休闲特色名片。

③与旅游等相关产业融合发展。实现体育旅游、体育传媒、体育会展、体育广告、体育影视等相关行业共享发展，体育与旅游、文化、养老、教育健康、农业、林业、水利、通用航空、交通运输等行业融合发展，打造旅游胜地。

④禀赋资源的合理有效利用。自然资源丰富的小镇依托自然地理优势发展冰雪、山地户外、水上、航空等运动项目；民族文化资源丰富的小镇依托人文资源发展民族民俗体育文化。大城市周边重点镇加强与城市发展的统筹规划，与体育健身功能配套；远离中心城市的小镇完善基础设施和公共体育服务，助力农村体育事业的发展。

（二）体育特色小镇建设的基本要求

1.打造体育特色产业

我们应根据资源禀赋和区位优势，准确定位产业布局，合理规划产业结构，大力实施"一镇一策"，精心打造特色鲜明、优势突出的主导产业。加快发展新兴产业及促进传统产业升级，推动产业向着特、精、强发展，不断优化经济结构，提高发展效率，创造大量财税和就业机会。加强校企合作，产学研结合，产教结合，培养体育特色产业发展所需的各类人才。深化以企业投资为主体的市场主体培育，培育一批市级以上体育特色优势产业项目。引导企业按行业、品种进行市场调研，培育体育自有品牌，增加行业附加值和产品市场份额。充分利用"互联网+"等新兴手段，推动体育产业链向研发、营销延伸。有条件的体育特色城镇要积极吸引高端元素集聚，发展先进制造业和现代服务业。

2.营造宜居环境

牢固树立"绿水青山就是金山银山"的绿色发展理念，探索生态文明建设新模式。结合周边自然环境和地域特色，开展"不砍树、不挖山、不填湖"的村镇建设与改造活动，塑造典型的城镇风貌。确定镇区生态环境保护和建设目标，开展江河湖泊、绿化、环境等保护、整治和建设工作，保护地形地貌、江河湖泊、森林植被、动物栖息地等自然景观，开展水土保持、污染防治等工作。致力于自然及乡村景观保护及修复工作。对老城区进行有机更新，逐步改善老城区的生产生活环境。推进城镇风貌综合治理，重点对城镇出入口、车站广场、交易市场、道路占用作业、沟渠池塘、环境卫生、垃圾污水等进行治理。鼓励开放式住宅社区建设。鼓励符合条件的小城镇按照不低于3A级景区的标准规划建设特色旅游景区。

3.彰显特色文化

充分挖掘、整理、记录地方传统文化，保护和利用好历史文化遗产，在经济发展和社会管理中充分弘扬优秀传统文化，形成独特的地方文化认同。制定历史文化遗产、历史文化街区、风景名胜区等相关保护措施，制订传统村落保护发展规划，完善历史文化名村、传统村落、民居名录，建立健全保护监督机制。保护特色，挖掘文化内涵，抒发思乡之情，打造具有历史记忆、文化脉络、地域特色的体育特色小镇。加强规划管理，节约集约利用土地，推进社区式住区布局，开展民居、商铺、院落风貌整治，突出传统文化和地域特色进行建筑改造，防止外来建筑风格破坏原有风格。开展城乡社区文化、主题文明教育和农村公益性文化事业，更新居民思想观念，增强他们的法治意识，大力提高居民思想道德文化素质。

4.完善设施服务

全面提高特色城镇的建设水平和人民的生活质量，改善农村基础设施投资长效机制，促进城镇公共服务向农村延伸，加快改善道路、供水、供电、供气、广播电视、排水、防洪、农贸市场、垃圾处理、污水处理、公共交通、通信网络等设施，逐步实现城乡基本公共服务体系一体化和标准统一。加强小城镇信息基础设施建设，加快光纤入户进程，加强步行、自行车等慢行交通设施建设，推进公共停车场建设。做到生活污水综合收集达标，生活垃圾100%无害化处理，道路交通停车设施齐全便捷，防洪、排水、消防等各项防灾设施达标。实施医疗卫生服务改善计划，加快义务教育学校标准化建设。推进教育医疗、文化、商业等公共服务覆盖农村，服务质量较高。利用小城镇基础设施和公共服务设施，促进农村人居环境质量的全面提高。

5.创新体制机制

进一步创新发展理念和发展模式，提高社会管理服务水平，积极探索对自治区、市、县的支持政策。深化简政放权、放管结合、优化服务改革，加快转变政府职能，提高政府效能，消除体制机制障碍，增强创新能力，激发内生动力。提供创新创业服务，深化投资便利化、负面清单管理等改革创新。充分发挥社会力量的作用，充分调动各方积极性和创造性，最大限度地提高市场参与者的活力和企业家的创造力，并鼓励企业、其他社会组织和公民积极参与投资、建设、经营和管理特色城镇。创新规划建设管理方式，试点多种制度，推进公共服务覆盖农村，促进产业发展合理布局，经济要素有序流动，城乡协调发展和村镇功能融合。建立低效土地再开发激励机制，完善农村土地承包经营权、宅基地使用权、进城农民集体收入分配权的自愿有偿流转和退出机制。探索利用国家、省（直辖市、自治区）、市级科研项目资金支持特色小镇企业研发平台建设，引导企业开展产品研发创新，支持企业研发成果转化。

6.落实基础保障

（1）落实经费保障

县级政府是体育特色小镇建设经费的筹措主体，要建立"以县为主、乡镇为辅、区市奖补"的经费保障机制。设立体育特色小镇产业发展基金或风险资金，提供企业融资服务和创业补贴。按规定计提各项基金后的土地出让金净收益全部留镇用于公共设施建设，而体育特色小镇年度考核不合格的，对其当年建设不予奖励。

（2）充分利用土地政策

坚持节约集约利用土地的原则，支持地方在自治区年度新增建设用地规划中安排一定数量的体育特色城镇建设用地规划，优先安排，充分保障。通过开发利用低丘缓坡、荒滩等未利用土地，对废弃工矿用地进行复垦利用，城乡建设用地增减联动，扶持符合条件的体育特色城镇。体育特色小镇现有行政划拨土地，经县级以上国土资源和城乡规划部门批准，经县级以上人民政府批准，可以按照规划转为经营性用地。

7.强化运行监管

（1）日常运行

坚持政府引导、企业主体、市场运作，做好建设专项规划和工作方案编制、市政公用设施配套、项目监管、文化内涵挖掘、生态环境保护、统计数据审核上报等工作。

（2）动态监管

以年度统计数据、项目推进情况为依据，评出年度优秀、合格、不合格特色小镇。对年度考核优秀的体育特色小镇，落实财政、土地扶持政策并予以适当奖励，推荐上报全国体育特色小镇；对年度考核合格的体育特色小镇，落实自治区级财政扶持政策；对年度考核不合格的体育特色小镇，次年取消其自治级财政扶持政策。

（3）联动指导

前期辅导、协调指导、日常督查和协调政策须切实得以落实。各市要加强对所辖县（市、区）体育特色小镇规划、申报、建设等工作的督促和指导，各县（市、区）明确责任、分工合作，形成自治区、市、县联动推进的工作机制。

（4）期末验收

完成专项建设规划确定的各项目标，确保真正符合体育特色小镇的内涵特征，在社会上有较大的知名度，在行业内有一定的公认度，并组织有关成员到实地察看。

（三）体育特色小镇建设的主要任务

1.基础设施建设

（1）优化道路基础设施

持续加大财政投入，对现有道路进行扩建、改造、升级，不断提高道路建设标准。规划建设一批战略性的道路基础设施，构建完善的道路交通网络体系。创新管理模式，破除行政壁垒，提高道路基础设施的服务水平，加强道路安全防护，严格保障道路交通与运输的安全。加快道路信息化监控体系建设，强化小镇安全监控能力，打造体育特色小镇智慧交通，为进入体育特色小镇的消费者与企业等群体创造良好的交通环境。

（2）健全基础设施体系

推动城乡协调发展，健全城乡发展一体化体制机制，长期投入健全农村基础设施，推动城镇公共服务向农村延伸。加大财政投入，着力对小镇的供水供电、排水等基础设施进行改造、升级，以保障体育特色小镇的正常运行；鼓励和引导民营企业开展服务行业经营活动，如住宿、餐饮、洗浴、超市等，满足游客和当地民众的需要；加快信息通信相关基础设施的建设，有效扩大小镇光纤网、宽带网的覆盖范围，在此基础上借力"互联网+"促进小镇的信息化水平提升。

（3）加快体育基础设施建设

统筹规划建设体育基础设施，着力增加人均体育场地面积。优化体育基础设施投资结构，积极引导社会资本入驻，落实地方财政优惠政策。构建体育特色小镇的县（市、区）、街道（乡镇）、社区（村）三级群众健身场地设施网络，加强健身步道、骑行道、全民健身中心、体育公园、社区多功能运动场等切合体育小镇特色项目的场地设施建设，推进建设体育小镇社区15分钟健身圈。鼓励学校和企事业单位体育场地设施分时段向社会免费或低收费开放。采用节能的材料，加强日常体育基础设施的管理与维护。

2.治理自然环境

全面贯彻落实科学发展观，牢固树立创新、协调、绿色、开放、共享的发展理念，深刻认识生态文明建设在实现五位一体发展过程中的重要性。各级政府在建设体育特色小镇过程中需加大环境治理力度，深入实施水污染、土壤污染防治行动计划，认真落实相关政策规定，始终把治理自然环境当作主要任务。

（1）水土环境治理

认真落实《水污染防治行动计划》《土壤污染防治行动计划》等政策，鼓励多部门联合执法，将水污染治理与土壤污染治理有机结合。加大对相关环境保护政策的宣传力度，增强群众的环境保护意识。加快污水处理设施建设与改造，并制定相关标准，严惩违反相关规定的企业。提升土壤环境信息化管理水平，加强土壤相关指标数据的收集，建立土壤污染数据库与信息共享平台，充分发挥土壤环境大数据在水土污染治理过程中的作用，使体育特色小镇能够在良好的环境下建设运营。

（2）大气污染防治

认真落实《大气污染防治行动计划》相关规定，加强企业大气污染综合治理，加大高效节能环保型生产资料研发的投入。在体育小镇建设过程中全面推行清洁生产，减少生产和使用过程中挥发性有机物的排放。广泛动员社会参与，积极开展多种形式的宣传教育，普及大气污染防治科学知识。

（3）生活垃圾处理

加大生活垃圾处理设施建设的投入,实现城镇垃圾处理设施全覆盖。加大关于生活垃圾处理重要性的宣传力度,提升人们的环保意识。加大处罚力度,对违规人员进行相应处罚。充分利用现代科学技术,鼓励人们对生活垃圾进行分类回收,积极运用新技术实现生活垃圾的循环利用。

3.涵养人文资源

(1)注重民俗文化

深入挖掘体育特色小镇传统的民俗文化,加强对体育小镇传统文化的传承与保护,将小镇的传统民俗文化融入小镇的一砖一瓦中,彰显小镇的文化特色,形成小镇鲜明的文化个性。引导小镇民俗文化与新文化融合,不断创新改革,增强其生命力,与时俱进地营造体育小镇的特色文化氛围。

(2)彰显地域特色

依托体育小镇的区域特征,在保留地域特色的基础上进行相应改造,着重凸显含有当地地域特色的标志性建筑等小镇元素,设计输出富有地域特色的文创产品,打造令人印象深刻的小镇形象。把握体育小镇的人文特征,注重小镇当地居民传统习俗的延续,将传统习俗活动融汇于各种生产经营活动,保留体育小镇的地域文化,彰显体育小镇的地域特色。

(3)培育体育文化

创新社区体育制度,扶持各类体育社团,丰富社区体育活动,充分调动居民参与社区体育的积极性。建立"阳光体育"制度,保障小镇儿童以及青少年定期进行体育运动,从小培养健康的运动习惯。引入职业体育赛事,依托体育IP良好的群众基础,更好地发展体育小镇的体育事业。积极引入合理的现代体育运动项目,结合小镇特色文化与小镇运动项目的特点培育体育小镇独特的体育文化。

4.培育体育产业

体育产业是当前我国经济社会建设中最具活力和发展潜力的朝阳产业、绿色产业,培育体育产业是体育小镇建设的主要任务。

(1)优化市场环境

发挥市场在资源配置中的决定性作用,坚持市场运作。落实和完善财税政策,加强财政支持力度,各级政府应将体育小镇建设所需要的资金优先纳入预算当中。强化产业政策引导,充分发挥产业政策对体育小镇建设的重要指引作用。

(2)培育多元经营主体

强化政策扶持,创新体制机制,积极培育多元经营主体。鼓励体育小镇以资源、技术、产品等为链接,开展多种形式的合作,扩大自身生产规模以及产业规模。依托政府以及体育小镇的资金、技术、管理系统、市场等优势,带动体育产业的发展。

(3)扩大体育供给

充分发挥国家、政府以及体育小镇等多方面优势,同时明确界定各供给主体的职责。加强体育产业统计体系建设。全面提高体育供给内容质量，不断创新体育供给方式，逐步推进体育小镇体育供给的专业化、市场化。

（4）引导体育消费

努力培育消费主体，不断扩大体育消费群。充分发挥媒体传播的作用，积极提倡和鼓励当地居民进行体育消费，改变体育消费观念。大力发展体育产业，引入先进的市场营销模式，开发符合消费者消费水平的产品，从而引导消费者树立正确的消费观。

（5）完善体育产业链

体育小镇发展构架具有聚集特性，是产业链构建的基础。充分挖掘基础条件，举办精彩赛事、户外运动等体育活动，不断完善体育场馆开发。通过投资企业的多方式融资、体育公司的赞助以及政府的支持，不断完善体育小镇的运营模式。以论坛展览、文艺演出等形式打造优良的公共服务。提供休闲运动、购物娱乐等场所，设立健康体检中心、运动康复中心，带动体育小镇旅游行业的发展。

三、体育特色小镇建设的对策与保障体系

（一）体育特色小镇建设的对策

1.突出小镇发展特色，形成产业链和服务圈

"特色"是体育特色小镇发展的核心，体育特色小镇如果没有特色，或者所有体育小镇千篇一律，"千镇一面"，体育休闲项目雷同，就会造成全国体育特色小镇同类竞争、恶性竞争，使体育特色小镇建设违背初衷，失去意义。因此，各地应找准和凸显体育产业特色，选择差异化的体育产业跨界融合路径，使体育特色小镇形成各自特色，避免同类竞争。

搞好体育特色小镇的建设项目，就要突出体育项目，发展拥有广泛覆盖面和独特鲜明特点的运动，如冰雪运动、户外运动、水上运动等，同时要部署多个体育休闲项目，形成一个独特的体育产业链条，另外还要将各种公共体育服务结合起来，形成一个公共服务圈，积极完善体育休闲设施，满足不同人群的体育消费需求。体育特色小镇的体育产业定位应明确，体育产业不是一个孤立的产业形态，而应与旅游、文化、健康、科技等产业相结合，延伸体育产业价值链，增加体育产业的附加值，转变体育产业自主发展的产业形态，推动小镇由自主发展向区域一体化发展转变，从传统旅游向"体育+旅游"一体化发展模式转变。坚持共建共享，进一步优化完善体育特色小镇建设规划，不断注入新的活力，结合地域特色和民族特色，传承民族传统体育文化，释放体育赛事的助推效应，增加体育产业的附加值，为体育特色城镇的发展开创新局面。

2.重视生态文明建设，合理开发小镇旅游资源

冰雪、湿地、森林、草原等自然资源都是发展户外运动和体育休闲产业的良好自

然条件。我国大多数自然资源丰富的地区经济发展相对落后，交通不便，呈现贫困状态。建设体育特色小镇必须依托当地的自然条件和生态环境，合理高效利用自然资源禀赋，注重生态文明建设，促进体育特色小镇的可持续健康发展；合理开发体育特色小镇旅游资源，利用体育旅游带动体育消费和旅游消费，增加当地居民收入来源，创造就业机会，促进区域经济和社会发展；加强对体育小镇生态文明建设的总体设计和科学规划，树立社会主义生态文明理念，促进人与自然和谐发展。

体育特色小镇集"生活、休闲和健身"于一体，促进生产、生活、生态"三生融合"，因此我们应深入挖掘其发展潜力，开发旅游资源，科学、合理规划布局，让体育特色小镇成为一个"永动机"，促进体育产业与经济社会共同发展。在新型城镇化背景下，体育特色小镇是改变贫困落后地区面貌的重大历史机遇。开发生态旅游资源，必须注重生态文明建设，坚持环境保护，坚持科学发展和可持续发展，将自然景观与人文景观结合起来，把它们放在同样的位置，继承中国优秀传统文化，合理、合法地开发自然资源。资源禀赋是体育特色小镇建设的基础，体育产业是体育特色小镇发展的突破口。

3.走新型城镇化发展道路，提高城市综合承载力

体育特色小镇要实现长期可持续发展，必须走新型城镇化发展道路。新型城镇化是现代化发展的必由之路。我国经济社会发展的巨大潜力和动能在于新型城镇化，新型城镇化是我国经济发展的一项民生工程，是供给和需求之间的连接线。国家建设体育特色小镇，使小镇挑起了推动传统体育产业转型升级的重担。同时，我国要培育新型体育产业，提高体育特色小镇的竞争力，最终必须在现代城市体系中体现出来。农村贫困化是在城乡二元结构体系下发生的一个严重的社会问题，即农村的衰落或发展滞后已成为影响城乡协调发展和农村可持续发展的主要因素。

体育特色小镇具有经济驱动的特点。体育特色小镇建设所带来的经济价值能够产生经济辐射效应，带动周边城镇经济社会发展。体育特色小镇是连接城乡的纽带。体育特色小镇建设可以协调城乡发展，促进城乡综合配套设施的完善，降低新型城镇化的社会成本。体育特色小镇的经济辐射效应，可以带动农村发展，促进城乡共同发展，提高新型城镇化的质量和水平，使城乡之间相互补充、相互促进的良性循环得以形成。要建设体育小镇，政府必须进一步完善基础配套设施建设，提高城市整体的承载能力，完善公共交通、水利、电力等基础配套设施，建设标志性建筑等。利用好体育特色小镇的经济辐射效应，能够大大减轻政府民生工作的压力，提高农村和城市地区的特色竞争力，解决居民的生活和就业等民生问题，弱化大城市"资源中心"地位，促进区域均衡发展，加快我国新型城镇化建设。

4.加强政府管理扶持力度，协调多元主体共同参与

政府是体育特色小镇建设的指挥官和管理者。体育特色小镇的资金来源在很大程度上取决于国家财政支持。经济基础决定上层建筑。体育特色小镇的建设必须在政府

的引导下进行。在新型城镇化和经济供给侧改革的背景下，要最大化地发挥体育特色小镇的作用来促进经济和社会发展，政府必须加强对体育特色小镇的支持，建立体育特色小镇建设专项资金，给予体育特色小镇发展的空间，科学规划体育特色小镇的发展蓝图，同时对体育特色小镇设定1~2年的培育期，并在培育期满后对小镇进行评估考核，对于验收不合格的取消体育特色小镇建设资格，从而提高体育特色小镇建设的质量和水平，促进小镇长远可持续发展。

政府主要在体育特色小镇建设中发挥引导作用，建设主体应为企业，同时体育特色小镇建设要坚持以民生为本，以体育产业为导向，坚持市场化运作，充分发挥市场在资源配置中的决定性作用，重视价格的杠杆作用和引导作用，避免重复建设，减少无效供给。政府要为体育特色小镇建设提供免税或减税优惠政策，为企业参与体育特色小镇建设降低准入门槛，放松市场准入条件，简化申请程序，并为企业开辟"绿色通道"；创新培养市场实体参与体育特色小镇建设，吸引各方投资，引入PPP模式解决在体育特色小镇建设中资金短缺的问题，扩大小镇的融资渠道，减少政府的财政压力，优化体育特色小镇产业结构，激发体育产业发展的活力。体育特色小镇建设资金投入大，效益回收周期长，仅仅依靠国家和地方政府的财政支持远远不能保证可持续发展。因此，引入社会资本和金融机构资金，将多个投资平台的利益进行捆绑，共担风险，共同受益，能够缓解政府的财政压力，为政府债务松绑，为体育特色小镇的发展提供强有力且稳定的资金支持，进一步促进小镇的体育特色产业发展。

（二）体育特色小镇建设的保障体系

1.创新体制改革，服务小镇建设

稳步推进行政管理体制改革，促使政府职能由管理型向服务型转变。创新行政管理体制，建立适合体育特色小镇建设发展的政府管理机制。建立新型产权制度，兼顾集体和个人利益，鼓励政府和社会资本以合作模式建设体育特色小镇。改革和创新财税体制，打破现有政策壁垒，为体育特色小镇建设提供适当的财政补贴，为体育特色小镇经营提供减税或免税支持。改革创新金融体制，降低体育特色小镇投融资门槛，设立专项投融资基金和融资平台，积极引导社会资金投入体育特色小镇建设。落实《关于完善农村土地所有权承包权经营权分置办法的意见》，在坚持农村土地集体所有权根本地位的基础上，改革创新土地管理使用办法，加快放宽土地经营权，为体育特色小镇建设用地留出足够政策空间。

各级地方政府根据各个地区社会和经济发展实际情况，遵循国家有关部委对体育特色小镇建设的指导精神，制定符合当地社会经济发展水平的支持政策；积极寻求与相关部委的合作，研究出台促进体育特色小镇建设的税费价格、土地使用、投资和融资等相关政策和措施，不断完善体育特色小镇建设政策体系，为体育特色小镇建设扫清制度障碍，争取优惠政策支持，认真落实国家关于体育特色小镇建设的指导意见。

2.构建评价体系，引导小镇建设

注重体育特色小镇建设的实效性，构建符合我国体育特色小镇实际的评价体系，充分发挥评价体系对小镇建设的指导作用。对目前我国体育特色小镇建设内容进行总结和提炼，总结出我国体育特色小镇建设的共同点，并将其纳入我国体育特色小镇评价指标体系。根据各体育特色小镇的不同特点，制定科学合理的评价方法。树立科学的评价观，坚持以评价促建设、评价与建设相结合的方针，让评价指导体育特色小镇建设。实行评价意见反馈制度，使评价体系真正成为体育特色小镇建设的指挥棒。

3.加强法治建设，优化法治环境

全面推进中国法治建设，着力加强法治新农村建设，着力解决"法不下乡"问题，切实改善体育特色小镇法治环境。加强农村立法工作，填补"三农"领域法律空白，完善农村法律体系，确保体育特色小镇建设有法可依。加强法治宣传，增强公众法治意识，建立政府信息公开制度，保护公众的知情权，消除体育特色小镇建设过程中的权力寻租和腐败现象。加大对违法违纪行为的惩处力度，净化市场环境，坚决取缔违法违规的市场行为，确保体育特色小镇有序运行。

4.重视人才培养，强化智力支撑

科学研判体育特色小镇建设、运营所需人才的能力结构，充分发挥高等院校的智库作用，加强同相关院校的合作，为体育特色小镇的发展定向培养相关专业型、复合型体育人才。依托现有的"体育产业人才发展服务中心"，协助企业、高校与体育特色小镇有效对接，推动"校、企、镇"之间的协同发展。重视对现有从业人员的再培训工作，不断提升体育特色小镇工作人员的业务素养与服务水平。完善体育特色小镇人力资源的培育、管理、激励机制，支持具有从事体育活动经历的社会人员投身体育特色小镇的建设，为体育特色小镇的建设提供智力保障与支持。

5.加强行业管理，监督行业发展

完善体育特色小镇的多方管理机制，全面监督产业有序发展。结合体育产业和特色小镇发展的相关政策，制定全面的体育特色小镇产业法律法规，加强对体育特色小镇的宏观管理。倡导部门间合作和信息共享，建立体育特色小镇多方管理机制，共同监督体育特色小镇的建设与发展。推进体育特色小镇的自我管理，鼓励体育特色小镇建立行业协会，制定行业规章，充分发挥行业协会在体育特色小镇发展中的作用。加强体育特色小镇产业统计，结合评价体系，有效监控体育特色小镇相关指标，定期发布体育特色小镇的相关统计数据。

6.深化思想认识，强化组织领导

各级体育行政部门必须充分认识体育特色小镇建设对我国体育产业发展乃至健康中国建设的重要性；要把体育特色小镇建设当作目前的一项重要任务，跟上体育发展的步伐，积极协助解决体育特色小镇建设中存在的问题。各级体育行政部门应根据本地区的实际情况，建立一个专门的体育特色小镇建设领导小组，设立引导基金助推体育特色小镇建设，对具备潜质的小镇进行规划建设。改善计划实施和监督机制，确保建设一批拥有独特体育产业的体育特色小镇。

第三节 乡村振兴背景下我国体育旅游综合体发展的理论审视与实践探索

我国体育旅游产业正逐渐成长为体育产业的中坚力量，成为实施健康中国和乡村振兴战略的重要抓手。体育旅游综合体作为新时代体旅产业融合发展的新型载体，获得了广泛关注。"体育旅游综合体"这一全新概念开始受到社会各界的关注。目前，在理论层面，学界尚未出现针对体育旅游综合体的深入研究；在实践层面，体育旅游综合体的创建工作亦处于基础探索阶段。鉴于此，本节在实地调研的基础之上，采用专家访谈、案例研究等方法，从理论层面分析体育旅游综合体的产生背景、理论内涵及功能定位，回答体育旅游综合体是什么的问题；从实践层面总结体育旅游综合体的经验启示与发展路径，回答体育旅游综合体如何发展的问题，以期为我国体育旅游综合体建设提供理论支撑和实践参考。

一、体育旅游综合体的产生背景与概念界定

（一）体育旅游综合体的产生背景

1.国家政策的高位推动

积极推动体育产业与旅游产业的融合发展，鼓励打造城市体育服务综合体和健身休闲服务综合体等产业创新发展载体，积极鼓励旅游景区、旅游度假区、乡村旅游区建设体育服务综合体，进一步为体育旅游综合体建设创造了条件。

2.体育旅游产业高质量发展的要求

近年来，我国体育旅游产业一直处于高速增长阶段，在落实全民健身国家战略、推动体育与旅游产业转型升级、带动区域经济社会发展方面发挥了重要作用。随着居民体育旅游消费能力的整体提升，对体育旅游产品内容、服务模式和服务质量都提出了更高要求。我国体育旅游产业也面临着由高速增长阶段转向高质量发展阶段的重要变革。从市场供给侧角度出发，提供多元化、个性化、高品质的体育旅游产品和服务，打造一站式、综合型的体育旅游空间载体，成为满足人民群众日益增长的多元化体育需求，推动体育旅游产业高质量发展的重要途径。

3.旅游产业转型升级的重要方向

旅游产业作为战略性产业，在我国社会主义现代化建设过程中发挥了重要作用。随着旅游消费市场的变化，我国旅游产业也经历了由单一化、静态化的自然观光旅游，向多元化、动态化的体验型休闲旅游的变革。大众健康消费意识进一步提升，户外体验型旅游消费需求将进一步增加，积极探索"旅游+体育"产业融合发展模式，打造旅游产业与体育产业融合的新型载体，成为丰富旅游产品体系，培育旅游经济发展新动能的重要选择，也是新时代背景下旅游产业转型升级的重要方向。

4.体旅产业深度融合的需求

产业深度融合是推动体育产业与旅游产业价值增值的重要手段。在我国体育旅游产业发展的几十年历程中，体育与旅游、文化、教育、健康、养老等产业有效融合，形成了一大批体育旅游精品示范工程、体育旅游精品项目、体育旅游小镇等特色发展载体，推动了体育旅游产业的快速发展。随着互联网技术的成熟和体育强国战略的推进，体育旅游产业融合的基础条件、配套政策和体制机制都得到了一定程度的改善，进一步推进体育旅游产业的技术融合、产品融合、业务融合，打造体旅产业深度融合的新载体，是未来我国体育旅游产业的重要任务，也是实现体育旅游产业高质量发展的重要目标。

（二）体育旅游综合体的概念界定

城市"体育服务综合体"的目的是借助综合体的空间集聚效应，促进大型体育场馆向城市体育服务功能区的转型，以解决我国大型体育场馆赛后闲置的现实问题。随着体育服务综合体理论研究与实践探索的不断深入，学者们拓展了城市体育服务综合体的空间范围，突破了"城市"的地域限定，提出"体育服务综合体"的概念，并逐渐将其细分为体育场馆型、商业空间型和户外运动休闲空间型等3大类别，其中，户外运动休闲空间型综合体主要是指体育旅游型综合体。

体育旅游综合体的主要特征包括空间载体、体育服务、综合功能和消费集聚等4个方面。①空间载体上，体育旅游综合体对体育旅游资源的依赖性较强，主要位于户外运动资源丰富的乡村地区，突破了城市体育服务综合体的地域局限，空间载体形式主要有旅游景区、休闲田园综合体、体育特色小镇、房车露营地、特色村寨等乡村旅游发展载体，具有绿色生态的项目特点。②体育服务上，由于体育旅游综合体的建设实质是围绕山、水、田、林、湖、海、沙等自然资源，打造以山地户外运动、冰雪运动、水上运动、航空运动、汽摩运动等多种户外运动为核心的体育运动项目集群，更易于形成完整的体育产业链。能够提供体育健身休闲运动、体育竞赛表演、体育教育与培训、体育会展、体育康养、体育用品及相关产品销售出租等6大产业类别的多元化体育服务。③综合功能上，体育旅游综合体除了具备吃、住、行、游、购、娱等传统的旅游服务功能之外，随着旅游消费需求的变化，还能够提供商、养、学、闲、情、奇等新兴旅游服务，形成体医文商融合，服务功能完善的综合型休闲空间。④消费集聚上，体育旅游综合体通过发挥体育服务的正外部性作用，实现体育的强引流目的，吸引与体育旅游相关的消费业态集聚，最终形成一个多业态汇集、多功能互补的消费空间。不仅能够产生以体育活动为核心的体验型消费，还能提供满足旅游消费需求的实物型消费，消费形式呈现异化和融合兼具的特点。根据当前主要消费群体向亲子家庭、青年和银发群体的转变，也表现出消费产业链长、消费受众广、消费能力强的特点。

基于以上分析，将体育旅游综合体定义为：以体育旅游资源为基础，体育服务为核心，集体育、旅游、文化、休闲、娱乐、康养、教育、商业等多功能于一体，业态多元、功能互补、消费集聚的体育旅游产业高质量发展载体。

需要强调的是，体育旅游综合体是旅游产业从封闭的"旅游自循环"向开放的"旅游+"产业融合发展的结果，也是体育旅游产业由"单一景点建设"向"综合目的地建设"转变的结果。相较于传统体育旅游景区，体育旅游综合体的综合服务功能更加完善，能够提供完整的体育旅游产业服务体系。相较于传统体育产业园区，体育旅游综合体的旅游产业导向更加明显，是以体验型消费和休闲旅游消费为主导的产业集聚空间。其次，体育旅游综合体的内部业态之间是多元互补关系，共同构成了一个相互独立又互相渗透的复杂社会关系网络，以实现单个产业"1+1＞2"的融合效应，使体育旅游综合体具有较好的自我成长性和市场竞争力，从而实现可持续发展。

二、体育旅游综合体的功能定位

对产品进行准确定位能够提前在客户心中确立产品的价值地位，也有利于构建产品自身的品牌优势。体育旅游综合体的功能定位是理解体育旅游综合体理论内涵的关键，也是体育旅游综合体建设的核心问题，它决定了体育旅游综合体的建设内容和价值指向。运用定位理论对城市体育服务综合体的功能进行了较为深入地阐释。本文亦借鉴并运用该方法，基于定位理论从整体功能和子系统功能两个方面对体育旅游综合体的功能定位进行分析，进一步厘清体育旅游综合体的理论内涵和发展思路。

（一）体育旅游综合体的整体功能定位

1.体育旅游综合体是全民健身的新空间

当前，我国正处于全面推进全民健身和健康中国国家战略的重要历史时期，打造体育旅游综合体无疑是推进国家体育战略的重要途径。体育旅游综合体"以体为主"的特点决定了体育是其核心吸引物，通过建设户外运动场地设施、开发体育旅游产品、举办体育赛事等举措，能够形成一个新型全民健身体系，构建新型全民健身空间。体育旅游综合体大都位于乡村地区，乡村拥有丰富的自然资源和民族文化资源，围绕"创新、协调、绿色、开放、共享"的新发展理念，做好乡村自然资源、农耕文明和民族体育文化资源开发，能够形成以户外运动和传统体育为核心的多元化体育运动空间，以马拉松赛道、环城健身步道等乡村慢行系统为代表的生态健身场所。因此，体育旅游综合体是一个具有多重功能的新型全民健身空间，对于补齐我国农村体育发展短板、破解城乡体育发展不平衡和构建更高水平的全民健身公共服务体系等体育发展的现实问题都具有重要意义。

2.体育旅游综合体是促进居民消费的新载体

目前，人们对身体健康的重视程度全面提升，居民体育消费需求呈现快速上涨趋势，体育旅游成为国民消费的新风口。体育旅游综合体作为一个产业集聚空间，业务范围涉及体育产业、旅游产业、休闲农业、农产品加工业、教育培训业、传统手工业、地产等多个行业领域，共同构成了产业集聚、功能互补的大型消费空间。首先，体育消费范围涉及以运动体验为核心的多个类别，如体育健身休闲运动、体育教育培训、体育竞赛表演、体育用品销售、出租等，多元化的体育消费场景，能够有效拉动体育消费升级。此外，体育旅游综合体内的旅游服务业态和其他融合发展产业，通过提供旅游服务和其他产品及服务，能够进一步扩大居民消费，有效促进区域经济发展。

3.体育旅游综合体是乡村振兴的新途径

体育旅游综合体大多位于乡村地区，对实现乡村的"在地化"发展，推动乡村经济振兴、文化振兴、生态振兴和人才振兴具有积极意义，是践行我国乡村振兴国家战略的重要途径。就产业振兴维度而言，通过体育旅游产业与其他产业融合，能够带动大量的乡村产业发展，有效调整乡村产业结构，为农民创造更多就业机会，促进乡村产业振兴；就生态振兴维度而言，体育旅游综合体建设能够推动农村基础设施提档升级，加快农村公路、供水、供气、环保、物流、信息、电网等基础设施建设，提升乡村公共服务水平，改善乡村居住环境，促进乡村生态振兴；就文化振兴维度而言，通过开展体育健身活动、举办体育竞赛、开发民族体育文化资源等不同方式，能够传承乡村优秀传统文化，传达健康生活理念，引领形成健康文明的乡村风貌；就人才振兴维度而言，乡村健康有序的发展会吸引农民工返乡创业，吸引更多人才参与到乡村振兴的伟大战略中来，推动乡村的全面振兴。因此，体育旅游综合体建设与我国当前的乡村振兴国家战略高度契合，能够在乡村振兴战略中发挥重要作用，是促进乡村振兴的新途径。

（二）体育旅游综合体的自身功能定位

1.核心功能是体育服务功能

体育旅游综合体的核心功能是体育服务功能，主要目标是满足消费者的体育体验或者体育观赏消费需求。通过实地调研发现体育旅游综合体大体可以分为以下4种类型：①旅游景区拓展型。这类综合体是通过增设体育运动设施，开展体育运动项目，举办体育赛事活动等方式，把体育项目植入原有旅游景区之中，将静态观赏型景区转型升级为动态体验型景区。一般以景区固有的自然资源条件为基础设置体育项目，通常以房车营地、丛林穿越、漂流、卡丁车、攀岩、滑草、玻璃滑道、溯溪等健身休闲类项目为主，如江苏常州龙凤谷、湖北恩施地心谷等。②体育旅游提档型。这类综合体是在原有体育旅游景区、户外运动训练基地的基础上，围绕原有核心体育项目，按照多功能、一站式的综合体建设标准，增加体育旅游配套服务设施，提升整体服务质量，将原有体育旅游景区或基地提档升级为高质量体育旅游综合体。提供的体育服务内容较为丰富，通常包括体育项目体验、青少年体育教育与培训、体育竞赛表演、体育装备销售出租等业态，如宜昌朝天吼漂流景区、湖北神农架滑雪度假区。③休闲项目集聚型。这类综合体没有突出的核心运动项目，但是集聚了数量众多、市场热点较高的新兴时尚类运动项目,通过项目集聚效应,打造以户外体验为主的休闲娱乐型体育旅游综合体。体育服务主要以各类休闲运动为主。④新建特色载体型。这类综合体是通过高标准的规划设计,以体旅文商融合发展理念为指导而新建的体育旅游综合体。这类综合体的体育服务功能较为完备,能够提供包括体育运动体验、体育教育与培训、体育竞赛表演、体育用品生产销售出租、体育会展、体育康养、健身娱乐等多元化体育服务,同时也能提供一站式、个性化、高质量的服务品质。

2.辅助功能是旅游服务功能

体育旅游综合体作为高质量的旅游目的地,需要提供多元化的旅游服务以满足游客不断变化的旅游消费需求。目前,体育旅游综合体提供的旅游服务功能主要包括休闲娱乐功能、商业服务功能和旅居功能等。根据旅游服务水平的差异,大体可以划分为3种类型:①具备基础旅游服务功能的综合体。这类综合体内有旅游商店(小卖部)、中小型餐厅、农家乐、常见休闲娱乐设施,能够提供餐饮、住宿、购物、休闲等基础旅游服务。②旅游服务功能比较完备的综合体。该类综合体除了能够提供基础的旅游服务之外,还有室内健身房、酒吧、KTV、影院、DIY工作坊、餐厅、大型商超等中高档旅游服务设施,能够提供较为多元化的旅游服务。③能够提供高端旅游服务的综合体。该类综合体通常具备大型连锁商超、高档酒店、主题餐厅、房车露营基地、新兴时尚娱乐设施、旅游度假公寓、旅居住宅等高端旅游配套设施,能够提供多元化高质量的旅游服务。综合实地调研的情况而言,体育旅游综合体还处于实践探索阶段,具有高品质旅游服务功能的综合体较少,整体呈现出旅游服务业态不够完善、服务品质有待提高。

3.延伸功能是经济集聚功能

体育旅游综合体的延伸功能是经济集聚功能,体育旅游综合体聚集了大量与体育旅游相关的产业,通过产业融合的手段,还能进一步延伸体育旅游产业链,衍生出更多新兴业态和产业,形成一个多产业集聚的乡村经济发展空间,促进乡村产业发展。就调研情况而言,体育旅游综合体的常见融合模式有"体育旅游+精品民宿""体育旅游+休闲农业""体育旅游+特色文化产业""体育旅游+康养产业""体育旅游+新零售"等。通过各种产业融合模式,能够切实盘活乡村资源,优化乡村产业结构,整体推动乡村经济发展。

三、我国体育旅游综合体的发展策略

体育旅游综合体作为新时代市场导向下的新兴产物,在区域经济社会发展中发挥着越来越重要的作用,要构建健康发展路径需要政府和市场共同作用。政府作为主管部门需要提供良好的政策环境和发展指导,为体育旅游综合体建设提供政策保障;体育旅游企业作为体育旅游综合体的市场主体,需要重视综合体的内涵建设,打造适应市场需求的多元化、一站式、高品质发展载体,才能有效推动体育旅游综合体的健康发展。

（一）加强顶层设计，提高综合体落地政策的执行效力

当前，政府部门在一系列重要文件中都提出了创建体育旅游综合体的指导意见，但一直未出台体育旅游综合体的具体实施意见，对体育旅游综合体的建设工作缺乏实质性指导。因此，政府及主管部门应该加强顶层设计，尽快出台关于我国体育旅游综合体的专项指导文件，特别是从项目选址、功能设计、业态布局、设施规模、必备项目等方面对建设工作予以指导，使体育旅游综合体建设有章可循。地方政府应该提前谋划，结合区域整体发展规划，加强区域体育发展规划，将体育旅游综合体建设纳入地区体育事业发展规划之中，完善基础交通及其他公共基础设施建设，为体育旅游综合体的发展奠定基础。加强政府与企业的联系制度，积极创建"政府指导+市场运营"的良性工作机制，实现政府指导、专业机构参与、人才智库支持、企业具体实施的科学发展路径，共同推动体育旅游综合体的发展。

（二）加大差别化用地试点，多渠道解决综合体用地问题

体育旅游综合体建设的用地需求较大、用地性质复杂，增加了供地不足与建设需求之间的矛盾。一方面，政府部门要简化征地申办手续，并根据项目实际情况，加大差别化用地试点，通过先租后让、点状供地、农地入市等多元手段，为体育旅游综合体用地提供支持。同时，体育主管部门要提前做好体育旅游产业发展规划，将体育旅游综合体的用地范围进行土地供应前置申请，以确保被纳入国土空间规划范围内，保证体育旅游综合体的用地指标。另一方面，体育旅游综合体投资企业需要提前做好项目规划，提前上报用地申请，推动体育旅游综合体的建设进程。

（三）加大招商引资力度，吸引社会力量参与建设运营

体育旅游综合体建设的资金投入较大、回报周期较长，一定程度上阻碍了社会力量的介入。因此，政府部门要进一步加大招商引资力度，采取"一事一议"的招商引资政策，吸引社会力量投资，促进多元化市场主体的形成。加强对企业的多元资金扶持和信贷支持。通过统筹利用中央转移支付资金、体育彩票公益金、体育产业引导资金等各类财政资金，重点支持一批具有示范效应的体育旅游综合体建设，还可以通过担保服务、税收优惠、拓宽贷款抵质押品种类和范围等，加大对体育旅游综合体项目的信贷和投融资支持，减少社会资本的资金压力。有效结合市政工程项目，改善体育旅游综合体附近的基础设施条件。对选址在城镇规划区外的体育旅游综合体的道路交通、公共停车场、水电气网设施与农村公益事业项目合并实施，予以企业更多支持。通过各种政策支持，促进体育旅游综合体多元化市场主体的形成。

（四）加强项目内涵建设，提高综合体建设运营水平

以资源环境为依托，以市场需求为导向，做好体育旅游资源开发和产品设计工作是体育旅游综合体破解同质化现象的重要途径。首先，体育旅游企业做好体育旅游综

合体的规划设计工作,在功能定位、项目选址、内容设计、业态布局等方面要精心谋划,做到规划先行,为体育旅游综合体的健康发展提供保障。其次,加强体育旅游综合体的内涵建设。重视专业运营管理团队和高水平专业人才的作用,积极加强与国内外高水平体育旅游运营管理团队的交流合作,通过"走出去、请进来"的方式提高综合体的运营管理水平。同时,要加强与国家体育总局运管中心、国家各类户外运动协会的交流合作,加强与地方政府的联系,争取各类项目资金支持和政策支持,争取举办大型专业体育赛事的机会,为打造高质量体育旅游综合体创造条件。

体育旅游综合体既能盘活现有旅游资源,解决旅游产业转型升级的问题,也能整合各种资源要素,实现"体旅文商"融合发展的愿景,是新时代体育旅游产业发展的新引擎。我国体育旅游综合体建设尚处于探索阶段,科学理解体育旅游综合体的发展内涵,从实践中总结经验教训,是推动体育旅游综合体健康发展的有效手段。未来,进一步分析总结体育旅游综合体的发展模式,研究体育旅游综合体对区域经济社会的影响机制等问题,对于深刻把握体育旅游综合体的科学内涵,有效推动区域经济社会发展,促进健康中国和乡村振兴国家战略实施具有重要意义。

参考文献

[1] 蒲实,袁威.乡村振兴战略导读[M].北京:国家行政学院出版社,2021.04.

[2] 赵政.乡村振兴战略研究[M].西安:西北工业大学出版社,2021.04.

[3] 刘祥作.乡村振兴实施路径与实践[M].北京:中国经济出版社,2022.06.

[4] 王美玲,李晓妍,刘丽楠.乡村振兴探索与实践[M].银川:宁夏人民出版社,2020.07.

[5] 张晓山.乡村振兴战略[M].广州:广东经济出版社,2020.05.

[6] 陈锡文,韩俊.乡村振兴战略与路径研究[M].北京:中国发展出版社,2021.

[7] 肖凤良,唐元松,银锋.新时代乡村振兴战略[M].北京:光明日报出版社,2020.04.

[8] 杜才富,李大雄,程尚明.助推乡村振兴战略[M].贵阳:贵州人民出版社,2018.08.

[9] 孔祥智.乡村振兴的九个维度[M].广州:广东人民出版社,2018.10.

[10] 蒋高明.乡村振兴选择与实践[M].北京:中国科学技术出版社,2019.01.

[11] 刘文奎.乡村振兴与可持续发展之路[M].商务印书馆有限公司,2021.03.

[12] 王昆,周慧,张纯荣.乡村振兴之路[M].北京:北京邮电大学出版社,2018.06.

[13] 尹建军.生态学视角下的乡村振兴研究[M].北京:九州出版社,2021.11.

[14] 孙景淼.乡村振兴战略[M].杭州:浙江人民出版社,2018.09.

[15] 代改珍.乡村振兴规划与运营[M].北京:中国旅游出版社,2018.11.

[16] 马晓龙.乡村振兴战略与乡村旅游发展[M].北京:中国旅游出版社,2020.04.

[17] 杨彦峰.乡村旅游乡村振兴的路径与实践[M].北京:中国旅游出版社,2020.07.

［18］刘汉成，夏亚华.乡村振兴战略的理论与实践［M］.北京：中国经济出版社，2019.04.

［19］姜冬梅.乡村振兴背景下乡村发展路径探索［M］.长春：吉林人民出版社，2022.01.

［20］魏旺拴.实施乡村振兴战略路径研究［M］.北京：中国经济出版社，2020.10.

［21］毛粉兰，齐欣.乡村振兴与高质量发展研究［M］.北京：九州出版社，2020.08.

［22］马慧强.体育旅游理论与实践［M］.北京：中国财政经济出版社，2022.08.

［23］李菊花，谭达顺.体育旅游产业竞争力研究［M］.哈尔滨出版社股份有限公司，2021.04.

［24］潘丽霞.全域旅游视域下中国体育旅游发展研究［M］.北京：九州出版社，2021.09.

［25］文瑜.中国体育旅游经济及案例研究［M］.北京：经济科学出版社，2021.07.

［26］董二为.体育旅游发展路径初探基础与案例［M］.北京：科学出版社，2021.03.

［27］陈远莉.体育旅游小镇现状与实践创新研究［M］.吉林出版集团股份有限公司，2021.

［28］李霞.体育产业与旅游产业融合发展［M］.长春：东北师范大学出版社，2021.

［29］周洪松.体育旅游市场开发及其可持续发展研究［M］.长春：吉林大学出版社，2020.01.

［30］陈美红，王秦英，梁四海.我国体育旅游产业发展之路研究［M］.北京：中国书籍出版社，2020.07.

［31］刘跃东.我国体育旅游产业协同管理与科学发展研究［M］.北京：中国书籍出版社，2020.10.

［32］柏林.互联网+体育旅游发展对策研究［M］.吉林出版集团股份有限公司，2020.06.

［33］岳辉.体育旅游发展与竞争力提升研究［M］.哈尔滨：哈尔滨地图出版社，2020.05.

［34］王焕盛，李世军，徐晓伟.全域旅游视角下"体育+旅游"产业融合创新发展研究［M］.北京：北京工业大学出版社，2020.04.

［35］赵永艳.旅游与文化产业融合发展研究及体育旅游竞争力提升策略［M］.吉林出版集团股份有限公司，2020.04.

［36］郭晗，曹曲岩，修月.体育冰雪旅游研究［M］.哈尔滨：黑龙江教育出版社，2020.

［37］程蕉.体育旅游中的法律问题研究［M］.广州：暨南大学出版社，2019.01.

［38］郭坚.体育旅游资源的整合与发展研究［M］.北京：中国书籍出版社，2019.11.

［39］夏君玫.体育旅游概论［M］.长沙：中南大学出版社，2019.06.

［40］陈远莉.体育旅游定制发展研究［M］.成都：西南财经大学出版社，2019.12.

［41］谢晓信.体育旅游与休闲体育的多维透视［M］.长春：吉林大学出版社，2019.01.

［42］唐志.休闲体育与旅游融合发展研究［M］.北京：中国国际广播出版社，2019.